杨义先
钮心忻
著

中国
通信史话

从肢体传情到意念通信

时代出版传媒股份有限公司
安徽科学技术出版社

图书在版编目(CIP)数据

中国通信史话:从肢体传情到意念通信 / 杨义先,钮心忻著. --合肥:安徽科学技术出版社,2025.1
ISBN 978-7-5337-8872-8

Ⅰ.①中… Ⅱ.①杨…②钮… Ⅲ.①电信-邮电业-经济史-中国 Ⅳ.①F632.9

中国国家版本馆 CIP 数据核字(2023)第 224215 号

中国通信史话:从肢体传情到意念通信　　　　　　杨义先　钮心忻　著

出 版 人:王筱文　　　　选题策划:高清艳　李梦婷
责任编辑:李梦婷　周璟瑜　责任校对:李　茜　责任印制:廖小青
装帧设计:王　艳
出版发行:安徽科学技术出版社　　　http://www.ahstp.net
　　　　(合肥市政务文化新区翡翠路 1118 号出版传媒广场,邮编:230071)
　　　　电话:(0551)63533330
印　　制:合肥锦华印务有限公司　　电话:(0551)65539314
(如发现印装质量问题,影响阅读,请与印刷厂商联系调换)

开本:710×1010　1/16　　印张:19.75　插页:2　　字数:290 千
版次:2025 年 1 月第 1 版　　印次:2025 年 1 月第 1 次印刷

ISBN 978-7-5337-8872-8　　　　　　　　　　　　　定价:58.00 元

版权所有,侵权必究

前 言

既然本书名叫《中国通信史话：从肢体传情到意念通信》，那首先就得厘清两个看似简单却经常被忽略的基本问题：一是我们的祖国何时开始才算"中国"，二是何为"通信"。否则，本书都不知道该从何处下笔，从何时写起，以及从哪里取材等。

第一个问题：我们的祖国何时开始才算"中国"？若按不同的评判标准，将有不同的答案，甚至是时间上前后相差数千年的答案。

若以最严格的白"纸"（虽然那时还没发明纸）黑字为标准，那么，从约3000年前开始，"中国"两字就已正式登上了历史舞台，其"铁"（虽然那时还不会冶铁）证就是1963年在陕西省宝鸡市陈仓区出土的一件青铜器——何尊。它是西周一位名叫"何"的宗室贵族的祭器，其底部铸有12行铭文，共122个字，记述了周武王在世时决定建都洛邑的事实。特别重要的是，在这段铭文中还有"宅兹中国，自之乂(yì)民"这样一句话，其大意是：在天下的中央（洛阳）建立"中国"，以统万民。虽然古汉语中的"中国"最早只是指洛阳地区，后来才演变为黄河流域中下游的中原地区，但根据历史的连续性，我们有理由将何尊上的"中国"理解为今天的祖国之源。虽然"中国"还有多种代称,比如华夏、中华、中夏、中原、诸夏、诸华、神州、九州和海内等,但它们出现的时间都晚于何尊上的"中国"两字。总之,若只是机械地锁定"中国"两字,本书就至少该从3000年前的西周写起。

若以传承文明的文字为标准,那么,本书的起笔时间就该再提前600年,即从3600年前的商朝开始谈起。其逻辑推理可分为两步:一是在河南安阳小屯村发现了3300年前最能代表"中国"的甲骨文,它是如今的汉字之源;二是何尊上的铭文证明了中国历史在这段时期的连续性,同时,甲骨文也证明了商朝的真实存在,让历史学家厘清了延续500余年的商王谱系,确认了商朝起始于约公元前1600年。总之,整个商朝都可以名正言顺地纳入本书的叙事范围。

若以有待进一步考证的传说为标准,本书的起笔时间又可提前到约4500年前的炎黄时期。据说,那时黄帝率领其部落生活在黄河流域。他提倡种植五谷,驯养牲畜,从而使其部落逐步强大并打败了黄河上游的炎帝部落和南方的蚩尤部落。后来炎黄部落结成联盟,在黄河流域长期生活繁衍,逐渐形成了华夏族。黄帝以后,部落联盟以禅让的方式相继产生了尧、舜、禹等杰出首领。再后来,禅让制被废除,禹的儿子启创立了中国历史上首个家天下王朝——夏朝,直至公元前1600年它才被商朝取替。但由于此阶段的历史事件和人物等基本上都是传说(至少是没有文字记载），而且这些传说中涉及的通信故事，比如击鼓传信等，都会在后来的历史事件中再现，所以为求严谨，本书不多做论述。

综上所述，本书将主要讲述商朝及之后的故事。

第二个问题：何为"通信"？猛然一看，这个问题好像根本就不是问题。如今，几乎人人都是通信行家——谁不天天打电话，谁又不时时在上网或看手机，谁能离开计算机，谁又不需要大数据、物联网和人工智能等信息系统呢？而所有这些东西的核心，其实都是通信，准确地说都是电子通信。但仔细一想，其实问题并非这么简单，甚至在通信专家中，过去许多人也不曾全面深入思考过"何为'通信'"这样的问题。

在论及通信的前世今生时，大多数关于通信的史籍都认定了通信史是从烽火传军情开始，至今仅几千年，从而忽略了整个生物界长达38亿年的通信史，忽略了真核生物长达23亿年的通信史，忽略了原生生物长达15亿年的通信史，忽略了植物长达12亿年的通信史，忽略了动物长达10亿年的通信史，忽略了人类数十万年的通信史，还忽略了引发人兽分离的、至少长达7万年的语言通信史，以及将人类带入文明社会的、最长可达8000年的文字通信史等。不过，由于我们已在拙作《通信简史》中对自然界长达38亿年的通信史进行了全面而系统的总结，再由于本书题目限定为《中国通信史话：从肢体传情到意念通信》，所以本书将尽量略去《通信简史》中已有的内容，尽量突出中国特色,聚焦人工通信。

"通信"一词源于英文"communication",它有两层含义:一是沟通,其主要手段就是各种信息交流,常简称为通信或信息通信;二是交通,其主要手段就是各种运输工具,当然主要是人造工具。因此,本书既需要重点强调信息交流——毕竟它是通信的主体,也不忽略实体交通,特别是在介绍古代通信史时更应该如此——毕竟,任何信息交流都需要载体,古时的信息交流更是主要依靠对其物质载体的输送。

既然要谈信息通信,那就不能忽略"通信三要素",即信源、信宿和信道,也可称为发信方、收信方和信息载体。反过来,任何一个满足通信三要素的系统都可看成一个信息通信系统。

换句话说,在任何信息通信系统中都包含信息的载体。载体由发信方从信源端发送给信宿端,然后,收信方再从该载体中提取出对方所传递的信息。信息通信系统中的载体有很多种类,既可以是物质的,比如信纸、岩石、青铜器和信物等;也可以是能量的,比如声波、光波和电磁波等;还可以是符号的,比如文字、图画、密码等;更可以是载体的载体,比如快马运送的信件或电波传送的密码等。信息通信系统中的信源和信宿也有多种设定,既可以是人与人的通信,也可以是人与物的通信,还可以是物与物的通信等。由于本书是主要面向社会大众的科普读物,所以主要聚焦人际间的语言、图像、文字和符号通信。

在厘清了开篇所列的两个基本问题后，本书将从商朝开始，讲述中国历史上的若干人际通信故事，并畅谈以6G通信、基于脑机接口的意念通信、元宇宙、量子通信和以卫星通信为代表的未来通信。

由于作者水平有限，书中难免有错漏之处，真心欢迎大家批评指正。如果本书对您有所帮助，我们将十分高兴。再次感谢您阅读此书，谢谢！

杨义先　钮心忻

于北京温泉茅庐

目录

第一部分 古代通信

第一章 商朝通信 002
为通信立头功的甲骨文 002
谍报之祖——伊尹 006
飞矢通信 008
快捷畜力通信工具 011
发明牛车的商高祖 015
水上通信工具 018
雪地通信工具 022
邮驿系统 025
原始光通信工具 028

第二章 周朝通信 032
二进制编码先驱——姬昌 033
最早的保密通信 036
烽火通信传奇 038
战场冲锋信号 041
战地通信工具 044
地动通信先驱——墨子 047
原始空中通信工具 050

第三章 秦汉至南北朝通信 053
首位渡海信使——徐福 054
最早的家书 057
丝绸之路开拓者——张骞 060
鸿雁传书探秘 063
飞鸽传书寄深情 066
信息载体的飞跃 068
黄耳传书 071

第四章 隋唐至五代十国的通信 074
信号拟合显神威 075
竹筒传书奏凯歌 078
导航神器——指南针 081
沟通南北的大动脉 085
一举多得的科举 088
雕版印刷急先锋 092
唐朝最著名的信使——唐僧 096
信号拟合加速器 099

第五章 宋元通信 103
开启新通信的火器 104
曾公亮及其通信密码 108
最早机械时钟的研制者——苏颂 111
声光磁学研究的先锋——沈括 115
活字印刷立大功 118
密码核心定理功臣之评价 121
京杭大运河弯道取直者——郭守敬 124
小孔成像巧揭秘 127

第六章 明朝通信 131
郑和下西洋 132
通信界最能想的人——王阳明 135
通信界最能玩的人——徐霞客 138
声波震动揭秘人——宋应星 142
通信界最能打的人——李自成 145
军队机要通信 149

第七章 清朝通信 153
晚清的电报故事 153
晚清的电话故事 156
晚清的邮政故事 159
晚清的铁路故事 163
清朝的相机故事 166
清朝的"法拉第"——郑复光 170

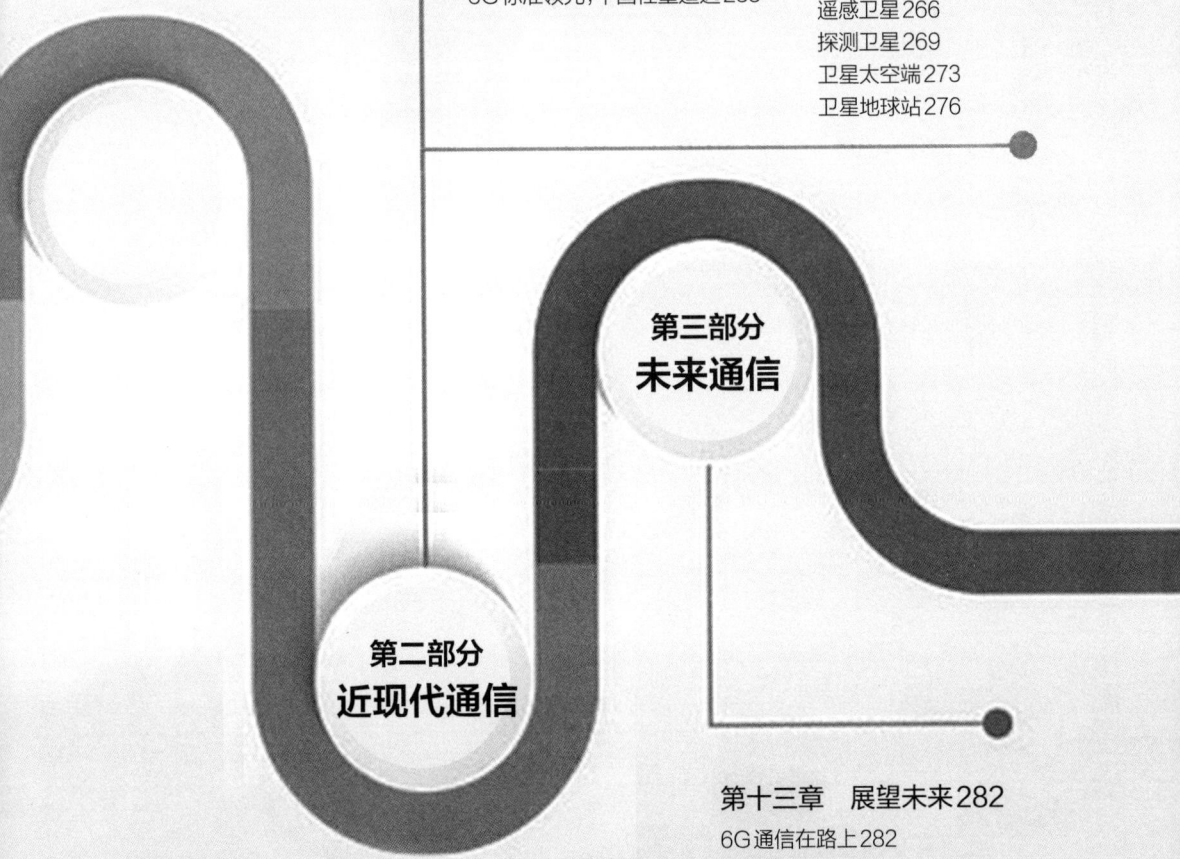

第八章　邮电春秋 176
分久必合，合久必分 176
三分天注定，七分靠打拼 179
生的光荣，死的伟大 182
邮电曾一家，七个葫芦娃 186
往事如烟，茶余笑谈 189

第九章　固网通信 194
三十年河东，四十年河西 194
程控交换机，来去皆奇迹 198

八纵穿东西，八横贯南北 201
信息高速路，网络冲浪酷 205
电话替电报，终端归电脑 209
铜缆替铁线，未来归光纤 212

第十章　移动通信 217
仗剑"大哥大"，潇洒闯天下 217
"二哥大"混战，"大哥大"惨败 220
2G手机失宠，如何善始善终 224
3G标准大战，结果真不简单 227
4G大国博弈，手机演绎传奇 231
5G标准领先，中国任重道远 233

第十一章　广电通信 238
广播趣闻秘史 238
话匣子有话说 241
电视台悲喜剧 245
电视机翻身记 248
影院电影猎奇 251
"千里眼"百年功 254

第十二章　卫星通信 259
通信卫星 259
导航卫星 263
遥感卫星 266
探测卫星 269
卫星太空端 273
卫星地球站 276

第二部分
近现代通信

第三部分
未来通信

第十三章　展望未来 282
6G通信在路上 282
卫星网在天上 286
元宇宙在梦中 290
脑机接口创奇迹 293
量子通信新机遇 297
实用通信新畅想 300

第一部分
古代通信

第一章
商朝通信

商朝距今3600多年,它是中国第一个有同时期的文字记载的王朝,其疆域非常辽阔——东到海滨,西到陕西,南到湖北,北到辽宁。商朝共经历了先商、早商和晚商三个阶段,前后相传17世(纪)31王(朝),延续500余年,其王位继承制度前期为兄终弟及,后期为典型的父死子继。作为疆域如此庞大的一个王朝,商朝之所以能在一定时期内维持稳定和发展,其中一个不可缺少的条件便是:它必须拥有一套完善且高效的通信系统,否则早就分崩离析了。我们虽然不能详述商朝通信的细节,但如下几个关键史实还是颇具说服力的。

为通信立头功的甲骨文

中国通信的头号功臣当数几乎与口语一一对应的汉字,而汉字之源则是早在殷商时期就已使用的甲骨文。当时,这种文字是商朝王室用于占卜记事而锲刻在龟甲或兽骨上的文字,故被称为甲骨文。有关发掘和破译甲骨文的故事早已铺天盖地,此处不作赘述,而是想从通信角度来重新诠释甲骨文——毕竟,包括甲骨文在内的所有文字都是重要的信息载体。

如果单看存在时间,其实我国还有比甲骨文出现得更早的文字形式,比如陶文、刻画符号等,它们是某种通信系统的信息载体。但是,从系统角度来看,甲骨文确实是中国最早的完整而成熟的文字,已兼有象形、会意、形声、假借、指事等多种造字方法;从字体结构上看,甲骨文的字形虽有变化,大小也不一,但整体均衡对称,显示出稳定的格局;从章法上看,虽受骨片大小和形状的影响,但甲骨文仍表现出了镌刻的技巧和书写的艺术特色;从书法角度看,甲骨文已具备了书法的用笔、结字、章法等基本要素。其用笔线条严整瘦劲,挺拔爽利,曲直粗细均备,笔画多方折,对后世篆刻的用笔、用刀产生了明显影响。就结字而言,甲骨文的外形多以长方形为主,间或也有少数是方形,具备了对称美或一字多形的变化美。此外,甲骨文的结构方圆结合,开合揖让,个别字形更具明显的象形图画痕迹,表现出了文字发展初期的稚拙和生动。从章法上看,甲骨文的卜辞全篇行款清晰,文字大小错落有致,每行上下左右虽有疏密变化,但全篇能行气贯串,大小相依,左右相应,前后相呼,并且字数多者全篇安排紧凑,给人以茂密之感,而字数少者又显得疏朗空灵,总之,都能呈现古朴而烂漫的情趣。

从发展成熟度上看,作为中国首套非语音的、完整的人际通信系统,甲骨文的发展可划分为以下五个阶段。

第一阶段又称雄伟期,对应盘庚、小辛、小乙、武丁的统治期,持续约100年。其间受到武丁之盛世影响,甲骨文的书法风格宏放雄伟,为甲骨书法之极致,大体而言,起笔多圆,收笔多尖,且曲直相错,富有变化,不论肥瘦,皆极雄劲。

第二阶段又称谨饬期,对应祖庚、祖甲的统治期。其间的甲骨文书法大抵承袭前期之风,但恪守成规,新创极少,已缺少前期的雄劲豪放之气。

第三阶段又称颓靡期,对应廪辛、康丁的统治期。此期可谓殷代文风凋敝之秋,虽然也有不少工整的书体,但段落错落参差,且错字屡见不鲜。

第四阶段又称劲峭期,对应武乙至文丁的统治时期。由于文丁锐意复古,力图恢复武丁时代之雄伟,故书法风格转为劲峭有力,呈现中兴之气象,在较纤细的笔画中带有十分刚劲的风格。

第五阶段又称严整期,对应帝乙至帝辛的统治时期。其间书法风格趋于严谨,与第二阶段略近,而且篇幅加长,无颓废之病,亦乏雄劲之姿。

据不完全统计,从甲骨文首次被发现至今,人们已找到了至少15万片甲骨,其上刻有的不重复单字约有4500个,迄今已破译了约2000个。根据已破译的甲骨文可知,甲骨上所载的内容主要有以下四项。

其一,经加工和刮磨的龟甲和兽骨由专门的卜官保管,其边缘部位刻写着这些甲骨的来源和保管情况,故称"记事刻辞"。

其二,卜官占卜时,用点燃的紫荆木柱烧灼巢槽,使骨质正面裂出"卜"状裂纹,称作"卜兆",并由此推断卜问事情的吉凶。在较早的甲骨卜兆下面,还刻有占卜的顺序数字,这些数字被称为"兆序"。

其三,甲骨文的主体部分是卜辞,即占卜活动结束后,记录占卜情况与结果的刻辞。

其四,以天干和地支相配,组成60个干支名称的干支表,这也是我国最早的日历。此外,甲骨文中还有一些当时学习刻写卜辞的习作,称为"习刻"。

甲骨文的大部分内容都是殷商王室占卜的记录,这也许是因为商朝特别迷信鬼神,大事小事都要卜问:有些卜问天气,有些卜问作物收成,也有些卜问疾病,还有些卜问生子;而打猎、作战、祭祀等大事,更是必须卜问了!所以,通过破译甲骨文,便可隐约知悉商朝人的生活情形和历史发展状况等。

比如,过去我们对三星堆所在的古蜀国几乎一无所知,甚至猜想三星堆是外星人的地球据点,现在通过破译甲骨文,我们至少可以知道三星堆后期(三期)的一些信史。实际上,据不完全统计,在殷墟甲骨文龟壳上谈及"蜀"的卜辞大约有12条,经甲骨文专家解读后得知,在这12条卜辞中,有3条涉及殷王征蜀,有2条谈到殷王至蜀或在蜀,有3条谈到殷王替蜀卜福祸,有1条是蜀向殷商示好,还有1条是殷人用蜀人作为祭祀牺牲等。反正,从卜辞上看,三星堆后期的古蜀与殷商之间是国与国之间平等的关系,而不是诸侯与宗主国之间的隶属关系,两国之间既有战也有和,有时为敌,有时又为友。

此外,得益于甲骨文所传递的信息,今天人们才确切知道了三星堆古蜀国的另一个"国之重器",而且商朝竟用这个"国之重器"来命名古蜀国,就像今天的西方世界用"瓷器(china)"来命名中国一样。聪明的读者也许已猜到这个"国之重器"是什么了,没错,它就是"蜀"。

何谓"蜀"呢?最早、最权威的解释,要数东汉许慎编著的《说文解字》,书中说"蜀,葵中蚕也;从虫,上目象蜀头形,中象其身蜎蜎"。许慎还以《诗经》为例,形象生动地描述了蚕虫的蠕动爬行情况,即"蜎蜎者蜀"。为什么商朝要用一个看起来很恶心、爬起来又很恐怖的虫子来命名古蜀国呢,莫非商朝不想与蜀国搞好关系?当然不是,"蜀"之意应是褒意的,至少是中性的。为什么古蜀国也愿意被别人叫作"蜀"(没准也自称"蜀",只是没有确凿证据而已)呢,莫非古蜀国不在乎别人怎么称呼自己?当然也不是,古蜀国甚至可能以该国名为傲。幸好,"蜀"字和"蚕"字的含义,在过去几千年中几乎都未变化过。于是,即使忽略有关黄帝正妃嫘祖生于四川盐亭并在这里发明了缫丝,或古蜀国先王蚕丛就是"养蚕大王"等传说,我们也有足够的理由推断,当时的古蜀国之所以能发展成为大国,那是因为,他们已牢牢控制云贵高原的铜矿和巴地的食盐资源,掌握了先进的青铜技术,拥有成都平原先天"沃野千里"的自然农业优势,另外,古蜀国还有一个法宝,那就是不起眼的蚕和它吐出的细细银丝。

最后,甲骨文与古老建筑的造型很接近,这向今人传递了许多远古的秘密信息。从甲骨文中许多有关建筑的文字的字形上,可以了解中国远古时期建筑的结构形式及其发展脉络。比如,从甲骨文"高"字的字形上便可推断,在商代已有一种建造在土台上的建筑,土台的下部还挖有地窖,这是私有制初期和家庭出现后的一种建筑方式;而土台的上部,是一栋既有屋顶又有墙身的建筑。

又比如,甲骨文的"宫"字,可看成屋顶下罩着两个房子,这是一种专供头领使用的十分讲究的高大建筑物。

谍报之祖——伊尹

保密通信是通信的重要分支,而谍报系统又是保密通信系统的重要分支,因此,谍报专家自然也是通信专家。中国有文字记载的最早的谍报专家是谁呢?他就是商朝时期的大臣——伊尹。伊尹是中国历史上第一位使用间谍术的人,他甚至提出了"上智为间"的谋略,而且他本人还以到夏任官的名义,两次打入夏王朝内部亲自收集情报:第一次赴夏,是为了侦察夏王朝的政情民情,以便制订灭夏计划;第二次赴夏,他利用所掌握的情报,联络夏臣和当时已失宠于夏桀的妹嬉,以扩大敌人内部的矛盾,削弱敌方实力,为随后的灭夏战争做准备。

伊尹是中国历史上的一大奇人,他的"奇"体现在多个方面。第一,他的寿命长得出奇。相传伊尹生于公元前1649年,逝于公元前1550年,并以天子之礼葬于亳都(今河南商丘)。换句话说,他活了整整一百岁!

第二,他的治国理念怪得出奇。他竟采用厨师"以鼎调羹""调和五味"的理论来治理天下,这便是《道德经》中"治大国若烹小鲜"典故的出处。

第三,伊尹的身世也曲折得出奇。伊尹是中国首位帝王之师,也是中国第一个见之于甲骨文记载的教师。他的生母本为有莘国的采桑女奴,就在他出生后的第二天,母亲死于洪水。幸好,他被另一位采桑女救起,交给一位既能屠宰又善烹调的厨师收养。伊尹从小就非常聪颖,勤学上进。他虽耕作于田野,却喜欢尧舜之道;既掌握了烹调技术,又深通治国之道;既是奴隶主的厨师,又是贵族子弟的"师仆"。由于伊尹的德行远近闻名,所以求贤若渴的商汤至少三次携厚礼登门聘请他出山辅政。可有莘国的国君不同意伊尹离开,商汤便娶了有莘国国君的女儿为妃。伊尹以陪嫁奴的身份来到商汤身边,开始教导商汤效法尧舜,以德治天下,并制定了救民伐夏的方略。

第四,伊尹的攻夏策略巧得出奇。为了灭夏,伊尹首先通过各种渠道,包括广泛使用间谍,获取了夏朝内部的许多重要情报。为了测试夏桀的主力部队"九夷之师"的忠诚度,伊尹劝说商汤停止向夏桀纳贡。结果夏桀大怒,命"九夷之师"攻汤。伊尹见"九夷之师"仍听命于夏桀,就马上向商汤献计,暂时恢复纳贡,同时在暗地里积极准备攻夏。大约在公元前1601年,伊尹决定再次停止向夏桀纳贡,彼时夏桀虽然再次起兵,但"九夷之师"已不再听命于他,从而使其在政治和军事上完全陷入了孤立无援之地。伊尹见时机已到,便协助商汤立即下令伐夏。夏桀战败南逃,汤在灭掉夏王朝的三个附属国后,又挥师西进,很快就灭掉了夏朝。

第五,伊尹的训帝之法更是严得出奇。商汤死后,伊尹又历经了两任君王,并担任汤王长孙太甲的师保。传说,这位太甲不遵商汤之政。为了教育太甲,伊尹甚至将太甲发配到汤王的墓葬之地桐宫,而由他本人与诸大臣代为执政。伊尹还著述《伊训》《肆命》《徂后》等训词,教育太甲如何为政,如何继承商汤法度,哪些事可以做,哪些事不可以做等。三年后,太甲追思成汤功业,深刻反省,终于认识到了自己的过错。当太甲改恶从善后,伊尹又亲自到桐宫迎接太甲,并将王权交还给他。在伊尹的耐心教育下,复位后的太甲勤政修德,继承商汤之政,使商朝的政治又出现了清明局面。

第六,伊尹的医学成就也高得出奇。其实,除丞相之职外,伊尹最重要的身份是巫师。商朝是非常崇信鬼神的,国家大小事务皆要占卜,因此巫师的地位非常崇高。伊尹是商代第一大巫师,而那时巫与医合二为一,巫师本身就兼有医病的职责。在伊尹的领导下,那时就已能医治20余种疾病了,包括疾首、疾目、疾耳、疾口、疾身、疾足、疾止、疾育、疾子、疾言等。除此之外,伊尹还发明了汤药,有效提高了药品的疗效,并著有《汤液经法》等重要医书。

第七，伊尹的厨艺更是好得出奇。他至今仍被尊为"中华厨祖""厨圣"，而且"伊尹"两字也成了比喻技艺高超的大厨的名词。在烹饪界，有关伊尹的典故有很多，比如伊尹煎熬、伊公调和、伊公负鼎、伊尹善割烹、伊尹酒保等。无论是烹饪理论，还是烹饪实践，伊尹都造诣颇深。在实践中，传说他烹调的天鹅羹很受商汤青睐；在理论上，伊尹更是建树卓著，不但提出了"五味调和说"与"火候论"等，还留下了许多流传至今的烹饪名言。比如，在揭示食材的自然性方面，他说"夫三群之虫，水居者腥，肉玃者臊，草食者膻"；在烹调美味方面，他说"凡味之本，水最为始"；在掌握火候方面，他说"五味三材，九沸九变，火为之纪，时疾时徐。灭腥去臊除膻，必以其胜，无失其理"；在调味的微妙方面，他说"调和之事，必以甘酸苦辛咸。先后多少，其齐甚微，皆有自起"；在如何观察锅中的变化方面，他说"鼎中之变，精妙微纤，口弗能言，志不能喻。若射御之微，阴阳之化，四时之数"；在评估精心烹饪而成的美味方面，他说"久而不弊，熟而不烂，甘而不哝，酸而不酷，咸而不减，辛而不烈，淡而不薄，肥而不朡"等。

总之，伊尹确实是少见的奇人。

飞矢通信

商朝的士兵由贵族和平民充当，他们平时都要练习射箭，还要以田猎的形式进行演习。由此可见，作为一种远程杀伤性武器，弓箭在商朝时就已相当普及了。弓箭除了作为武器，还有通信功能。实际上，历史上以箭矢传信的故事从未间断，甚至还有专门用于传递信息的特制羽箭，即使在今天的影视作品中也经常出现信箭这样的情节。虽然弓箭早在商朝之前就已出现，弓箭技术一直在不断发展，弓箭的用途也在随时调整，但关于弓箭的确切文字记载首次出现在商朝，所以此小节就从弓箭的发展简史说起。

作为冷兵器之王，中国弓箭的历史非常悠久。山西省朔县（今朔州市朔城区)峙峪遗址曾出土了一枚长约2.8厘米的石镞。考古学家对其进行放射性碳素测定之后发现,它竟是距今约28900年前的产物。这说明当时人们就已发明了弓箭,只是如今弓已腐,仅存箭矢而已。实际上,我们有理由假设纯竹木弓箭的出现时间会更早,因为箭杆上也可以没有箭镞,只须将箭杆前端削得足够尖就行了。在浙江跨湖桥遗址处,出土了一把距今约8000年的漆弓。该弓残长121厘米,弓身采用桑木边材制作,表面涂有生漆。至此,我国弓箭的考古实物就配齐了。

实际上,我国境内出土了很多形态各异、大小不一的石器时代的箭镞。从材质上看,既有旧石器时代的粗糙石镞,也有新石器时代磨制得很精细的石镞,还有用骨质、角质或蚌壳制成的箭镞,后来更有批量生产的陶质箭镞等;从外形上看,这些非金属的箭镞中,有的是棒形,有的是叶形,有的是三角形,还有的带着镞茎和逆刺,使得目标一旦被射中就很难再逃脱。

进入金属时代后,箭镞的材质发生了变化。在河南洛阳二里头遗址中就发现了距今约3800年的青铜箭镞,它们主要有两种形制:一种是尖圆头扁铲形,另一种是镞脊凸起形,它们的两翼扁平后展,形成倒刺。

商朝的青铜镞又加大了两翼夹角,使得倒刺更尖,并在翼上磨有血槽。

周朝的青铜镞继续改进,两翼夹角更大,倒刺磨平,呈平铲形。而且周朝还对弓箭使用者制定了严格的等级限定,比如士弓、大夫弓、诸侯弓和天子弓的使用有严格的等级,不能僭越,违者将受到严惩。

春秋战国时,社会动荡不安,战争不断,使得弓箭在军事上的应用更加广泛。铁质箭镞开始被大量使用,箭镞的样式也发展成为更具杀伤力的三棱锥体,其前锋锐利,三面均有血槽,还有平铲形尾翼及圆柱式镞铤等。在河北满城发现的西汉中山靖王刘胜夫妇的墓中,就出土了三翼式和四棱式的铁镞,它们均为批量的模铸成型。虽然其锋利程度不及更早的铜镞,但因此时的弓身已很有弹性,使得弓箭的杀伤力足以满足需求。实际上,春秋战国的弓身主要由竹片和胶质片制成,弓的两端有弓弭,弓弦用丝绳制作,呈黄褐色。

到了西汉,铁镞成为主角,镞身为长铤圆柱形,锋尖呈四棱锥形。这样的材料与外形使得铁镞性能良好,锋利无比。待到东汉时,箭镞的形状已改进为扁平的锐角三角形,这种箭镞不但杀伤力很强,其生产也很方便,既可铸造,也可锻造。于是,这种形制便被后人长期使用,在四川省新繁县(今成都市新都区)和安徽省亳州市等多地发现的东汉墓中出土的铁镞,都普遍采用了这种名为"点钢镞"的标准形制。除了在箭头的材质和形状方面下功夫外,从东汉校尉耿恭开始,人们开始使用各种毒箭。比如,将箭镞浸泡在毒液中,或在箭镞上抹上剧毒以增加弓箭的杀伤力,从而才会上演家喻户晓的关羽刮骨疗毒的故事。

随着金铠铁甲的出现和普及,普通弓箭的穿透力受到严重挑战。于是,从晋朝开始,出现了刃部更长的多用途钢铁箭镞,它们不但能穿透坚硬的盔甲,还能在箭杆上绑上油脂或火药,使其成为名副其实的原始"火箭",既能纵火,又能在夜间传递信息。

唐代的弓箭更是多种多样,既有供步兵用的长弓,也有供骑兵用的角弓,还有用于自卫防身的稍弓及仅供仪仗使用的格弓。唐代的箭也有竹箭、木箭、兵箭、弩箭四种。

宋代的弓箭发展更快。弓的类型至少有黄桦弓、白桦弓、黑漆弓、麻背弓等。箭的类型多,用途也更广,比如,既有专门传递信号的鸣铃飞号箭,也有专门用于训练士卒的木扑头箭,还有与火药配合使用的火箭。其中,火箭箭镞上带有火药,射出后遇物即燃,威力甚大。

到了元朝,弓箭更成为蒙古人打天下的法宝。这时开始出现了体量巨大、曲度极大且配有扳指的突厥弓,从而使得箭矢能更加稳、准、狠地射向目标。但突厥弓不能快射,因为这种弓的上弦方式很特别,操作者需要坐在地上使劲用双足挤压弓身,然后才能将箭矢扣在弓上;甚至有时还需要借用一根很长的环形带子,才能将弓缘向后拉起固定。总之,给突厥弓上一次弦,既费力又费时。

明代弓箭的花样更多。弓虽然只分为大弓和常弓,箭却有多种型号,包括但不限于马箭、步箭、令箭、球箭、响箭、穿耳箭和长杆火箭等。

清朝初期,同样是马背民族且同样严重依赖弓箭的清军也很重视弓箭。但后来在火器的冲击下,弓箭的军事地位逐渐下降,以致清军不得不弃用突厥弓,以另一种重型弓和具备穿甲能力的长箭代之,其弓身长达1.8米。清末以后,火器全面登上历史舞台,弓箭彻底退出战场,开始进入竞技领域,成为娱乐工具。

弓箭最早是先人们的狩猎工具,后来却演变成了杀人武器。至于谁是倒在箭矢下的第一位牺牲者,估计已是一个永远的谜。不过,在江苏沛县大墩子遗址发现的第316号墓中,人们却发现了一具约7000年前死于弓箭的中年男性的尸骨。其身长为1.64米,左手握有骨匕首,左肱骨下置有石斧,但左股骨上有一枚折断的骨镞嵌入。由此可见当时的骨质箭镞杀伤力并不小,不但能穿透肌肉,还能射进骨头。

快捷畜力通信工具

众所周知,马和马车是人类最快的畜力通信工具。

中国的家马到底是何人在何时驯化的呢?现在还无法回答。不过,人类早在5000多年前就已成功驯服了野马。当初驯马的目的可能有三个:一是将捕猎而来的马匹作为食物来源,二是用于祭祀或观赏,三是使役和射骑。其中这最后一个目的与通信有关。

中国的马车到底是由谁在何时发明的呢?这个问题虽然没有标准答案,但还是有一个大概结论。由于本书不采信任何传说,所以有关黄帝造车或奚仲驾马的故事,我们就不在这里讲述了。不过,2004年,考古学家确实在河南偃师二里头遗址处,发现了距今约3700年的两条大体平行的车辙痕迹,其车辙间距约1米,残存长度约5米。

如果说车辙只能作为马车存在的间接证据,那么,河南安阳殷墟的考古发掘表明,中国在商代晚期确实已开始使用双轮马车了,而且商朝人已懂得夯土筑路,用石灰稳定土壤,确保路面齐整,以适合马车驱驰。在殷墟甲骨文的卜辞中,"车"经常作为战利品被记载,多处的商代遗址也常有殉葬的车马坑出土。所以,下面就从商朝起,简要介绍一下中国马车的发展史。

商朝时,马车还相当稀罕,因此经常被当成奢侈品随葬于王公贵族的高等级墓葬中,以彰显墓主的身份与地位。此时的马车制作很困难,马车也多用于行军和打仗。此时的驾车术属于"高科技",司机需要经过严格训练,因为他必须驾驶战车飞速执行进攻和防御指令,配合完成排兵布阵等高难度动作。后来,马车开始越来越普及。信史表明,在商朝末年,周武王正是沿着车马行进的道路,率领多国联盟军队讨伐商纣王。特别是在牧野之战中,周武王凭借"戎车三百乘"大破商朝军队,使后者在战车狂潮的猛烈冲杀下全无斗志,纷纷倒戈,从而奠定了后来周朝的近八百年基业,中国也从此进入了金戈铁马时代。

周朝车马业之发达,可由《周礼》中的这样一句话来证明:"一器而工聚焉者,车为多。"其大意是说,在周朝的各类手工业者中,造车业聚集的工匠人数最多。当时造车一般由多个工种合作完成,涉及机械传动、摩擦处理和部件连接等,所采用的材料也包括金、银、铜、玉、骨、木、皮等。此时马车的用途已不限于战争,马车开始成为社会生活的重要工具,甚至驾车出行已成为一种身份的象征。

周朝车马业发达的第二个证据是《诗经》中的这样一句话:"周道如砥,其直如矢。"由此可见,周朝的道路修得非常好,既平又直。实际上,周朝在道路规划方面相当完整,所有道路都被分为经、纬、环、野四个宽度不同的等级。其中,南北之道为经,东西之道为纬,城中道路共有九经九纬,呈棋盘状分布,其宽度可供九车并驾齐驱;围城为环,环道的宽度可供七车并驾齐驱;出城为野,其道路的宽度可供五车并驾齐驱。

周朝车马业发达的第三个证据就是,驾车者的级别之高几乎达到无以复加的地步。比如,西周天子周穆王自己就是一个驾车迷,其驾车技术还很高。他经常在治国理政之余,亲自驾车到全国各地巡视,甚至不惜耗时3年,率领7支部队,驾着马车翻山越岭,从太行到黄河,日行千里,巡游四方。尤其是在平定西戎后,他驾车一路西行并与沿途各地建立良好的关系。《穆天子传》记载,周穆王出行的马车由八匹骏马牵引。这八匹马如今已成为名马的象征,它们以毛色命名,分别为赤骥、盗骊、白义、逾轮、山子、渠黄、华骝、騄(lù)耳。国画中的经典题材"八骏图"画的就是给周穆王拉车的这八匹马。

到了先秦时期,天子乘坐的马车已有严格标准,即天子需乘六匹马拉的马车。该说法已由近年的考古实物所证实,天子所驾的六匹马的车马坑已经出土。车战更是先秦战争的主要特色,春秋末年的《孙子兵法》中特别强调:"凡用兵之法,驰车千驷,革车千乘,带甲十万,千里馈粮。"其大意是说,不但要"兵马未动,粮草先行",还要更早地备好马车,而且是各种功能的马车,其中既包括能快速奔驰的供三人一车的轻型战车,又包括用皮革装饰的重型战车和运输车等。孙子还说:"故车战,得车十乘以上,赏其先得者。"可见,孙子鼓励打仗时重点缴获敌方马车,对于缴获战车超过10辆者,优先奖赏最先夺得战车的那个人。

春秋战国时期,马车从单辕车发展为双辕车。在此时的各场重要战役中,经常能见到马车的身影。比如,在公元前633年的城濮之战中,晋军战车达700乘;在公元前630年秦国偷袭郑国的战争中,参战马车达300乘。当时甚至还用战车数量来衡量各国的实力,"千乘之国,万乘之君"便是强国的标志。每次战争,列国都要出动大量战车。比如,楚国和赵国较强,它们能出动战车1000乘;而魏国和燕国则相对较弱,它们只能出动战车600乘等。

在中国历史上,与马车关系最密切者当数秦国。这不仅指秦国的先祖本身就是马夫和车夫出身,还指秦国在从无到有、从小到大、从弱到强的发展过程中,极其依赖马和马车。

实际上,至少从周朝初年开始,秦人就定居于陇东黄土高原沟谷一带,长期过着游牧生活,掌握了一整套养马和驭马技术,甚至包括牲畜阉割术等,因而能培育出许多纯种良马。特别是其中有一个名叫秦非子的秦人,他的养马技术更是了得,任何马匹只要经他饲养,都会长得又肥又壮。秦非子的高超技能惊动了周孝王,这位天子甚至不惜屈尊前去咨询养马之道。秦非子果然对答如流,滔滔不绝地传授了一通马匹饲养、训练、繁殖和疾病防治等知识,让周孝王佩服不已,赞扬秦非子是一流的养马专家,并当即任命他为周朝的专职马夫。此后多年,秦非子因为养马有功,最终获封秦地,被赐姓嬴,成为秦国始封君,号称"秦嬴"。

至少从马车迷周穆王时期开始,秦人就学会了造车和驾车,秦人先祖造父就是因为善于驾驶马车而得到周天子的重用。传说中的那位载着周穆王去约会西王母的车夫,可能就是造父。西周衰亡,周平王东迁时,秦非子的后代秦襄公率领马车一路护送周天子,然后回头带领秦人整修武备,大修战车,打败戎狄,收复失地。后来,秦人将其政治中心迁至关中西部,并逐渐壮大。

自秦孝公起,秦人有了夺天下的雄心。商鞅变法后,秦国成为兵强马壮的军事大国,至战国后期,秦国"带甲百余万,车千乘,骑万匹"。秦王嬴政上台后,继承秦国历代先王的遗愿。他依靠无敌战车,灭六国,一统天下,结束了500多年的乱世,建立了秦朝。秦朝重视车马的最重要的实物证据,就是在西安出土的震惊天下的兵马俑。由于大家对该遗址已很熟悉,这里就不再赘述了。

汉朝以后,随着骑兵的崛起及铁制兵器和护具的出现,战车的作战方式逐渐落后。马车已很难应付骑兵的冲杀,马车上的士兵在远战时成了强弓劲弩的活靶子,近战时又很难抵挡铁制兵器的劈砍。最终,战场上的马车被更为灵活的骑兵所取代,马车成了主要的交通工具和仪仗用品。魏晋时期,文人墨客都喜欢驾车出游,车厢里还装饰得非常精美。再后来,马车逐渐被边缘化,被牛车和驴车等成本更低、运行更平稳的交通工具所替代。隋唐之后，马车基本退出历史舞台，明清的达官显贵们不再乘坐颠簸的马车，而改坐更加舒适的人力大轿。

由此可见，商朝至秦朝是马车发展的黄金时期。随后，马车的发展基本停滞，就算在车制等方面有所进步，那也只属于局部性的改良，而非根本性的突破。

发明牛车的商高祖

当马车在战场上高调厮杀时，朴素的牛车在商朝低调登场了。当时的牛车是独辕双轮车，车厢为方形或长方形，车辕前端绑有一根横木，叫"衡"，衡两边各固定一个人字形的轭，用以系牛。由于是独辕，必须用两头牛才能拉车。那时的牛车被称为大车，因为它的车厢较大，主要用于载物，偶尔也用于载穷人；马车被称为小车，主要用于载客。马车飞奔时，马脖上的铃铛会有节奏地鸣响，很是气派。所以，人们认为马车比牛车高档，达官贵人压根儿就不屑乘坐牛车，而且牛车也不能用作随葬品。

后来的情况却发生了逆转。由于早期的路况和造车材料都较差，车子跑得越快，颠簸得就越厉害，飞扬的尘土也就越多，乘马车并不舒服。而且那时的车身大多露天，为了保持优雅的仪态，乘客必须姿态端正，不能东倒西歪，在颠簸中还要保持平衡，乘车无异于活受罪。后来，出于追求舒适的本能，速度更慢、颠簸更小、尘土更少的牛车受到人们追捧，再加上牛车的车厢较大，装有车篷和围挡，乘客在车厢里可自由坐卧。于是最迟从东汉末年开始，牛车又逐渐成为官员和贵族的代步工具。许多高官不但乘牛车上瘾，还要亲自执鞭，玩一把"自驾游"。牛车地位大幅提高还有一个间接证据，那就是牛车也开始逐渐被用作随葬品了，比如，在洛阳出土的一个西晋大型墓穴中就放置了大量的陶俑群，包括镇墓兽、牛车、鞍马、牵马俑、武士俑和侍仆俑等。再后来,牛车的地位达到顶峰。《魏书·礼志四》记载,北魏皇帝出行时要"驾牛十二";南北朝时期,郊野之内,满朝士大夫"皆无乘马者",全都驾牛车了。不过,后来牛车的地位又被马车超越了。

许多人也许并不知道,牛车的发明者竟是鼎鼎大名的"财神"!也许有人会问:"财神"不是关公吗?其实,民间信仰的"财神"共有九位,其中之一就是牛车的发明者——王亥,他是商国的第七任首领,甚至在商朝建立后,还被追尊为商高祖,殷墟甲骨文中也经常出现"商高祖王亥"和"高祖王亥"等字样。同时,王亥也被今人誉为"财神之首""华商始祖""贸易之父"等。

王亥开创了商业贸易的先河。在他之前,人们生产和生活都仅限于自给自足,当地人从没尝试过跟外地人进行远程贸易。正是从王亥开始,地区间的物资交流市场才开始建立起来,这使商国壮大富强,并最终统一了其他邦国,成就了有信史记载的我国首个朝代——商朝。

据说,王亥的六世祖曾协助大禹治水,并因劳苦功高而被舜任命为司徒,负责教化民众,同时获赠一块封地,即今天的河南商丘。夏朝建立后,商国的历代君主继续得到重用,王亥的父亲被任命为主管土木工程和水利建设的长官。作为长子的王亥,从青少年时期就与父亲一起治理黄河。后来,父亲在治水时不慎坠入河中以身殉国,王亥便继承父业。王亥成为商汤七世祖后将每年冬至定为父亲的功德纪念日,同时也开始了长达十年的治水工程。其间,王亥成就突出,颇受夏朝天子赏识。

处于不惑之年的王亥不仅功成名就,还得到夏朝的一大笔赏金,于是他主动请辞,离开朝廷回到了自己的封地商国。这时,他开始把全部精力用于发展生产和富民安邦。经过长期摸索,他对动物习性有了深刻了解,终于驯服了水牛,不仅让它们代替人类耕种土地,还让它们拉车、搬运重物。如此一来,商国民众从繁重的体力劳动中解放出来,有机会将更多精力转移到手工业,从而使得商国的生产效率和农牧产量等都得到提升,民众逐渐摆脱了饥饿,生活日益富足,邦国实力大增。

如何处理商国强盛后的众多富余物产和畜力呢?这又成了王亥必须面对的一个"幸福烦恼"。幸好,在协助父亲治水期间,王亥走访过中原很多邦国和部落,对它们的情况了如指掌,知道它们大都处于相当落后的自给自足农牧业阶段,耕种全靠人力,完全没有牛、马等畜力可用,粮食产量很难满足基本的生活需求。不过,这些地方却盛产金、银等贵重金属,或水草丰富很适合发展畜牧业。总之,商国与这些地方具有很强的互补性,若能建立良好的以物易物的交易体系,则各方会实现共赢。于是,王亥就很快研制出了牛车,从技术上解决了远程贸易的物资运输难题。

由于商国民众都没有外贸经验,对其他地方也知之甚少,王亥只好亲自担任贸易团长,率领族中聪明能干之人,将富余的牛、羊和粮食等运给各个需求方,还建立了覆盖四面八方的商业信息通信网络。王亥的贸易团队在各地受到热烈欢迎,由于他们是商国人,大家就将从事贸易的人称为"商人",商人用于交易的物品也被称为"商品",商人所从事的贸易事业被称为"商业"。商业的出现具有划时代意义,不但使商国实力大增,更使得整个中原地区的经济迅速腾飞。

可惜,商国在商业上的成功很快就引发了某些邦国和部落的嫉妒,甚至招来祸患,其中尤以有易氏部落最为出格,双方经常发生各种激烈冲突。终于,大约在公元前1803年,当王亥再次率团,满载货物,赶着牛群,长途跋涉前往有易氏部落进行贸易时,该部落的首领竟然见财起意,率领其族人包围并杀害了势单力薄的王亥商队,夺走他们的货物和牛群,只有王亥的弟弟佫幸逃生。噩耗传回商国后,民众悲痛欲绝。商国储君——王亥的儿子经过四年多的精心策划,最终借助河伯的军队灭掉了有易氏部落,杀死其酋长,为父亲报仇雪恨。

王亥死后,他所开创的事业被后世继承和发扬。一代又一代的商人不断丰富商品种类,拓展商路规模,开拓商业模式。不过,必须明白的一点是,商人们买卖的并不仅仅是商品本身,还有供需各方的商业信息。所以,信息通信系统才是商业成功最关键的要素。

水上通信工具

在牛车和马车成为陆上交通和通信的主力之前,水上的交通和通信工具就已经诞生,它就是众所周知的船,或者说是邮轮的祖先。在飞机出现之前,跨洋通信几乎全靠邮轮。

中国的第一条船到底是谁在何时发明的,已无法回答。如今在许多旅游景点都能见到这样的节目:一位平衡能力极强的渔夫,轻轻松松地站在一根漂流在水面上的细竹竿上表演着各种高难度的动作。对他来说,站在这根细竹竿上如履平地。即使是对普通人甚至是对某些动物来说,在紧急情况下,他或它也能把一根枯木当作救命稻草。换句话说,船的发明者可以是任何古人,船的发明时间至少可以早到人类进化初期。在浙江省余姚市的新石器时代河姆渡遗址中,考古学家发现了一柄用整木做成的木桨。这表明,在大约七千年前,我国就已经开始使用独木舟了。如果从文字上看,"船"字也早在商朝的甲骨文和金文中就出现了,因此,我们有理由在这里将船作为商朝的一种通信工具。

在商朝末期,当周武王首次率领各邦国的联合部队前往朝歌,试图消灭商纣王时,抵达黄河渡口孟津后,姜子牙发布命令:"众将官听令,集合你们的部队,登上你们的战船,迟到者斩!"于是,浩浩荡荡的强渡黄河之战就打响了。据说,船到河心时,一条白鱼跳进周武王的船舱中,吓得武王赶紧以鱼祭祀。结果,待到登上黄河北岸后,轰隆一声,一团大火从天而降,落于武王所在的船舱顶上。于是,武王掐指一算,道:"殷商天命未尽,这次不能出击,大家千万别操之过急!"然后就下令全军返回。这就是"孟津观兵"的著名典故,它其实是周武王在灭商前的一次实弹演习而已。其目的主要有三:一是想检验自己的号召力,试探诸侯们的灭商决心和胆量;二是想检阅一下联军的协调能力和整体水平,发现问题以便及时整改;三是想看看商纣王的反应,以便更充分地知己知彼。这个故事反映了船作为水上交通和通信工具已经得到了广泛应用。

到了周朝后,有关船只的记载就更多了。《艺文类聚》记载,在西周成王时,越人曾以舟船作为贡品,献给成王。而所谓"越人",在古汉语中指的就是涉水民族,他们"水行而山处,以船为车,以楫为马,往若飘风,去则难从",由此可见,越人用船已相当普遍了。另外,还有记载说"越人献舟一路,取道东海,渡黄海,泛渤海,入黄河,逆流而上,进入渭水,终达周都镐京",由此可见,那时越人的船只造得很好,已能在黄河和大海中航行。

到了春秋战国时期,大国争霸,越国甚至有了造船工场,能批量制造战船,其航海业也相当发达。比如,楚国就曾动用舟师攻打过吴国,《越绝书》中写道:越迁都由会稽至琅琊,以水兵2800人"伐松柏以为桴",沿海北上,气势磅礴。

到了秦朝,已能制造带舵的大型楼船了。比如,秦朝御医、著名方士徐福曾奉秦始皇之命,率三千童男童女,带着充足的粮食、衣履、药品和耕具等乘坐"蜃楼号"大船入海,试图将皇家书信送到蓬莱、方丈和瀛洲三山的神仙手中,并求回长生不老之药。虽然后来秦始皇没能收到回信,但徐福的远程水上通信确已完成。至于徐福到底将信送到哪去了,史学界说法不一。最流行的观点是,徐福信使团最终到达了日本。其理由之一是,日本现今仍存有徐福墓。另外,据《日本国史略》所载,徐福确实带着童男童女来到日本修好,献上了"三坟五典",但因寻仙未果,只好定居下来,不敢回国交差,怕被以欺君之罪问斩。日本古书《富士文书》记载,徐福到日本后,带来一些新技术,并帮助当地农民耕种,因为没能找到长生不老药,从此就再也没返回中国。由于担心秦始皇派兵追杀,徐福还要求同行的男女,各自改姓为秦、佃、福田、羽田、福台、福山等姓氏。另一种说法是,徐福率众出海数年,并未找到仙山,只好在当地的"崂山"留下后代,并分别改姓为"崂"或"劳"。还有一种说法是,徐福后来不幸因海事遇难。总之,不可否认的是,徐福确实是驾船出海了。

到了西汉中期,海上丝绸之路从古合浦郡始发,通往印度、斯里兰卡等国,这也算得上是世界上首条真正的海上国际贸易航线。

三国时期,孙权"遣将军卫温、诸葛直将甲士万人浮海,求夷洲及亶洲"。这里的"夷洲"便是今天的中国台湾,而"亶洲"则是日本岛屿。当时吴国的船舶长达50米,可挂4帆,可载600余人或百余吨货物。难怪在赤壁之战中,曹操的10万水师也能被吴国水军轻松消灭。

东晋后期,法显和尚西行印度,历时14年,数次濒死,终于在70岁高龄时,只身远航归国,船上所载的就是后来对中国影响巨大的众多佛经。

隋炀帝好大喜功,多次征发民工无数,在江南大造龙舟及各种花船数万艘。最大的龙舟竟有4层,高15米,长70米,最上层有正殿、内殿、东西朝堂,中间二层有120个房间,都"饰以丹粉,装以金碧珠翠,雕镂奇丽"。随后,这位昏君数次乘船巡幸江都,日夜寻欢作乐,终于把江山给"乐"丢了。

唐朝时,造船工艺已高度发达,其最大战船"和州载"能"载甲三千人,稻米倍之"。唐朝与各国的海上交往全面繁荣,开辟了数条海上航线,多次到达东南亚、西亚、东非等地。唐朝著名的鉴真和尚就曾先后六次东渡,最终到达日本。

宋朝时,海外贸易不断扩大,海上和内河运输更上一层楼,浙江、福建、广东成为海船制造中心。此时,造船和修船已开始使用船坞,并创造了滑道下水法,发明了水密隔舱等技术。许多港口也设置了专门管理海外贸易的机构,若干大型港口分别出现在宁波、广州、泉州和杭州等地。

元朝积累了丰富的造船经验,船只的使用更加普遍。1291年,忽必烈"备船十三艘,每艘具四桅,可张十二帆",派马可·波罗从泉州起航,护送阔阔真公主至波斯成婚。

明朝时,无论是船的尺寸、性能还是远航能力等方面,都居世界领先地位。可惜,随后中国就开始闭关锁国,直到清朝鸦片战争为止,最终导致船舶性能被西方国家全面赶超。

总之,船舶已走过了舟筏时代、帆船时代、蒸汽机船时代和柴油机船时代。若单从技术方面来看,中国古代船舶的发展大致可分为以下四个阶段。

第一阶段是从商朝到春秋战国期间的萌芽期。此时的船舶不但种类很少,体量也较小,最长也不过20余米,且主要在江河中航行,很少接受大海和大风大浪的考验。

第二阶段是从秦汉到唐朝的爆发期,特别是在汉朝,中国的船舶技术世界领先,至少超过了欧洲。此阶段的突破主要体现在如下几个方面:一、汉朝的船舶首次有了橹和舵,其灵活性远远高于国际上的其他船只,若再加上既有的桨和锚,就使得汉船可以"静若处子,动若脱兔"。二、汉朝的船有了多层结构,甚至可以在船体上建造高达30米的高楼,从而大大提升了船舶载客量。三、汉朝不但有了帆船,还有了多层桅帆,使得船的动力大大提高,而且船体也变得特别庞大。唐朝时,我国海船到达阿拉伯国家的港口后,竟然因为船体太大而无法进入波斯湾海港,最后只好停在港外,由其他小船来回摆渡,以完成装卸任务。四、唐朝的李皋发明了脚踏船,它也是全球第一艘"轮船"。只要用力猛踩脚踏板,该轮船就能在水中疾驰。五、此时的造船业已发展成按图施工的标准化工程,海船上还安装了指南针,战船上则配备了火器。

第三阶段是从宋朝到明朝初期的巅峰期。此时,船舶开始采用龙骨结构,船舱中也增加了隔舱。这样就既能让船舶装载多种货品,而不至于彼此混淆,又增强了船体坚固性,提高了船舶抵抗海难的能力。因此,宋朝的海外贸易空前发达,甚至在今天远至北非等地还能见到宋瓷的身影。到了元朝,船只数量、种类和航线分布等都跃上新台阶。当然,中国古船中的巨无霸绝对是明朝初期郑和下西洋的宝船,它竟能长达150米,承载上千人。这些宝船不但配备了能够抵抗大风的硬帆,还配备了深入水下的尾橹,再次增强了船舶的驱动力。

第四阶段是从明朝中期到清朝的衰败期。由于明清两朝闭关自守,长期禁海,使得中国造船技术停滞不前,最终导致中日海战和鸦片战争中国惨败的后果。

雪地通信工具

水上通信既可乘船又可游泳,而雪地通信又该怎么办呢?为此人们发明了滑雪板或雪橇。因此在高纬度地区,利用滑雪板和雪橇通信十分常见。

那么,在我国滑雪是从何时开始的呢?

若以考古文物为标准,那至少在1万年前,新疆阿勒泰地区的先民们就开始在雪上飞奔了。2005年,人们在新疆墩德布拉克河谷发现了一处岩画,描述了先民们一边滑雪一边狩猎的情景。画面显示了四名滑雪者追逐牛、马等动物的情形,其中三人踩在一个长条形的原始滑雪板或雪橇上,双脚分开站立,右手叉腰,手持一根作为滑雪杆的长棍,直指奔跑中的猎物。画中滑雪者的动作,与当今图瓦人非常相似。图瓦人也是手持单木杆在雪地上滑行,他们现在仍然喜欢这种滑雪狩猎活动。画中的滑雪工具,也很像是图瓦人一直沿袭的自制毛皮滑雪板。如今,这里的农牧民,家家户户都有此类毛皮滑雪板。

若以史料记载为标准,滑雪的历史也可定在商朝之前。实际上,据后人撰写的《史记·夏本纪》,大禹治水时,就是乘坐雪橇这样的工具四处奔波的。具体说来,大禹"陆行乘车,水行乘船,泥行乘橇,山行乘檋"。此处的"橇"就是雪橇;而"檋"则是"有锥之屐"。《史记正义》中解释道:"橇,形如船而短小,两头略微翘起,人曲一脚,泥上擿(zhāi)进。"后人在此基础上,把橇用于在冰雪上行走,就成了雪橇。

虽然商朝本身并未出现过任何有关滑雪工具的文字记载或考古证据,我们依然将雪橇和滑雪板等雪地通信工具归于商朝出现的事物。

从周朝,特别是从战国时期起,最早的关于滑雪的文字正式出现。比如,

《山海经·海内经》就在记载前人滑雪时说：北方钉灵国的国民"膝已下有毛，马蹄，善走"。这里的"钉灵国"是商周时期在"北海之内"的一个钉灵族居住地，此处常年大雪封山，雪深处甚至可淹没人马，因此滑雪板等雪地通信工具就非常重要。后来，钉灵人迁居到更加寒冷、降雪更多、雪期更长且更适合滑雪的西伯利亚地区，并在那里以游牧和狩猎为生。

关于钉灵人的滑雪故事，在其他古籍中也有描述。比如，在《三国志·魏书·乌丸鲜卑东夷传》的裴松之注中，引用了《魏略》的内容，其中就说"乌孙长老言：'北丁令有马胫国，其人音声似雁鹜，从膝以上身头，人也，膝以下生毛，马胫马蹄，不骑马而走疾马'"。由此可知，钉灵人所使用的是用毛皮包裹着的原始滑雪板，其滑行速度很快，甚至快于骏马。钉灵人的滑雪速度到底有多快呢？晋代郭璞在《诗含神雾》中给出了量化结果，他说："马蹄自鞭其蹄，日行三百里。"此处的"鞭"意指滑雪杖。

隋唐时，冰雪运动开始在北方少数民族地区普及。比如，《隋书》在描述时人滑雪打猎时说"人好猎兽，皆乘木马，升降山隥，追走若飞"；在描述时人的生活环境和交通出行情况时说"地多积雪，惧陷坑阱，骑木而行"，即由于积雪太深，人们担心掉进冰雪窟窿，就站在滑板上"骑木而行"。《新唐书》中记载"（回纥人）乘木逐鹿冰上"，意指回纥人经常乘坐滑雪板狩猎野鹿。此外，《新唐书》还提到，北方民族"多善马，俗乘木马驰冰上，以板藉足，屈木支腋，蹴辄百步，势迅激"。这段文字很形象地描述了时人的滑雪姿势和速度，这里的"马"当然不是马匹，而是指滑雪板。蒙古语称滑雪板为"察纳"，且早就在冬天以"察纳"代步了。不过，直到此时，滑雪还只是北方少数民族的必备技能，毕竟大家都长期生活在寒冷多雪的环境中，滑雪出行自然少不了滑雪板等交通工具。

从宋代开始，滑雪就不再只是一种生存本领了，它已演变成一种颇受追捧的运动——"冰嬉"。比如，《宋史·礼志》称"幸后苑观花作冰嬉"。这时还出现了狗拉雪橇等畜力雪地通信工具，即数人坐在木板上，由狗拉动木板在冰上滑行,或由人在木板上用杆子像撑船一样滑行。

元代时,雪橇已被正式用于交通运输。滑雪或滑冰叫"骑木",滑雪板亦称"木马","其形如弓,系足急行,可及奔马,但只可行于冰雪"。

明朝初期,波斯著名史学家拉施特在其所著的《史集》一书中,详细描绘了当时蒙古人的生活情况,特别是描述了他们的滑雪工具"察纳"。据书中记载,蒙古人的居住地山多,林深,雪更大。为了在冬天的雪地里狩猎,他们制作了一种特殊的板子。人站在上面,用皮带做缰绳,将足拴在板子上,然后手拿棍子,以棍撑地,在雪面滑行,有如水上行舟。他们就这样用"察纳"驰逐于原野,追杀驼鹿等动物。

再往后,就出现了有文献记载的中国首次冰上运动会。《满洲老档秘录》记载,天命十年(1625年)正月初二,努尔哈赤在东北建州的太子河上举行了一次盛大的冰上运动会。第一个项目是冰球,然后是花样滑冰表演。当时的奖金很高,冠军赏银二十两,亚军赏银十两。努尔哈赤之所以如此重视冰雪运动,是因为雪橇曾救过他的命。据说,在一次战斗中,努尔哈赤被包围了,幸好这时一支冰雪部队及时赶来增援,用雪橇上运载的大炮把敌人轰跑了。

到了清代,满族人将其喜爱的许多冰上活动带入关内。清廷每年从全国各地选拔近千名擅长滑冰的人进入皇宫训练,再通过竞赛选出优秀者,让他们从冬至到三九,在北海和中南海表演。该场景被当时的画家记录在一幅名为《冰嬉图》的画中,这些花样滑冰表演的内容非常丰富,既有高难度的金鸡独立,也有快节奏的哪吒闹海,还有担任配角的传统杂技等,更有冰上射箭等军事项目和冰上足球等娱乐项目,以及其他表演项目。乾隆年间的另一幅宫廷画《皇清职贡图》,也反映东北赫哲人滑雪射猎野兔的场景。

清朝之后,滑板和雪橇等雪地通信工具已走过了从必备的生活用具,到军事装备,再到近几年非常热闹的竞技活动的全过程。

邮驿系统

盘庚是商朝第二十位国君,他业绩众多,不过,本节只关注由他所开创的并被后人发扬光大的通信系统——邮驿。

作为现代邮政系统的祖先,中国最早的有文字记载的邮驿出现在商朝。殷墟甲骨文记载,在商朝盘庚时期已有边疆通信兵,当时称为"僖(xī)",且已有邮驿的雏形,当时称为"驲(rì)传制度"。

周朝专门设置了主管邮驿的官员,称为"行夫",其职责是"虽道有难,而不时必达"。西周时,就已建成了以首都丰镐为中心的邮传网络,负责传递政令和军情等。当时的主要传信方式是步传和车传:步传,即依靠步行投递,当时称为"徒遽(jù)";而车传则依靠车来传递,当时称为"传遽"。传信人被称为"邮人",他们通过邮驿系统,在上至中央、下至各县之间往返传送邮件,且按规定不得遗漏任何一个县府。周朝邮驿已初具规模,比如,在要道处设置了驿站,供送信过程中的人马更换,使邮件能全速接力传递。为确保邮驿系统的安全,邮人在送信途中,若需在驿站住宿或使用车马等,都得出示有关部门颁发的专用凭证。

春秋时期,出现了另一种更快的传递方式,即用快马轻骑加接力的"马传",它可长距离快速传递邮件。春秋的邮传已能"北通燕蓟,南通楚吴,西抵关中,东达齐鲁"。孔子说"德之流行,速于置邮而传命",孔子将他所提倡的道德学说的传播速度与邮驿送信进行比较,可见,那时的邮驿通信已相当完备,且速度也很快了。

秦朝时,邮驿又得到进一步发展,通信方式由过去的"以专递为主"改进为可对邮件做适当分拣的"以接力为主",中央也加强了对各地的管控,特别是"车同轨""书同文"等措施,促进了全国性的邮驿交通网络的发展。国家主持修建了以咸阳为中心的通往各地的专用驿道,相当于现在的国道,它们包括:通向北方的直道与回中道,通向西南的栈道和五尺道;经蒲津和平阳,通往云中的河东道;经函谷关、洛阳、定陶,通往临淄的东道,以及经南阳通往吴楚的南道等。总之,这些陆路要道已成为与邮驿相伴的交通网络。国家在驿道上还设置了邮亭和传舍等设施,并建立了多种通信机构。

汉武帝时已开始建立国际邮路,其中最著名的就是丝绸之路。汉代邮驿的主要流程包括封发、运递及时限与检查三项。

魏晋时,社会动荡,政权频繁更迭,全国性邮驿体系惨遭破坏,但区域性邮驿网络得到充分发展,显示出其特有的活力与格局。这时邮驿发展体现在三方面:一是法律方面,出现了首部邮驿法,对邮驿机构的人员、速度及保密等方面都做了详细规定,为后世的类似法令提供了蓝本;二是传、邮、驿逐渐统一,因此,基于车、马和人的邮递系统,得到了集中管理和统一调度,邮驿的效率更高;三是区域性邮驿得到空前发展,当时蜀国和吴国间的邮驿盛况,被古人描述为"东之与西,驿使往来,冠盖相望,申盟初好,日新其事"。

隋朝时,由于中国的再次统一,邮驿体系也更加完善,并首次实现了邮驿与烽火的无缝对接。除了人和马,骆驼也开始用于邮驿,特别是边塞紧急军情的传递。隋朝修建了西安至洛阳的两京驿道,形成以西安为中心的驿道交通网,使得从西安出发,往西北可至河西走廊进而通向西域,往南可远至南海,往西南可至成都等。那时,全国驿道四通八达且与通往国外的道路相接,由于大运河的开凿,水路邮驿也越来越发达。

唐朝对邮驿速度提出了严格要求,因此安禄山在范阳起兵叛乱时,三千里外的唐玄宗在六日内就知道了消息。可见,传递速度已达每天500里(1里=0.5千米)。唐玄宗讨好杨贵妃的"一骑红尘妃子笑,无人知是荔枝来",便是快马从涪陵向长安递送鲜荔枝,足见当时邮驿系统之高效。在唐朝法律中,对邮递过程中的各种失误,都有非常严格的处罚条例。唐朝还通过邮驿系统,面向各州县官员,发行了中国最早的报纸——《开元杂报》。唐朝时,中日往来频繁,唐驿也被引进日本。

宋代最快速的邮驿被称为"急脚递",它并非人力的步递,而是一种特殊的马递,且要求日行400里。在宋朝,驿馆和邮局的职能已经分离。邮局专门负责传递文书,分别有步递、马递、急脚递、金字牌急脚递等。比如,岳飞被皇帝连下了12道金牌,就是"金字牌急脚递",上书"御前文字不得入铺"等字样。这种文件不能在邮局停留,在快到邮局时就开始摇铃,邮局人员听见铃声就必须提前等候在门口,像接力赛那样,一路鸣铃,过如飞电,行人望之避路,昼夜不停,日行500里。宋朝邮驿的发达情况,被沈括在《梦溪笔谈》中描述为"急脚递最遽,日行四百里,唯军兴则用之"。宋朝邮驿还有一个重要突破,那就是在公元985年,宋太宗下令,首次允许臣僚的家信交驿附递,这在过去历朝历代是绝对禁止的。

元朝基本延续了宋朝的邮驿体系,只是速度更快了,马匹更多了,毕竟蒙古人本来就是马背上的民族,且元朝军事活动的范围也更广,更需要高速邮驿通信。此时,邮差传信时,必须悬铃、持枪、挟雨衣,夜里还要举着火炬,每到路狭处,就用力振铃,其他车马闻铃就必须避至路旁。元世祖时,还制定了《站赤条例》,这里的"站赤"是蒙古语"驿站"的译音。《马可·波罗行纪》记载,元朝共有驿马30万匹,每25里必设一个驿站,大型驿站有万余,每个驿站都有宏大华丽的房屋,配备的床铺和被褥皆以绸缎制成,居室物品一应俱全。

明初,朱元璋曾下令:非军国大事,不能擅用驿马及邮递设施。但颇具讽刺意味的是,他的两个女婿都违反了此规定:驸马郭镇从辽东回京,私自用邮驿运回三缸榛子,被朱元璋罚缴了运费,并张榜通报;另一位驸马欧阳伦更过分,竟用邮驿系统走私茶叶,结果被皇帝判了死刑。

清朝的邮驿系统由驿、站、塘、台、所、铺6种组织构成。邮驿速度可达每天600里,当时全国至少有2000个驿站,7万名驿夫,1.4万个邮局,约4万名邮局员工。清朝邮驿的规模庞大,星罗棋布,网络纵横,无论在广度和深度方面都超过了以往任何朝代。咸丰年间，清朝又效仿西方，设立了邮政局。于是，从1896年开始，真正具有现代意义的邮政局才正式运行。直到1913年，北洋政府终于宣布，撤销全国驿站。从此，现代邮政才彻底取代了古代邮驿系统。

原始光通信工具

在人类所能获取的信息中，大约有90%都来自视觉，或者说，是来自光信息。而人类处理光信息的最原始工具，也许就是镜子了，因为它既能通过反射将太阳光等发送到远方，从而按预先约定的方式完成信息通信；也能通过镜像原理收集不同方位的信息，以实现信息采集。实际上，在各种影视作品中，间谍们就经常利用镜子的这种功能，神不知鬼不觉地完成秘密通信。即使在如今的日常生活中，镜子的通信功能也随处可见，比如，汽车的后视镜可协助你全面了解路况信息，街角处的凸面镜可让原本尚未相遇的两车知道彼此的存在，特意将天线做成凹面镜以更好地收集来自远方的雷达信息等。另外，从原理上看，在通信传输中唱主角的光纤，其实也可看成被做成管状的镜子，让光线在其中通过不断的高保真反射，从发信方传到收信方。

有关镜子的通信功能，准确地说是关于密码通信功能的最著名的故事，当数成语"破镜重圆"的典故了。据说，南北朝时期，陈国将要亡国时，有一位朝廷命官徐德言预感到他即将妻离子散。于是，他取出家中的镜子，将它一分为二，一半自己保存，一半交给妻子。果然，在后来的逃难途中，夫妇两人在惊慌失措中被人群挤散了。作为前朝命官，徐德言是被追杀的对象，只好四处躲避，最终沦落为乞丐。而他的妻子却因貌美如花，很快就得到一位善良新贵的全力保护。新贵很想娶她为妻，但她因怀念丈夫而坚决不从，多次试图以死抗争，成天对着半块镜子以泪洗面。时间就这样一年年过去了，若干年后，局势慢慢稳定了，徐德言也开始了寻妻之旅。

如何才能找到失联已久的妻子呢？其实，早在打破镜子前，徐德言就已有妙招。他一边前往各地行乞，一边以天价兜售自己的那半块破镜。于是，"傻乞丐天价卖破镜"就成了街头巷尾的笑料，无论是达官贵人还是平民百姓，大家都会在茶余饭后谈论这桩怪事。就这样，一传十，十传百，破镜的消息很快就传到了徐德言的妻子耳中。聪明的她立即读懂了其中所传递的信息，赶紧让丫鬟带上另一半破镜，前去验证卖镜者的身份。果然，两块破镜严丝合缝地嵌在了一起。夫妻俩终于团圆了。

有关镜子的各种传说和故事多如牛毛，比如，神仙的镜子能照妖，风水大师的镜子能辟邪，西方童话中王后的魔镜能说话等。不过，历史上对镜子的功能理解得最深刻的人，当数唐太宗李世民，他说："以铜为镜，可以正衣冠；以史为镜，可以知兴替；以人为镜，可以明得失。"

当然，必须明确指出的是，人类最初发明镜子绝不是为了人际通信，而是为了便于梳妆打扮等。

到底是谁在何时发明了镜子呢？有一个广为人知的传说，据说镜子的发明者是黄帝的丑妻嫫母。她知道自己相貌丑陋，所以从来不像黄帝的其他妃子那样经常去湖边对着水面梳妆打扮，而是成天努力工作，并与大家和睦相处。由于她具有很强的管理能力，俨然成为黄帝的左膀右臂，所以深得宠幸，经常代表黄帝参加或主持各种重要活动。有一次，她代表黄帝外出视察农业生产情况，突然，远方一块平滑的石头反射出刺眼的光芒。她赶紧让人取来石头，只见自己丑陋的脸庞清晰地映在了石头上。但是，心胸开阔的嫫母并未因此感到自卑，而是将这些石头带回宫中并送给了其他妃子，从此妃子们便不用再前往河边梳洗打扮了。后来，嫫母又发现，将这些石头仔细打磨，它们的表面会变得更加光亮，反射效果也更好。

上述传说当然不可信，仅供大家娱乐而已。不过，在商朝遗址中，人们确实发掘了一面特殊的青铜镜，其镜面呈微凸状，能在较小的镜面上照出整个人脸。由于凸面镜的制作难度远大于平面镜,因此有理由认为,早在商朝时我国就能磨制出普通的平面青铜镜了。由于甲骨文中并没有"镜"字,在商朝出现青铜镜之前,镜子不叫"镜子",而叫作"监",意指大盆,准确地说是陶盆,这可能是因为盛满水的陶盆确实可用作镜子吧。后来,青铜器开始在商朝流行,陶盆改为铜盆,过去的"陶监"也就变成"铜鉴"。再后来,人们发现,青铜器只要被磨得足够光亮,就能照见人影,不仅能代替过去的铜盆,且效果更好,于是铜镜就诞生了。不过,商朝的铜镜以实用为主,大多没有纹饰,故又称素镜。

西周中期出现了带有简单纹饰的镜子,晚期的镜子又增加了动物纹饰。但周朝及之前的镜子,基本都采用锻造法制造,即将天然铜块锻打成型,然后再细心磨制,这种制造方法难度很大,因此生产出的镜子数量很少。到了春秋战国时期,由于发明了青铜铸造工艺,铜镜的发展自然就跃上了新台阶。

到了秦朝后,铸造法被广泛用于铜镜制作,这大大降低了成本,提高了产量,使得铜镜的使用越来越普遍。各种材质和外形的镜子纷纷亮相,铜镜的花纹也越来越精美。但在此后数千年,铜镜的发展几乎处于停滞状态,除了能将镜面磨得更光亮,人们的主要心思都花费在了对铜镜的装饰方面,偶尔也在大小、外观和镜面的凹凸等方面做点文章。

到了汉朝,镜子的发展进入巅峰期,材质已从铜扩展到了金、银、铁等金属,甚至还有镀金银、背面包金银或错金银的镜子,当然,主流仍然是铜镜。如今出土的铜镜大多出自汉朝,它们对后世镜子的发展起到了承上启下的作用。比如,汉朝已出现了可照见全身的铜镜,这也算是如今穿衣镜的雏形。隋唐时期,铜镜的外形更加丰富,出现了带柄的铜镜和四方的铜镜等。此时的铜镜材质也发生巨变,青铜中锡的成分大增,使得铜镜更加明亮,也更加美观和实用。宋代的铜镜没有发生实质性的变化,只是在纹饰方面稍微表现出一些特色而已。

直到明朝,我国的镜子才发生了突破性变化,玻璃制成的镜子终于出现,铜镜开始慢慢退出历史舞台。到了清朝,玻璃镜变得更加流行,但仍有少数地区使用铜镜。

至于铜镜到底是何时被彻底淘汰的,这与铜镜的诞生一样已无法准确回答了,不过很可能是在清末,又或许是民国。

第二章
周朝通信

周朝是我国延续时间最长的朝代,从公元前1046年到公元前256年,前后跨越近800年,传位32代37王。周朝也是我国最复杂的朝代之一,前300年的西周时期还算名副其实的天下共主,但后500年的东周就一代不如一代了,到春秋时期已基本成为形同虚设的傀儡,最终在战国后期被秦国所灭。本章主要介绍这段时期的通信发展情况。

若从宏观角度看,周朝的信息通信水平与商朝相比,并无实质性突破。其最有力的证据是,周朝仍然采用改进后的分封制来管理各地诸侯,这也为后期的分裂埋下了隐患。从表面上看,周天子之所以要采取这种国体,或是因为周武王等宽厚待人,甚至将前朝贵族也封为诸侯,而不是一概杀掉;或是因为周朝兵力不够强,毕竟此时的疆土空前扩大,像古蜀国等许多过去与商朝平起平坐的国家也加入了周朝,因此只好给诸侯们充分的自治权,以换取大家和平共处,互利互惠。但从实质上看,分封制其实是权宜之计,因为哪怕只是从技术上考虑,周武王在当时也根本不可能建立起一套掌控全局的信息通信系统,自然也就不能真正地直接统治全国。难怪在800年后秦朝建立时,秦始皇会迫不及待地采取"车同轨,书同文"等多项措施,全力以赴打造一个全国畅通的信息通信网络,并由此建立相应的权力控制网络。当然,秦始皇很幸运,由于铁器等新技术的普及,那时他的

"信息梦"已无实质性技术障碍了。虽然最终秦朝二世而亡,但秦始皇设计的中央集权制却延续数千年。

若从中观角度看,周朝的信息通信水平明显超过商朝。比如:周朝的通信和交通硬件大幅改善,道路纵横交错,四通八达;信息登记和管理更加规范,土地和税金的记载既全面又细致;礼乐制度、宗法制度和国野制度等许多在商朝难以确立的制度在周朝都能得到顺利执行,信息的标准化水平大大提高;首次出现了金属货币,有力地促进了商业发展,增强了人们的信息沟通意愿;思想上的百家争鸣,更使得信息内容空前丰富;以孔子为代表的名人志士乐于周游列国,以及教育体系的诞生和发展等,都使得相关信息的传播变得更快、更广。

若从微观角度看,周朝的信息通信系统其实非常隐蔽,以致很难找到某种专门为通信而开发的技术,更难找到一位全职的通信专家。因此,下面简要介绍一些与信息通信系统有关的周朝人物和事件。

二进制编码先驱——姬昌

毫无疑问,现代通信之魂是二进制编码,所有信息都必须首先表示成二进制编码后,才能得到有效处理。最早发明现代普通二进制的人是莱布尼茨,但不可否认的是,周文王创立的八卦和六十四卦确实是最早的二进制系统。虽然周文王绝不是想要研制一套信息通信系统,但他的确是当之无愧的二进制编码先驱。

周文王姓姬名昌,他在父亲因功高震主而被商王借故杀害后,以长子身份继承了父亲的爵位,继续担任商朝诸侯。聪明的他不但未对父亲的冤死表现出半点不满,还更加积极地效忠商朝,也特别注意收敛自己的锋芒,但这绝不意味着他放弃了祖传的"兴周灭商"梦。实际上,他使出了更狠的绝招,那就是不惜代价收买人心。比如,商纣王发明了一种名为"炮烙"的酷刑,以博妃子一笑。各诸侯和商朝人民都对该刑罚咬牙切齿,但谁也没办法,敢怒而不敢言。这时,周文王巧妙出手,他主动向纣王献上了自己在商朝西边的一大块土地,希望以此换取废除炮烙之刑。纣王果然中计,答应了这笔交易,周文王也成功地一箭双雕:一来赢得了天下百姓的爱戴,二来打消了纣王对自己的猜忌。

但是,即使如此小心谨慎,处处效忠,周文王后来仍像他父亲那样,被纣王软禁起来。幸好,这次的纣王没能经受住糖衣炮弹的狂轰滥炸。于是,在一大批骏马和美女面前,在周文王一番声泪俱下的表白后,纣王赦免了周文王,并赐给他弓矢和斧钺等象征权力的器物,使他获得了专征大权,能更加理直气壮地打着商朝旗号命令其他诸侯了。周文王先是出兵攻打犬戎,第二年又打败密须,从而解除了以后灭商的后顾之忧,至此他总算可以无所顾忌,在众诸侯的拥戴下,开始对内称王,此时距他继承父位已有44年之久。

称王后,周文王更像秋风扫落叶一样,对不愿臣服自己的诸侯进行了闪电式的打击。据文献记载,他在称王后的第二年灭邘(yú),第三年灭密,第五年灭黎,特别是第六年消灭了商王宠臣崇侯虎的崇国,最终切断了商朝同西部属国之间的联系。然后,他将首都由周原(今陕西省宝鸡市扶风、岐山一带)迁到了西安沣河西岸,使首都既不易受到戎狄的侵扰,又有利于向东进兵商朝,甚至明目张胆地威胁商都朝歌。至此,周文王灭商的战略部署基本完成。

接下来就该解决兵源问题了,毕竟周国灭商朝无异于蛇吞象,肯定不能与纣王单打独斗,必须建立强大的联盟。于是,周文王一鼓作气向南扩展,直抵长江、汉江和汝水流域,打败了古蜀国,迫使后者加入了他的灭商联盟。

为了取代商朝,周文王不但打造了很硬的"枪杆子",更备好了神奇的"笔杆子"。且不说他将八卦演绎为六十四卦,用《周易》彻底改变了商朝文化,对后来中国传统文化产生了广泛而深远的影响；他在政治上奠定了西周政体，该政体是为中国几千年来封建专制集权之先声；单论他发明的选人用人的"六征观人法"，就让包括姜子牙在内的众多精英人物成了他的"铁杆粉丝"，其中有些人还是当时商朝的重臣和贤士。后来，姜子牙等又利用该选人秘籍，重用了更多优秀人才，终于在周武王时代完成了灭商梦想。再后来，"六征观人法"更深刻地影响了周公、孔子、庄子、吕不韦、诸葛亮和曾国藩等风云人物，使他们在识人和用人方面都取得了丰硕成果。

何为"六征观人法"呢？在最近考古发现的一个竹简上，人们找到了较原始的文本，其中的"六观"主要包括观诚、考志、视中、观色、观隐和揆（kuí）德。其大意是说，在选人用才时，需要重点考查六个方面：第一要观诚，看他是否讲诚信，守信用；第二要考志，看他是否有大志向和大格局；第三要视中，看他是否有内涵，有气质；第四要观色，看他是否心胸开阔，豁达开朗；第五要观隐，看他是否华而不实，是否为人虚伪；第六要揆德，看他的道德品质等。

周文王消灭商朝的其他法宝还有很多。比如：他奉行德治，敬老慈少，礼贤下士，勤于政事，广罗人才；他生活勤俭，穿衣朴素，常到田间劳动，兢兢业业治理国家；他积极推广裕民政策，大力发展农业，让农民有所积蓄，以此激发农民的劳动热情；他减免税收，采用"九一而助"的宽松税收政策，让农民助耕公田，只交九分之一的税收，而且贸易往来不收关税；他还废除无理的刑罚，如丈夫犯罪妻子也不必像过去那样受到连坐等。

总之，在周文王的精心治理下，周国简直成了其他诸侯国的楷模。《史记·周本纪》就记载了这样一个有趣的故事：有两个小国的国君闹矛盾，吵得不可开交，都来请周文王仲裁。周文王二话不说，就请他们前来做客，但闭口不谈调停之事，只让他们到大街小巷四处观光。结果，他们看到百姓相互谦让，长幼有礼，于是惭愧地说："我俩所争，周人所耻也。"从此，两国相互礼让，和好如初。众诸侯听闻此事，非常佩服，但凡再有矛盾，都来请周文王评判。就这样，周国的大国地位就建立起来了,更为后来代替商朝奠定了基础。

经过50多年的精心准备,周文王在灭商方面早已做足了功课。在战略方面,形成对殷商的庞大包围圈,殷商以西的所有大小诸侯国都主动或被动地结成了反商同盟,此时的周文王已是"三分天下有其二"了,这就使得他在之后灭商时全无后顾之忧;在舆论方面,纣王早已被塑造成了十恶不赦的魔鬼,没资格称王了;在意识形态方面,纣王虽然高调宣称自己的王权得于"天命",但周文王大谈"天命靡常,惟德是辅",意思是说,天命也会变化,无德者便没资格得天下;在战术和后勤等方面,文王准备之充分就更不在话下了,各种首选和备选方案应有尽有;在麻痹纣王的耳目方面,文王是小心翼翼,处处献殷勤,时时表忠心,甚至在自家祠堂里也要祭祀纣王祖先,这在周原遗址出土的相关甲骨文中写得清清楚楚。

总之,无论从哪方面看,周文王已是"万事俱备,只欠东风"了。可惜,也许是殷商的"天命"还不该绝,这股"东风"迟迟未到。不但"东风"没来,反而刮来了两股强劲的"西风"。第一股"西风"就是周文王的长子不幸早逝,而第二股"西风"更厉害,那就是周文王自己功败垂成,在灭商梦想即将实现时竟突然抱憾而亡。临死前,周文王认定灭商条件已备,反复叮嘱"时至而勿疑",随时准备果断出击。幸好,临危受命的周武王得到了父亲的两件法宝:一个是绝妙的灭商既定方针,另一个是包括老军师姜子牙和治国能手周公等超强的领导班子,使得灭商大业在周武王手中得以完成。

最早的保密通信

现有文字资料显示,中国最早的保密通信技术出现在姜子牙的名著《六韬》中,其中最有代表性的就是所谓的"阴符"。而且,据说早在公元前11世纪的周武王时期,姜太公就经常使用阴符来传递机要情报。

所谓"阴符"就是一种符节,由通信双方事先约定不同长度的符节所代表的含义:长度为一尺时,意指大胜克敌;长九寸,意指破军擒将;长八寸,意指降城得邑;长七寸,为敌军败退;长六寸,为士众坚守;长五寸,为请求增援;长四寸,为败军亡将;长三寸,为失利亡士等。从理论上说,阴符长度的含义可由通信双方事先任意约定,正如包括文字在内的任何符号系统中,符号所对应的含义可以事先任意约定一样。

阴符的发明过程也很有传奇色彩。据说,有一次,姜子牙的周军指挥大营被叛兵包围,情况危急,姜子牙便令信使突围,回朝搬救兵。他既怕信使遗忘机密,又怕周文王不认识信使,耽误军务大事,就将自己珍爱的鱼竿折成数节,每节长短不一,各代表一件军机,令信使牢记,不得外传。信使几经周折回到朝中,周文王令左右将几节鱼竿合在一起,亲自检验,果然那鱼竿是姜子牙的心爱之物。于是周文王亲率大军赶到姜子牙大营,解了姜子牙之危。劫后余生的姜子牙拿着那几节折断的鱼竿,突然妙思如泉涌,便将鱼竿传信的办法加以改进,发明了"阴符"。

后来,阴符的用途又得到进一步发展。比如,阴符被用作帝王授予臣属兵权和调动军队的凭证,成了兵权的象征。一符从中剖为两半,有关双方各执一半,使用时两半若互相嵌合,则表示验证可信,其原理与前文所说的破镜重圆很相似。阴符盛行于战国及秦汉时期国君在任命率兵出征的统帅或带兵戍守边疆的将领时,会将阴符的一半交给将领,另一半留在自己手上。将领用兵时必须得到国君的另一半阴符,否则任何人都无法擅自调动军队。历史上广为流传的"窃符救赵"的故事就是一个例证,即窃得了敌方阴符的另一半,也就等于掌握了敌方的相关军队。

《六韬》中还记载了另一种信息保密手段,名叫"阴书",它其实是"阴符"的一种改进版本。它将一封竖写的密信横截成3段,然后分别委派3信使各执一段,于不同时间、不同路线分别出发,先后送达收件者。收件者获得了所有残片后,只需重新拼接便能知悉密信的全部内容;万一某位信使被截,敌方也难知悉全部密信。

阴书的思路一直被人沿用至今,且不说司空见惯的金库钥匙管理方案,即由3人各自持有钥匙的一部分,只有3人同时到场时,才能一起合作打开金库,任何一个人或两个人都只能"望锁兴叹"。甚至在现代密码学理论中,也仍能看到阴书的痕迹,比如在著名的"秘密共享算法"中,核心密钥被从逻辑上拆分为n个部分,并将它们分散给不同的管理者,使得只有当这n个保管者中的至少k($k<n$)个人同时协作,才能恢复核心密钥,否则,任何其他人都不可能获得有关该核心密钥的任何信息。

最后,我们再来聊一聊关于阴符和阴书的发明者——姜子牙的故事。他不但是保密通信专家,还是杰出的政治家、军事家、韬略家、兵家鼻祖、"武圣"、百家宗师、周朝开国元勋和周文王的军师等。他的先祖曾辅佐大禹治水有功,被封在申地,赐姓姜;可经过夏、商两代后,姜姓后代逐渐沦为平民;待到姜子牙出世时,家境早已败落,以致年轻时的姜子牙既当过宰牛卖肉的屠夫,也当过店小二,甚至经常无米下锅。但姜子牙人穷志不短,始终坚持学习天文地理、军事谋略,认真研究治国安邦之道,期望有朝一日能施展才华,可直到70岁时仍然闲居在家。72岁那年,姜子牙在渭水钓鱼时,偶遇了外出狩猎的周文王。两人一见如故,刚聊几句,周文王就大喜过望,认定自己终于找到了盼望已久的"圣人",于是他赶紧用自己的专车把姜太公接回王府,并尊为太师。这便是典故"姜太公钓鱼,愿者上钩"的来历。

烽火通信传奇

中国最早的专用军情通信系统,当数妇孺皆知的烽火通信。它早在商朝时就已投入使用,但因关于它的最著名的传奇故事"周幽王烽火戏诸侯"发生在周朝,所以我们就把烽火通信放在了本章。

相传,2800多年前,周幽王性情残暴,喜怒无常。自从绝代佳人褒姒入宫后,幽王便终日被其美色所迷。但褒姒从来不笑,这使得幽王颇感美中不足。他曾绞尽脑汁想逗褒姒一笑,但都失败了。于是,幽王下了一道圣旨:凡宫内宫外之人,若能使褒姒一笑者,赏黄金千两。奸臣虢石父想了一计,他告诉幽王:"先王在世时,因犬戎强盛,唯恐侵犯,因此在骊山设置了二十多处烽火台,又设置了数十架大鼓。一旦发现戎兵进犯,便放狼烟,让烟火直上云霄,附近诸侯见了,就发兵来救。若要褒姒一笑,不妨带她去游骊山,夜点烽火,众诸侯一定领兵赶来,上个大当,褒姒看后必定发笑。"幽王一听,立即备车仗携褒姒去骊山游玩。

当时有一个诸侯,名叫郑伯友,他听到此事,大吃一惊,赶紧劝阻周幽王道:"先王设置烽火台是为应急之用,若无故点火,戏弄诸侯,一旦戎兵侵犯,再点烽火,有谁信之?那时何以救急?"幽王不听,命令侍卫立即点火。附近的诸侯看到烽火点燃,以为京都有敌进犯,个个领兵点将前往骊宫。然而待他们赶到骊山脚下时,却不见一个敌兵,只听宫内弹琴唱歌,便议论纷纷。这时幽王正和褒姒饮酒作乐,听说诸侯到来,便派人去向诸侯道谢:"今夜无敌,有劳各位。"诸侯听了面面相觑,只好带着兵卒恨恨离去。这时褒姒在楼上见众诸侯白忙一阵,不觉拊掌大笑。幽王狂喜,当即重赏虢石父。

幽王的所作所为,触怒了申侯。申侯便联合犬戎三面包围了京都。虢石父赶紧面奏幽王:"情况紧急,快派人去骊山点燃烽火,召来诸侯以御敌兵。"幽王立即派人点燃烽火,但因上次失信,诸侯认为天子又在开玩笑,都按兵不动。幽王等不到救兵,只好带着褒姒逃走,半路上却被犬戎兵捉住,最终被杀。这也是"一笑失江山"典故的由来。

当然,有关该传奇故事的真实性,目前还有疑问。2012年初,清华大学相关专家在整理获赠的战国竹简时竟发现,竹简上的记述与"烽火戏诸侯"的故事相左,原来周幽王是主动进攻申国,但因申侯联络犬戎而兵败。而且该竹简上并没有"烽火戏诸侯"的故事,从此,史学界才为褒姒"平了反"。不过,无论"烽火戏诸侯"之事是否属实,烽火通信系统确实早在商周之时就已开始使用,一直沿用到明清时期。许多古代兵书都对烽火台进行了详细介绍,全面涵盖了烽火通信系统的设置、烽火的种类、放烽火的方法、烽火报警的规则、密码和编码的更换等内容。

烽火通信发送的信号分为两类:白天放烟叫"燧",因为烟在白天更醒目;夜间举火叫"烽",因为火在夜晚更抢眼。所以,烽火台又称"烽燧",汉代俗称"烽堠",唐代俗称"烽台",明代俗称"墩台"等,不同年代其名称略有变化,但都大同小异。

发送烽火信号的地方叫"烽火台",其形状有方也有圆,通常架设在长城瞭望台上。每座烽火台都有数名士兵专职管理,士兵人数多少不一:有的烽火台靠近后方,纯粹负责报警,人员较少;有的烽火台位于前线,不但负责报警,还要瞭望敌方阵地,人员较多,甚至还储备了充足的弩、枪、巨石和瞄准器械等防御武器。

整个烽火通信系统包含若干个视线良好的烽火台,它们沿边境线串接相连,一直延伸到后方的军事指挥部。军情的传输过程是这样的:第一个看到侵略者的瞭望台首先点燃烽火,其他瞭望台看见烽火后,再迅速点燃自己的烽火,直到下一站烽火被点燃为止。经过多次接力点火后,指挥部便能及时接到报警,并采取相应措施。若要单独建设这样的通信系统,当然非常昂贵,但若只把它当作长城的附加设备,那就相当便宜了。而且,若在崎岖不平的山间传递信息,它比当时所有其他通信都迅速,所以烽火通信在古代大受军方欢迎,使用了两千多年。

由于每堆烽火所能传送的信息量非常小,所以,为了改进该通信系统的传输能力,古人做了许多"软件"方面的预先编码处理。比如,若只发现极少数敌人,守军士兵干脆就直接出战,将其消灭,根本不用点燃烽火;若侵略者为50~500人,那就点燃一堆烽火;若只看见500余名敌骑,但发现他们身后沙尘滚滚,那说明还有后续部队,此时就点燃两堆烽火;若敌方以骑兵为主,但总数不超过千骑,此时就点燃三堆烽火;若敌军超过千骑,或总数超过万人,则点燃四堆烽火。

当然,针对各种意外情况,还有许多细节性的燃火约定。这些编码规则可随时修改,只要收发双方事先约定好就行。关于烽火系统的收信方也有若干预先约定,毕竟,士兵也不希望区区数百敌军就惊动皇帝大驾。比如,若只是一堆烽火的军情,则只需传递到所辖的州县,由地方指挥官见机处理;但若是两堆或更多烽火的军情,就得传到都城,由高官来决策。

战场冲锋信号

凡是学过成语"一鼓作气"的人都知道,在古代战场上,一旦听到己方战鼓响起,就必须马上发起冲锋。因此,本来是作为乐器的鼓,便成了兼职通信工具,甚至其名气远超它的本职工作。虽然早在商朝之前就已出现了鼓,但鼓到底是从何时起才开始扮演这种战场通信角色的?这个问题已无从考证。不过,据史实推断,早于周朝的可能性不大,因为那时的青铜器还是奇珍异宝,主要用于制作皇家祭祀用品,而鼓基本上也只是陶鼓,即在陶罐上紧蒙兽皮而成。这样的鼓显然经受不起壮士猛击或战场颠簸,只能当作乐器。当然,若将如今某些少数民族使用的实木鼓也当成鼓的话,那么鼓的历史将更加古老,但敲击这种实木鼓所能发出的低沉声音,显然无法作为战场上鼓舞斗志的信号。总之,鼓声作为战场冲锋号的时间很可能是周朝初或商朝末,一来此时青铜鼓已经出现,二来周朝特别是战国期间的战事更频繁,需要某种巨响来鼓舞人心。在铜喇叭还未出现前,鼓声可能是最震撼人心的响声了。

铜鼓的早期原型是陶鼓,起初只是在普通陶罐或陶盆上蒙皮而成,后来才开始专门烧制陶质鼓框,再后来甚至出现了瓷鼓,即在瓷盆上蒙皮。陶鼓的鼓槌通常为草质的绳结,或由鼓手直接用手敲击,这样既能敲出较大响声,又不至于敲碎陶质鼓框。近年,在甘肃省大地湾遗址中出土了一件距今约5000年的陶鼓,可见陶鼓的历史相当悠久。中国的鼓文化博大精深,这在成语中便可见一斑:形容热闹时,有鼓声如雷、金鼓齐鸣或锣鼓喧天等;形容安静或受挫时,有偃旗息鼓;形容实力相近时,有旗鼓相当;形容高调办事时,有大张旗鼓;形容不服输时,有重整旗鼓等。从古至今,雄壮的鼓声一直出现在各种场合,它雅俗共赏,既可为民间欢庆增光,又可为庙堂祭祀添彩;既可为宫廷盛宴助兴,又可为街头巷尾取乐。

鼓的地位曾经非常崇高,甚至被尊为通天神器,是远古祭祀活动的主角。特别是在狩猎之前的祭祀活动中,勇士们更会被高昂雄壮的鼓声激励得热血沸腾;在围猎过程中,威武震耳的鼓声会让猎物们慌不择路地钻进陷阱;在捕猎凯旋的庆祝会上,鼓声又成了最引人注目的音乐。再后来,鼓的用途又扩展为报时、报警、指挥、威慑、喜庆和娱乐等,鼓的种类更扩展为腰鼓、大鼓、花盆鼓等数十种。

在商朝时,宫廷中的青铜鼓主要是足鼓,即鼓框下部带有四个支足,鼓框上还铸有精美纹饰。商朝民间的鼓,当然只是陶鼓,形似如今小孩的玩具拨浪鼓,只不过体形更大、做工粗糙而已。

到了周朝,鼓的地位达到巅峰。天子登基或会见群臣时将击鼓鸣示,诸侯歃血为盟时也将提前"筑坛三层,高起三丈,左悬钟,右设鼓",而且还必须在击完三通鼓后,才能"玉盂盛血,跪而请歃"。周朝的鼓具已被列为朝廷的重点管理对象,甚至还专门设置了一个官职——"鼓人",来管理制鼓和击鼓等事项。当时的鼓具已有不同分工,祭祀用的鼓叫雷鼓,丧葬用的鼓叫灵鼓,舞乐中所用的鼓叫晋鼓,此外还有功用不详的贲鼓、悬鼓和鼛鼓等。在战场上用作冲锋号的鼓叫汾鼓,其鼓框长达8尺(1尺≈0.33米),宽达4尺,两面蒙革,而且其革必须是由鳄鱼皮制成的上等皮革,取意于鳄鱼之凶猛,以壮鼓声和增士气。此外,行军途中还有一种用作指挥调度或仪仗的鼓,叫路鼓。

从周朝起,鼓又成了烽火通信系统中的重要组成部分,传信兵在点燃烽火或狼烟的同时,也会猛烈击鼓,让下一个烽火台尽早知悉敌情。仍是从周朝起,鼓不但正式成为宫廷乐器,还位居乐器之首,也就是说,在演奏所有乐器之前,都必须先有鼓声作为引导。

到了春秋战国时期,铜鼓功能又有所增加,既可以用作赏赐和进贡的重器,又可以用作炊具,看来,当时的炊具地位也很高。此时,有关鼓的故事更是铺天盖地。比如,宋襄公与楚军对阵时,"襄公使军中发鼓,楚军中亦发鼓",然后双方才开始发起攻击;楚文王攻打黄国时,"王亲鼓,士卒死战,败黄师于踖陵",可见战场上的擂鼓者是多么重要。

到了秦朝后,鼓的种类已发展到20余种,它们被广泛应用于诗、乐、舞、劳动、祭祀、战争和庆典等活动。比如,在由排箫与鼓具所组成的最高级仪仗乐队中,巨大的建鼓被醒目地放置在高高的鼓车上,任由两个乐工忘我地击鼓。从秦朝开始,鼓的外观就已基本定型,它们的大小、高矮虽然各不相同,但几乎都呈粗腰筒状,并一直保持至今。

汉朝盛行的一种表演叫百戏,它其实就是一种大型的钟鼓乐队,以鼓为主,并配有箫、笙、筑、瑟、编钟和编磬等。这里所用的鼓,既有担任主角的建鼓,也有掌控节奏的小鼓,还有配套的应鼓,它放置在建鼓旁边,负责与建鼓应和。

到了南北朝,由于中原和北方少数民族的战争频繁,使得羯鼓、腰鼓、答腊鼓、都昙鼓、毛员鼓等许多境外鼓具传入中原,它们随后盛行于隋唐时期。特别是其中的腰鼓,更在唐朝成为乐器中的明星,其鼓框既有木质的,也有陶质的。此时,铜鼓反而变得少见,主要原因是木艺的进步和木质鼓框更加轻便。此时中国鼓具已远传到朝鲜和日本等地,同时也广泛吸收了阿拉伯与印度等地的鼓文化。我国少数民族地区对鼓乐更是青睐有加,其热情一直保留至今。

宋朝出现了一种场面宏大的鼓乐表演,称为"教坊大乐"。它是宫廷宴乐中最盛大的合奏形式,据说最多时可动用200余面各种类型的鼓,演奏时鼓声震天,惊心动魄。此时的鼓又多了一个重要用途,那就是成了城区的统一报时器,因此又被称为"戒晨鼓"。为此,人们必须专门为这种鼓修建一个高大的鼓楼以便让报时鼓声传遍全城。鼓楼通常是城区的标志性建筑。

元朝基本承袭了宋朝的用鼓遗制。明清以来,鼓的数量与种类反而不如唐宋时期多,这主要是因为当时以戏曲说唱、民歌小调为主,乐队则以拉弦乐器为中心。清朝的"鼓王"曾屹立在高大的北京钟鼓楼上,其鼓面直径达1.5米,其报时的鼓声响彻云霄。直到1915年钟表普遍使用后,该鼓楼才成为观赏文物。在北京天坛,也曾出现过另一个"鼓王",它就是清朝皇帝的祭天重器。

总之,过去数千年来,在我国不同的民族和地区,各种鼓具都展现出了它们不同的美感,或阳刚,或柔美,或威风凛凛,或灵动轻盈,既给人强烈的视觉冲击,又让人听起来倍感享受。

战地通信工具

战场指挥信号当然不止鼓声一种。还有一种与鼓声相反的命令。有一个成语叫作"鸣金收兵",意指赶紧撤退或该结束战斗了。但是,这里的"金"指的是什么呢?其实它是另一种诞生于周朝的铜质打击乐器——钲,人们至今仍把军乐称为钲歌,把军官称为钲人,并用钲鼓泛称军中事项,毕竟鼓与钲在战场上是配对使用的,一个意指前进,另一个意指后退。

钲既可用作祭祀乐器,又可用作军事号令。它有两种形制,其一是指周朝的"铙",它不同于现在的铙钹,其侧面形状与颠倒放置的带柄小型编钟很相似,只是更加狭长一点。而且它和编钟一样,由几个大小不同的钲组合在一起,称为"编钲"。但编钲不是悬挂着的编钟,也不是用木槌敲击的,而是用金属锤,故其声音尖锐而响亮,绝不会与冲锋的鼓声混淆。其二是指传自南方的打击乐器,其形状很像铜锣,以木槌敲击发声。从考古实物上看,最早的青铜钲出现在周朝,后来在秦始皇兵马俑中也发现了青铜钲,甚至到了汉、魏、晋时期,钲在行军仪仗中继续流行。

无论是鼓还是钲,它们作为战地通信工具时,都主要利用了人类的听觉功能。但是,人的视觉更厉害,在战场指挥时更有用,聪明的古人绝不会忽略这一点,甚至可能早在钟鼓之前就已开始利用视觉来指挥作战了,毕竟,兽皮令旗就很可能早已存在。可惜,由于缺乏实物证据,我们只能将令旗的出现时间保守地假设为周朝,因为《尔雅》中说"有铃曰旗",意指带有响铃的旗帜。更有说服力的是,在《周礼》中也最早出现了"交龙为旗"的字样,意指在竿头上悬铃、在布帛上画龙的旗帜。

其实,从通信效果上看,令旗比鼓或钲更胜一筹。令旗有不同的颜色、大小和形状,不同的令旗代表不同的含义。令旗还可以通过指向不同的方位或做出不同的动作,从而引导己方部队采取不同的行动。总之,只要事先有一套完整的约定,令旗就能准确传递信息。实际上,在今天的军营中或足球赛场上,大家仍能见到旗语。

鼓、钲和旗语等古代战地通信系统的效果到底如何呢?那就让一个真实的故事来说话吧。

在战国时期,经伍子胥多次极力举荐,吴王终于同意面见刚刚隐居出山的孙武。在读罢其《孙子兵法》后,吴王虽然暗自高兴,但也不敢轻信未经实践检验过的兵书,毕竟,此时吴王正满怀雄心壮志,试图消灭远比自己强大的楚、越两国。于是,吴王决定考一考孙武,看看他到底有多大本事。吴王将宫中180名宫女交给孙武,要求他将她们训练成一支能征善战的军队。

孙武二话不说,把宫女分成两队,让吴王的两个宠姬分别担任队长,并让宫女们持戟站立。接着,孙武开始宣布训练规则:令旗向前指时,大家务必向前看齐;令旗向左指时,则向左手边看齐;令旗向右指时,则向右手边看齐;令旗向后指时,则向后背看齐。在确认宫女们已经听懂规则后,孙武命人抬上砍刀和斧头等刑具,并三令五申地宣布:军令如山,违者必斩!

训练正式开始。孙武第一次发令后,这些平时娇惯成性的宫女竟然都没把军令当回事儿,一个个笑得花枝招展,那两个宠姬队长更是早已前仰后合地笑翻在了地上。

孙武没怪罪她们,只是自责道:"约束不明,申令不熟,这是为将者之过。"于是,他再次重申了训练规则和军纪要求。接着,孙武第二次发令,哪知宫女们笑得更欢,压根儿就没把孙武放在眼里。终于,孙武果断宣布:"既然约束已明,大家仍不依令行事,那就是士兵之罪了!"然后,他下令欲将那两个宠姬队长斩首示众。

吴王大惊,赶紧出面为宠姬求情道:"寡人已知将军善于用兵了。寡人不能没有这两个宠姬,否则将食不甘味也,希望将军能饶恕她们。"

哪知孙武一点也不买账,反而对吴王说:"我既然已受命为将,将在军中,君命有所不受。"遂将两名宠姬队长当场处死,并任命了两个新队长。

众宫女早已吓得魂飞魄散,赶紧全神贯注按令行事,生怕有所疏漏,训练效果自然好得出奇。很快,孙武就向吴王回令道:"士兵已经训练整齐,大王可亲自检阅了。只要大王发令,哪怕是赴汤蹈火,她们都会勇往直前。"

吴王只顾心疼那两位宠姬,哪有心思去检阅美女部队,更不想任用孙武。于是他应付道:"孙将军辛苦了,大家都回去吧,寡人不想检阅军队了。"孙武听后连连摇头道:"大王只是爱好兵法词句而已,其实并不想应用它。"

伍子胥赶紧上前解围,对吴王说:"大王,我听说兵者凶事也,绝不可空试。吴国若想兴兵诛伐暴楚以称霸天下,威震诸侯,非孙武这样的将才不可!你不用他,那么谁能跨过淮河,渡越泗水,去千里奔袭强大的楚国呢?须知,宠姬易得,大将难求呀!您若有了孙武这样的大将,今后还发愁没有美女吗?"

吴王一听,觉得颇有道理,于是捐弃前嫌,拜孙武为将。后来的事实表明,吴王的这个决策果然英明。

地动通信先驱——墨子

大象之间有着特殊的通信方式,那就是利用低频叫声引发的地面震动进行沟通。在这个过程中,发信方按预定计划跺脚震动地皮,而遥远的收信方则通过感知地动的鼓点和方位来获取信息。

大象的这种远程通信本领显然来自它们的天生优势,而在中国古代想出这种妙招的第一人,则是春秋战国时期鼎鼎大名的墨子。墨子发现,井和缸都有放大声音的作用,因此他教导学生说:守城时,为预防敌人挖地道,可每隔三十尺挖一井,然后置大缸于井中,缸口绷上薄牛皮,让耳聪者伏在缸上细听,以检测敌方是否在挖地道,或在何方挖地道。墨子当时虽不懂声音共振的原理,但他的这个御敌方法十分科学。

除了地动通信外,墨子在光通信理论方面也很有研究。他奠定了中国几何光学,甚至可能是世界几何光学的基础。李约瑟在《中国科学技术史》中也承认:墨子关于光学的研究"比我们所知的希腊为早",甚至连"印度亦不能比拟"。比如,针对平面镜、凹面镜、凸面镜等光通信工具,他指出:平面镜所形成的像,大小相同,远近对称,但左右互换;若两个平面镜相向而照,则会出现重复反射,形成无穷多个像。他还指出:凹面镜的成像,在球面焦点之内形成正像;离焦点越远,所成像就越大;离焦点越近,所成像就越小;在焦点处的像,与物一样大;在焦点之外,则形成倒像。关于凸面镜,墨子发现,它只形成正像,且近镜者像大,远镜者像小。

墨子通过光线的小孔成像实验,明确指出:光线是直线传播的,物体通过小孔所形成的像是倒像。这是因为光线经物体再穿过小孔时,由于光的直线传播,物体上方变为像的下方,而物体的下方则变为像的上方,因此,所成的像为倒像。墨子还探讨了影像的大小与物体斜正、光源远近的关系,他指出:若物斜或光源远,则影长而细;若物正或光源近,则影短而粗;若是反射光,则其影介于物与光源之间。

墨子身上的光环实在太多,作为百家争鸣时代地位仅次于孔子的第二号人物,大家都知道他是杰出的思想家、哲学家、政治家、教育家和社会活动家等,但是很少有人知道他还是著名的科学家、数学家、物理学家、光学专家和军事学家等。甚至可以说,如果泰勒斯是人类科学之父的话,那么墨子就是中国的科学之父;若说孔子是"文圣"、关公是"武圣"的话,那么,墨子就是中国的"科圣"。

墨子的身世很传奇。周武王姬发继位后,重用姜子牙,发动了牧野之战,逼得商纣王自焚于鹿台,从此商朝灭亡。聪明的周武王对前朝遗老并未赶尽杀绝,而是建立了广泛的统一战线,甚至将殷商王室的一支册封为宋公。宋国君位代代相传,也代代演绎着宫廷闹剧。到了宋襄公时代,襄公之兄墨夷就开始走下坡路了。直到战国初期,墨夷的后代终于滑到了谷底。本来高贵的姓氏"墨夷",也沦为平常的"墨"姓,最后干脆成了最底层的农民。

在这支最底层农民的后代中,有一位名叫墨翟(dí)的人,格外与众不同,他就是后来的墨子。他天资好,爱学习,善科研。还是牧童时,他挤时间学习;做木工时,他更是多方面学习。他既学习文化知识,也学习实践经验,大有"读万卷书,行万里路"的意味。他谦虚地称自己为"鄙人",并称自己"上无君上之事,下无耕农之难",即认为自己对上没有承担国君授予的职事,对下没有耕种的艰难。因此,他也受到乡亲们的尊敬,大家都称他为"布衣之士"。据说,墨子的军事水平很高。不过,他并不满足于做井底之蛙,而是毫不迟疑地穿上草鞋,顺着滔滔东流的黄河,拜访天下名师,学习治国之道。

墨子一开始选了儒学专业,《诗经》《尚书》《春秋》等成了必修课。一段时间后，墨子发现自己并不喜欢该专业，尤其反感教材中对待天地、鬼神和命运的态度，反对过于铺张的葬礼和过于奢靡的礼乐。因此，他"背周道而用夏政"，试图修改孔子的"克己复礼"为"克己复夏"。后来，大约在30岁之前，他干脆放弃儒学，自己开创了一门新学科，还举办了人类历史上第一所文、理、军、工兼备的综合性民工子弟大学，并在各地聚众讲学，广收门徒，以激烈的言辞抨击儒家，不遗余力地反对各国的暴政和兼并战争。很快墨子就赢得了大批手工业者和下层士人的拥戴，并逐步形成了自己的墨家学派，成了儒家的主要反对者，他也被尊为"墨子"。墨家学派的亲信弟子，曾有数百人，其声势之浩大，连宋昭公都得委任墨子为大夫。可惜好景不长，墨子官运不畅，很快又被贬为平民。

与毕达哥拉斯学派类似，如果按现在的标准，很难对墨子的墨家学派进行评判。一方面，该学派在军事学、哲学、几何学、物理学、数学和光学等领域的杰出成就惊天动地；另一方面，该学派确实又很像是一支战斗力很强的非政府武装。墨家学派是一个结构紧凑、纪律严明的团体，其最高领袖被称为"矩子"，墨子是首任矩子。而其成员则被称为"墨者"，代代相传。墨者都是身穿短衣、草鞋，参加体力劳动的人，并以吃苦为荣。如果谁违背了这些原则，轻则开除，重则处死，而且将由矩子亲自执行其所谓的"墨子之法"。

作为墨家创始人，墨子死于其隐居之地鲁山县，弟子遵命将其遗体简葬于狐骀山，只把一部《墨子》手稿作为陪葬品。最终，墨子成了一个"三无"人员：无准确出生地点，无准确出生时间，无准确去世时间。不过，墨子对自己的学说和事业却非常自信，曾慨然而呼"天下无人，子墨子之言也犹在"。

墨子之所以能取得如此众多的科研成果，归根结底是得益于他的科学认识论。他将"耳目之实"的直观感觉作为认识的主要来源，认为判断事物的有无不能凭个人臆想，而要以能重复观察并检验的结果为依据。同时，他也未忽视理性认识的作用。墨子认为，人的知识来源有三方面：闻知、说知和亲知。其中，"闻知"是指"循所闻而得其义"，即在听闻之后，要加以思索和研判，以别人的知识为基础,进而继承和发扬。"说知"包含推论和考察,即通过推论获得知识。他还特别强调"闻所不知若所知,则两知之",即用已有知识去推论未知知识,比如,由已知"炉火是热的"去推知"所有的火都是热的"等。"亲知"是指亲身经历所得到的知识。当然,闻知、说知和亲知三方面,还必须有机地结合在一起。

原始空中通信工具

说起风筝几乎人人都觉得好玩,个个都是行家,但除娱乐之外,有关风筝的用途许多人并不完全清楚。其实人们最早发明风筝的目的是用它来传递信息,因此风筝也可以说是我国原始的空中通信工具之一。

比如,当年项羽被困在垓下时,刘邦的干将韩信就派人用牛皮做成风筝,并把竹笛放到风筝里。当风筝飞上天空后,竹笛就发出"呜呜"的声音,似哭声一般。而汉军也配合笛声,唱起了楚地民歌,以此来动摇楚军之心。这便是成语四面楚歌的来历。

又比如在南北朝时期,梁武帝被敌军包围在梁国都城中,城内外断绝了联系。于是,梁武帝就让人制作了一只风筝,再将求援信绑在风筝上。原计划是当风筝飞得足够高后,再剪断风筝线,让求援信飘到援兵阵营中。但很不幸的是,这只风筝被敌军发现,并抢先将它射落,致使本次空中通信以失败告终。

在金蒙战争中,金人还曾将带有策反传单的风筝放飞到敌方阵营的头顶上,然后割断风筝线,让这些传单飘到蒙军手里,以此动摇对方军心。

最早的风筝诞生于春秋战国时期,它是墨子用木头费时三年做成的,而且首次放飞就在天上飞了整整一天而不落。后来,鲁班又改进了风筝的材质,用竹子代替木头,从而使风筝更容易放飞,也能飞得更高、更远、更久。再后来,五代时期的李邺做出了纸质风筝,并在风筝的头部安装了一个竹笛,当风吹入竹笛时,其声如筝鸣,风筝由此得名。到了隋唐时期,造纸业越来越发达,富贵人家也开始用纸来做风筝。特别是到了宋朝,纸张变得越来越廉价,风筝在民间得到迅速普及,此时的风筝已失去通信功能,只是娱乐工具了。难怪宋书《武林旧事》中会写道:清明时节,人们都到郊外放风筝,直到傍晚才回家。在宋画《清明上河图》和《百子图》中,也能找到时人放风筝的生动景象。到了明清时期,中国风筝的发展达到巅峰,在大小、样式、装饰、扎制技术和放飞技艺等方面都有了突破性的进步。当时的文人包括曹雪芹等,都喜欢亲手扎绘风筝,除自己放飞外,还将风筝赠送亲友,并以此为风雅之事。

关于风筝的起源,除了上述正史外,民间还有几段传说故事,此处不妨略述一二。

第一种说法是斗笠说。从前,有个农夫正在耕地,忽然狂风大作,卷起了他的斗笠,农夫赶紧去追,一下子就抓住了系绳。恰巧这根系绳很长,斗笠便像风筝一样在空中飘了起来。农夫觉得非常有趣,就经常给村民表演放斗笠,后来就慢慢演变成了放风筝。

第二种说法是树叶说。古时候人们对"风卷树叶满天飞"的现象十分崇拜,便用麻丝等拴着树叶放着玩,于是就逐渐演变成了放风筝的活动。

第三种说法是帆船说。相传人们受船帆的启发后,仿造出了风筝。

第四种说法是帐篷说。相传最早的风筝是人们模仿大风刮起帐篷在空中飘扬的现象而制造出来的,之后放风筝才演变成了娱乐活动。

第五种说法是飞鸟说。相传风筝是模拟飞鸟飞行的产物,所以无论是从结构、形状,还是从扎绘技术等方面来看,许多风筝都很像飞鸟。

继风筝之后,古代中国的另一种空中通信工具便是孔明灯。孔明灯的最初用途是通报军情,后来才慢慢演化成了天灯、平安灯、许愿灯、祈天灯等寄情之物。每逢元宵节或中秋节等重大节日,各地百姓,都非常喜欢放孔明灯。男女老少亲手写下祝愿,然后,让它们伴随孔明灯一起飞向天空。有些孔明灯甚至能在空中飘浮长达一小时之久。孔明灯备受青睐的另一个原因是,它的别名

"天灯"与"添丁"谐音,而中国人自古以来都有"人丁兴旺,家景兴隆"的愿景。放天灯时,只需给纸桶中的碎布浇上油,桶口朝下,点燃油布后,整个纸桶就会被热气充满。每当家家户户的天灯冉冉上升时,人间的美好祝福与心愿便也飘上了夜空。

孔明灯肯定不是周朝的产物,之所以将它放在此处,原因主要有两个:一是它与风筝的通信功能相近,二是它本身的发明时间、地点和发明者都不明确,放在随后的任何章节都缺乏确切根据。

有关孔明灯的最早来历有这样几种说法。早期的说法是,相传在五代时期(907—960年),有一位在福建随夫打仗的莘七娘,她用竹篾扎成方架,在架子上糊上纸,做成大灯,然后在底盘上放置燃烧的松脂,这样大灯就能飞上天空,成为军事联络信号。而这种松脂灯之所以名叫"孔明灯",则是因为其外形酷似诸葛亮的帽子。稍晚的另一种说法是,孔明灯是由诸葛亮发明的。当年诸葛亮被司马懿围困在平阳,全军上下束手无策。于是,诸葛亮便想出一条妙计,他算准风向后,命人拿来白纸千张,糊成无数个小灯笼,再利用热空气的升力原理,带着灯笼升空。当众多小灯笼布满夜空时,蜀兵随即高呼:"诸葛先生乘坐天灯突围啦!"司马懿信以为真,便带兵向天灯方向追赶,诸葛亮也就借机脱险了。于是,后世就称这种灯笼为"孔明灯"。

孔明灯在国内的传播非常广泛,而且在各地的用途也千奇百怪。比如,大约在清朝道光年间,孔明灯由福建惠安、安溪等县传入台湾的基隆河上游地区。当时,这些地区土匪猖獗,人们不得不经常逃入深山避祸,待土匪撤退后,村中留守人员就在夜间施放孔明灯作为信号,告知山中逃难村民"可以下山回家了"。后来,村民也借此种方式来报平安。有一次,避难回家的日子,正好是农历正月十五元宵节,从此以后,每年的元宵节,这些地区的村民便以放天灯的仪式来庆祝节日,互报平安。这也是孔明灯被称为"祈福灯"或"平安灯"的由来之一。

第三章
秦汉至南北朝通信

本章故事发生在从秦朝到南北朝300余年的历史阶段，其间经历了令人眼花缭乱的朝代更迭，走过了包括秦朝，汉朝（西汉、东汉），三国时期（魏、蜀、吴），晋（西晋、东晋），五胡十六国，南朝（宋、齐、梁、陈）和北朝（北魏、东魏、西魏、北齐、北周）等"合久必分，分久必合"的兴衰历程。

在这段历史时期，若从技术角度看，我国的通信水平还是在稳步向前发展，只是原创性成就并不特别突出，基本上都是对过去相关技术的改进和升级，这主要得益于铁器的普及和社会生产力的提高。从管理角度看，此时的通信系统建设受到了空前重视。特别是在秦朝，其全国性的通信水平相较周朝有了实质性提升，不但首次成功支撑了庞大的中央集权统治，而且即使后来秦朝灭亡了，它的信息通信系统也还能继续支撑随后的汉朝等统一王朝，以及三国时期等分裂的国家。其实，在分裂阶段，虽然全国性的通信系统受到一定程度的破坏，但在相关的分裂区域内，局部的通信发展更加迅速。比如，刘备入主四川后，包括水陆交通和邮驿通信等能力都大幅增强，以至蜀竟能与魏和吴三足鼎立。

不知大家是否想过，秦始皇建立秦朝后，他采取的几乎所有政策，最后都改进了通信效果。他不惜焚书坑儒推行的"书同文，车同轨"便是最好的例证。实际上，"书同文"无异于通信传输的统一编码,它使得全国各地的信息交流更加通畅,否则一篇火星文就算是完好无损地及时送到你眼前,你也不知所云。"车同轨"无异于信息通道的标准化建设,让路与车能彼此协调,让车能在路上无障碍地奔驰,否则,若迎面驶来一辆超宽牛车,百姓便无路可走。此外,无论是统一货币还是统一度量衡,秦始皇其实都是在直接或间接地减小通信阻力;无论是井田制度还是户籍制度,秦始皇其实都是在直接或间接地加强信息管理。不过,由于所有这些政策所涉及的通信要素都太过宏观,所以下面将不再提及,而是只介绍一些具体的微观事件。当然,我们也会忽略某些太过微观的事件,比如,秦朝在信件上启用了封印,以避免送信者偷看等。

首位渡海信使——徐福

徐福的故事家喻户晓,但人们都以为他只是去海外寻找仙草,其实秦始皇还给他布置了另一个重要任务,那就是将自己的三封亲笔信送给传说中的三位神仙,并希望从神仙那里获得长生不老之药。可惜,送信者徐福没能完成任务,也没能找到传说中的蓬莱、方丈和瀛洲三座仙岛。但是,徐福已经跨过海峡,成为我国首位渡海信使。

徐福的故事最早记载于司马迁所著的史书《史记》中。《史记》的《秦始皇本纪》《淮南衡山列传》和《封禅书》中都提到了徐福给三位神仙送信的故事。司马迁的这些记载虽然并不完全相同,但其大意都是这样的:秦始皇命令徐福等人制作不死仙药,而徐福则称海中本有三座仙山,名为蓬莱、方丈、瀛洲,仙山上还有仙人居住,那里更是遍地仙草,并请求皇帝允许,让自己出海,为其寻求长生不老药。几年后,徐福在耗费大量金钱之后回来了,他谎称本已得到蓬莱仙药,却被海中的大鱼阻拦,请求皇帝派士兵带着武器再次出发。皇帝欣然应允,又加派三千童男童女、百工,还补充了五谷、农具等,让徐福再次出发。但这次一走,徐福就再也没有回来了。因此,除某些细节外,有关徐福故事的主体应该具有相当的可信度,司马迁肯定也经过了认真考证。而且作为离秦朝年代很近的西汉人,司马迁也完全有能力对徐福之事的真伪进行判断。

后来,中日两国的历代文人都对徐福之事坚信不疑,并纷纷用各种形式表达了自己的观点。比如,李白在其《古风》一诗中写道:"徐福载秦女,楼船几时回?"白居易在其《海漫漫》一诗中也写道:"徐福文成多诳诞,上元太一虚祈祷。"欧阳修也在其《日本刀歌》中写道:"其先徐福诈秦民,采药淹留丱童老。"南宋末年为躲避战乱而东渡日本的禅师无学祖元,也同病相怜地在其《制祭诗》中写道:"先生采药未曾回,故国山河几度埃。今日一香聊远寄,老僧亦为避秦来。"看来,这位禅师明确认定徐福与自己一样,也是因避祸而逃到日本了。特别是日本遣明僧人绝海中津也在诗中写道:"当年徐福求仙药,直到如今更不归。"

此外,在司马迁之后,又有许多古籍记载了有关徐福的故事,其可信度当然不如《史记》,但由于相关细节更多、故事的连贯性更好,所以下面不妨做些介绍,仅供各位参考。

据说,徐福本是齐国人,通晓医学、航海和天文学,还是鬼谷子先生的关门弟子,更是秦朝的著名方士,自称能事鬼神,故长期以来颇受意欲长生不老的权贵们的宠信,甚至还成了秦始皇的御医,自然也就摸清了这位皇帝的心思。秦始皇统一中国后,自认为已实现了四海归一、盛世太平的愿望,认为大秦帝国在政治和经济等方面都已快速发展,郡县制取代了分封制,官僚制取代了世袭制,自己还修筑了万里长城,统一了文字、货币和度量衡,甚至统一了人们的思想,采取了高度的中央集权措施。总之一句话,秦始皇认为自己"定于一尊,天下臣服,万民敬仰",而唯一的遗憾就是"万岁爷"不能真的万岁、万万岁。

由于秦国在征服六国的过程中和在建立秦朝以后都非常暴虐,这就使得御医徐福对秦始皇心生抗拒,总想摆脱暴君,另寻一个太平、祥和的新世界。于是他就借用齐国悠久的海洋文化和神话传说,给秦始皇描绘了一个蓬莱仙岛的神仙境界,并说那里有神仙居住,遍地都是长生不老的仙草。于是秦始皇立即下令让徐福不惜代价为其求来仙草。

明知没有仙草的徐福,也趁机开始了策划已久的"空手套白狼"行动。他在秦始皇的慷慨资助下,乘坐大型皇家楼船出海转了一大圈,仔细考察了若干年,然后大摇大摆地空手而归。

为啥徐福要回来而不赶紧逃跑呢?原来,这次出海只是踩点,他是在为自己寻找今后的桃花源,所以要回来向秦始皇索要更多的人员和物资。另一种说法是,他孤身一人到达理想之地后才发现,那里的人并不欢迎他,更不愿成为他的臣民。再加上当时秦朝的法律很严,实行的是连坐法,如果自己不归,必然连累亲朋,因此他得回来带上大家一起出去享福。

为啥徐福胆敢空手回来,而不怕秦始皇以欺君之罪杀掉他呢?这是因为他早已编好了第二个更大胆的谎言。他说自己这次已经找到了仙山,见到了仙人,还拿到了仙草,但在回来的路上,仙草却被海里的鱼精给劫去了。他九死一生才总算逃回来搬救兵,希望秦始皇能给他数千弓弩手,以便他回东海去大战鱼精,夺回仙草。结果,秦始皇果然中计,不但给徐福增了兵,还在徐福的巧妙引诱下,将三千童男童女交给徐福,让他以此作为送给鱼精的见面礼,以确保那鱼精交出所抢的仙草。另外,徐福又编了一个谎言,再次向秦始皇索要了数百名工匠、农人及大批种子、耕具等。

至此,徐福的移民准备工作基本就绪。实际上,弓弩手可以帮他征服桃花源里的人,童男童女可以确保移民队伍后继有人,工匠和农人可以提供基本的生产能力。于是,徐福便煞有介事地带着自己的移民队伍大张旗鼓地出海了。

从此以后,徐福便杳无音信,其踪迹就任由后人猜测了。难怪司马迁在《史记·淮南衡山列传》中说:"徐福得平原广泽,止王不来。"即徐福在找到了理想的平原广泽后就留在那里,再也没有回来过了。

至于徐福到底去哪里,史上有多种观点,其中最流行的说法是他到达了日本,确切地说是日本九州岛。据说,该说法最早出现在中国五代济州开元寺僧人义楚的《义楚六帖》中,而义楚又是从日本来华高僧宽辅那里听来的。由于这位来华日本高僧宽辅是位博学高士,他所言之事应该较为可信,因此具有相当高的参考性。此外,《日本国史略》中也记载:"孝灵天皇七十二年,秦人徐福来。"

从历史规律上看,中原地区每逢战乱都会有大批移民迁居海外,其中就以日本和朝鲜半岛为主。再加上徐福从小就生活在海边,对水文和天文等都有一定了解,所以,在皇家高级楼船的帮助下,徐福完全有能力东渡日本。

不过,我们在这里并不关心徐福是否真的到达日本,只需强调他确实已逃到了很远的海外,确实是我国首位出海信使。而这一点几乎不用怀疑,因为,若他出海不够远,那就可能早已被秦朝的官兵给抓回去千刀万剐了。

最早的家书

1976年,人们在湖北云梦睡虎地4号秦墓中发现了两块写满文字的木牍。其中一块保存完好,长约23厘米,宽约4厘米,厚约3毫米,正面的字迹清晰可见,背面的文字则需借助红外扫描才能阅读,两面共有约200字。另一件则保存较差,下段残缺,残长约17厘米,宽约3厘米,也是两面写字,但字迹已经模糊不清,仅能辨认大约100字。

经过对这些文字的解读,人们惊讶地发现:这竟然是秦始皇二十四年(公元前223年)的两封文笔非常流畅的家书!它们也是至今发现的最早的实物家书。写信者是两位亲兄弟,他们的名字分别叫"惊"和"黑夫",此时他们都是秦国的士兵。写信者"惊"是哥哥,他可能是刚刚当上新郎官后就被官兵抓去当壮丁。另一位写信者"黑夫"是弟弟,也许本是妈妈的宝贝么儿,结果也没能摆脱兵役,以至在信中跟母亲撒娇。收信者名叫"衷",他可能是两位写信者的长兄,也是出土木牍的墓主,可见当时的家书是多么珍贵,竟能荣幸地成为陪葬品。

针对这两封史上最早的实物家书,若从通信发展史角度看,这两封家书表明秦朝的整体通信水平确实已经很高,民间通信网络也已经建成,以至连战乱中边疆地区的普通士兵都能与家人保持联系。

不过,从信件的内容上看,字里行间又无不充满了辛酸和血泪。为了避免跑题,我们不打算复述这两封家书的内容,只是简要解读其大意,也许可以帮助今人了解一些残酷的历史事实。比如,与今天一样,这两封信首先问候了全家,特别是新郎官还很担心家里的婆媳关系。接着,就转向了正题,原来这是两封催款信,都希望家里赶紧寄些钱来,外加一套夏天穿的衣服。对此,弟弟的信还比较含蓄,哥哥则用了"会出人命"和连续三个"急"字来表明自己的焦虑。看来,确实像其他史书所记载的那样,当年的秦国是全民皆兵,上战场是大家的义务,参军不但没军饷,还要自带武器、军马和服装等装备。血染疆场者只好马革裹尸,立功杀敌者才能加官晋爵。

在上述两封木牍家书出土前,我国有关书信的记载都只是文字材料或相关推论。比如,一般认为,家书的历史十分悠久,早期的口信、结绳通信、符号通信、树叶通信等都可看成家书的原始形态。文字产生后,又先后出现了简牍家书、绢帛家书、布质家书、羊皮纸家书、纸质家书等基于各种信息载体的家书。

两汉时期的著名家书主要有刘邦的《手敕太子文》、刘向的《诫子歆书》、杜泰姬的《诫诸女及妇书》、秦嘉的《与妻徐淑书》、徐淑的《答夫秦嘉书》和《为誓书与兄弟》、司马迁的《报任安书》、马援的《诫兄子严敦书》和郑玄的《戒子益恩书》等。

我国现存最早的纸质书信是西晋时期著名文学家陆机问候友人的一封信,

它也是我国传世最早的书法真迹,目前收藏在中国国家博物馆。但早在此前的东汉,在著名学者马融写给友人的书信中就有"书虽两纸,纸八行",这说明当时的纸质书信已经普及了,且书信的格式也是后来通行的八行书。可惜马融的这封书信实物没能保存下来。

从魏晋起,书信格式基本定型。可惜,由于纸张容易腐烂,绝大部分书信最终都没能保存下来。一般说来,能够代代流传至今的书信主要有两类:一类是以教子为主题,劝勉子弟如何修身做人的名人名篇,比如诸葛亮的《诫子书》、曹操的《诫子植书》、王修的《诫子书》、羊祜的《诫子书》、杜预的《与子耽书》等;另一类是文学水平很高或曾轰动一时的论证性书信,比如曹丕的《与吴质书》和嵇康的《与山巨源绝交书》等。这些书信的内容之所以未被遗忘,主要归功于后人的反复传抄,其实它们的原件也早已化为灰烬了。

再后来,家书甚至成为文学作品的一个分支,因而名篇迭出。其中具有代表性的书信有唐代卢氏的《训子崔元玮书》、李华的《与弟莒书》、北宋欧阳修的《与十二侄》、司马光的《与侄书》、黄庭坚的《与四弟书》、明代李应升的《诫子书》、周怡的《勉谕儿辈》等。

家书的最后一个辉煌时期开始于清朝。包括纪晓岚、郑燮、林则徐、曾国藩、李鸿章、胡林翼、左宗棠、张之洞等名人都留下了不少流传很广的家书。至于各类商帮和华侨的家书及普通人的家书那就更多了,你若有机会读到它们,也许就能从中了解时人的内心世界和情感脉络,甚至可以打开清朝的另一扇历史窗口。从晚清开始,由于近代邮政的普及,家书也成了人们日常生活的重要部分。政府专门设立了邮政部门,街边也出现了专门替人写信和读信的秀才,信件几乎能通达各个村落。当然,此时也出现了若干家书形式的名人经典,比如《曾国藩家书》《梁启超家书》等。

可惜,随着社会信息化的迅猛发展,如今纸质家书早已被各种数字媒体淘汰了,家书所承载的历史与亲情也渐行渐远。所以,假如你还有机会读到家书的话，无论它们是现在的还是过去的，都请好好珍惜吧。

丝绸之路开拓者——张骞

说起丝绸之路，你肯定不陌生。它是西汉时期开通的以长安为起点，经关中平原、河西走廊、塔里木盆地到达中亚、西亚，并连接地中海各国的陆上通道。丝绸之路并非只是一条"路"，而是一个穿越山川沙漠且没有标识的道路网络。至于广义的丝绸之路所覆盖的地域那就更广了，不但包括陆地和海洋，还包括草原。丝绸之路上运送的货物也并非只有丝绸，而是一切具有供需价值的东西，既包括实物，也包含信息。本书特别强调丝绸之路的信息传递功能，甚至将它看成一条横跨欧亚大陆的国际邮路，毕竟在这些路上来往奔波的不仅有商人，还有各国使者和传教士等。反正，上至王公贵族，下至乞丐罪犯，都在这些路上留下过历史足迹。

丝绸之路的开拓者是西汉杰出外交家、旅行家和探险家张骞。他是陕西汉中人，出生时间众说纷纭，去世时间为公元前114年。

张骞首次进入史料的时间是他去世前的25年。这一年，他奉汉武帝之命，由长安出发，开始了著名的"首次出使西域"之旅。此前，他在西汉朝廷担任名为"郎"的侍从官。据史书记载，张骞"为人强力，宽大信人"，即他既具有坚忍不拔、心胸开阔的气度，又具有以信义待人的优良品质，他就像后来的唐僧那样，为了"取经"不顾任何困难，勇往直前，一心向西。不过张骞要取的"经"不是佛经，而是与一个名叫大月氏的国家结盟，即要联合位于匈奴西方且与匈奴有血海深仇的大月氏一起行动，东西夹击匈奴，并将其消灭。张骞"取经"路上所遇到的困难一点也不比唐僧少，但是他既没有白龙马当坐骑，又没有各路神仙的保护，只有一位来自大月氏的名叫甘父的奴隶担任向导兼翻译。张骞准备了金银珠宝和丝织品等作为献给大月氏国王的见面礼。他们还得跨过敌国匈奴的国境,只要遇到劫匪,张骞等人就可能全军覆没。

果然,刚刚进入匈奴控制区,张骞的队伍就被匈奴骑兵包围了,并被押送到匈奴单于的帐下。单于一听张骞欲出使大月氏,哈哈大笑说:"月氏在吾北,汉何以得往使?吾欲使越,汉肯听我乎?"其大意是说:我怎么会让你们借道跨境去北面联合大月氏来攻打我呢,正如你也不会让我跨越汉境去与南越联盟攻打你们一样。不过,聪明的单于既为了避免激怒西汉,也为了防止汉武帝再派其他"取经"队伍绕道而行,所以他并未立即杀掉张骞,而是将他们扣留下来。为了拉拢张骞并打消其出使大月氏的念头,匈奴软硬兼施,甚至用上了美人计。不过,张骞始终不辱君命,"持汉节不失",即仍然保留着汉朝使节的任命书,随时准备逃出匈奴,继续完成其出使任务。不过,张骞在匈奴一困就是整整十年,直至匈奴对他的监视渐有松懈,他才果断离开妻儿,趁机带领随从,逃出了匈奴人的控制区。

可惜,在受困期间,形势早已大变:大月氏已被匈奴等打败,并被迫西迁到更远的地方另建家园。张骞听此噩耗后仍不灰心,继续千方百计想要到达新的月氏国。

书说简短,在其随从严重减员的情况下,张骞终于到达了一个名叫"大宛"的国家,并得知该国与大月氏交往频繁。于是,张骞以外交使臣的身份,大胆向大宛国王承诺:大宛若能帮忙联系上大月氏国王,今后汉朝皇帝将重金酬谢。本来就风闻汉朝富庶并早想与汉朝通使往来的大宛国王一听此言,很爽快地就答应了张骞的请求。在一番热情款待后,大宛国王立即分派向导和译员,经多次辗转,终于将张骞等人送到了大月氏。不料,这时的大月氏已被匈奴打败,并被新地盘上的丰富物产软化了,已无意联合汉朝攻打匈奴。所以,月氏新国王便以"汉朝离月氏太远,若联合攻匈,难以相互配合"等为由,婉言谢绝了张骞的联盟建议。张骞当然不肯就此放弃,便留在月氏国软磨硬泡,辛辛苦苦折腾了一年多,见月氏国王实在不动心,才终于无奈地返回汉朝。在归途中,张骞等虽十分小心,甚至还昼伏夜行绕了一个大弯子,结果仍未躲过匈奴的势力范围,再次被匈奴骑兵俘获,又被扣押了一年多。在张骞去世前12年,由于匈奴内讧,张骞和甘父才终于趁机逃回长安。至此,历时13年的首次出使无果而终,出发时的100多人,回来时也仅剩张骞和甘父2人。不过,张骞沿途的考察结果却对后世产生了重大影响。比如,张骞在大夏(今阿富汗)时,竟然看到了四川土特产,追问后才知道,它们是本地商人从一个名叫"身毒"(今印度)的国家那里买来的,而身毒位于大夏的东南方。据此,张骞猜出了身毒和大夏的大概地理位置。仅仅是这一条消息,后来就帮助汉武帝打通了汉朝与西南各国的通道,避开了匈奴的控制区域。总之,雄才大略的汉武帝,对张骞的出使非常满意,特封张骞为太中大夫,封甘父为奉使君,以表彰他们的功绩。

出使西域的经历,使张骞成了汉朝攻打西域的活地图,因此每次发生重大战争时,都得让他前往西域当向导。比如,在张骞去世前9年,大将军卫青两次出兵进攻匈奴,汉武帝便命张骞以校尉身份跟随大军出击漠北。果然张骞发挥了关键作用,即"知水草处,军得以不乏",因此,汉军凯旋后,张骞被汉武帝以其出生地为名封为"博望侯"。去世前7年,张骞又奉命与"飞将军"李广一起合作进击匈奴。可这次李将军被围,伤亡惨重,张骞也因为贻误军机而被判死刑。后来,张骞花钱赎罪,最终被削去了"博望侯"爵位,又成了平民百姓。

在张骞去世前5年,汉武帝又任命他为中郎将,率300多名随员,携带金币、丝帛、牛羊等财物第二次出使西域。此番情形与上次完全不同,因为汉朝已将匈奴打出了河西走廊,使得对方只能向西北退却,依靠西域诸国的人力、物力与汉朝勉强对抗。张骞第二次出使西域的目的有二:一是招安与匈奴有矛盾的乌孙国,以断匈奴右臂;二是宣扬汉朝国威,劝说西域诸国与汉联合,使之成为汉朝的外臣。可惜,张骞到达乌孙国时,恰逢该国内乱,招安目的又没达成。不过,张骞让副使分别访问了中亚众多国家,扩大了西汉王朝的政治影响,相互加深了了解,并携数十个乌孙使者返抵长安。回到汉朝后,张骞被任命为大行,专门负责接待各国使者,官位也高居九卿之列。

公元前114年,张骞病故,归葬故乡博望村。此后,汉朝和西域各国经常互派使者,甚至形成了"商胡贩客,日款于塞下"的盛况。

鸿雁传书探秘

在中国通信界,最著名的成语可能当数"鸿雁传书"了,甚至鸿雁已经成了中国邮政的标志,同时也登上了中国最高邮电学府——北京邮电大学的校徽。早在1897年清政府就发行了一枚鸿雁邮票。如果再结合历朝历代的各种文献资料和精彩的传说故事,那么几乎任何人都会毫不犹豫地坚信鸿雁传书之事。但是,事实真的如此吗?在给出答案前,还是先让我们分享一个真实的有关鸿雁传书的故事吧。

话说,汉朝时汉匈是冤家,彼此征战百余年。其间,为缓和局势,双方都多次互派使节,既想促进睦邻友好,又想借机刺探情报,因此匈奴就以间谍罪扣留了数批大汉使臣,而苏武则是被扣留的使臣之一。

公元前100年,由于匈奴政权更替,新单于为集中精力解决内乱,主动向大汉示好,自称晚辈,并释放了以前扣押的许多汉朝使臣。汉武帝也投桃报李,派出了以苏武为首、张胜为辅的新一批使团,以示诚意。可到达匈奴后,该使团却因卷入一场匈奴宫廷政变而被捕。张胜等认罪投降,而苏武则宁死不屈,当场拔剑自刎,虽经抢救,终因流血过多而昏迷数日。在多次劝降无果后,单于便将苏武流放到人烟稀少的苦寒之地——西伯利亚贝尔加湖畔,给了他一群公羊,声称待到这批公羊生崽下奶后,才允许他回汉朝复命。

就在苏武被俘不久,他的好友李陵将军也因兵败被俘。李陵很快就向匈奴投降,并受单于之命,试图再次策反苏武。为了攻其心,李陵给苏武带来许多致命打击,如苏母已于年前去世,两个弟弟也被汉帝逼得畏罪自杀,妻子已改嫁他人,两个妹妹至今下落不明,儿子也过得非常凄惨等,总之就是希望苏武断了归汉念头。但苏武仍不肯变节。在流放期间,苏武既要忍饥挨饿,又要面对无边寂寞,还得忍受失去亲人的痛苦,更常常被思乡之苦折磨得撕心裂肺。苏武在这样的环境下,孤苦伶仃十九年,之后汉匈两国再一次更换了首领。汉昭帝即位后,经数年外交协商,终于与匈奴达成和解,双方还结为姻亲。汉昭帝不相信苏武会莫名消失,多次派出使者向单于要人,可匈奴一口咬定苏武已死去多年,汉使也无计可施,一次次无果而归。直到有一次,汉使偶然从同样被羁押在匈奴十九年的苏武老部下口中得知了真相。

于是,使者再次面见单于,并谎称:苏武并没有死,这些年来一直在北海牧羊。不久前,他还通过大雁为汉朝皇帝捎去了一封书信,云云。没想到,单于竟然中计了,听罢使者的故事后,他惊视左右,遂向汉使谢罪,随即把苏武放归汉朝。从此,"鸿雁传书"便传为千古佳话,高飞的鸿雁也因此成了信使的美称。

其实,只需稍稍冷静一点,单于就该识破使臣瞎编的这个故事,因为苏武即使有天大的本事,他也无法驯化一只从没到过皇宫的鸿雁,将书信送进汉廷;即使是今天的家鸽,也只能单向从野外向鸽巢传信。当然,此故事的另一版本,可能更易骗过单于,即:某天,汉皇在上林苑打猎时,射到一只大雁,却见其腿上系着一封书信。此信竟然是苏武利用大雁的迁徙习性传递到汉朝的,故汉皇方知苏武未死,便派使者前来接回苏武。当然,关于苏武"鸿雁传书"的故事,描述得最精彩、最简洁的,当数李白的《苏武》一诗,诗曰:"苏武在匈奴,十年持汉节。白雁上林飞,空传一书札。牧羊边地苦,落日归心绝。渴饮月窟冰,饥餐天上雪。东还沙塞远,北怆河梁别。泣把李陵衣,相看泪成血。"

关于"鸿雁传书"还有另一个更神奇的版本,只不过主角已由汉朝男子变成了唐朝女子。传说,本为相府千金的王宝钏在彩楼抛绣球招亲,砸中了乞儿薛平贵。为嫁命中注定的郎君,王宝钏离开相府,迁居薛平贵的寒窑。后来,薛平贵征西,王宝钏苦守寒窑十八载,靠挖野菜度日。一日,空中传来鸿雁的哀鸣,勾起了王宝钏对丈夫的思念,于是她撕下罗裙,咬破指尖,用血写下书信,托鸿雁传书给远方的夫君。听罢王宝钏凄苦的唱词"无边相思托鸿雁,为我捎书赴西凉"后,那只忠贞的鸿雁感动得泪如泉涌,当即表示绝不辜负她的一片痴情,于是鸿雁飞越千山万水,终将那封思念夫君、盼望夫妻早日团圆的血书送到了薛平贵手上。薛平贵读完信痛断肝肠,边哭边唱道:"我一见血书泪如倾,止不住大漠放悲声,恨不能插翅回寒窑,急切切向公主告实情。"于是他将血书呈给西凉国的玳瓒公主,公主不但没怪罪薛平贵,更被王宝钏的坚贞所感动,特赦薛平贵返回家乡。从此,一对痴情男女托鸿雁之福,最终团圆。

其实,无论哪个版本,也无论传说的真假,鸿雁传书已成了书信的代名词。汉朝奇女蔡文姬在其《胡笳十八拍》中哀婉悲伤、撕肝裂肠地哭曰:"雁南征兮欲寄边声,雁北归兮为得汉音。雁高飞兮邈难寻,空断肠兮思愔愔。"

"鸿雁传书"的原型可能是更早期的"青鸟传书",其主角青鸟最早出现在先秦古籍《山海经》中。青鸟本是一只三足神鸟,是西王母的随从与使者,居住在三危山上,它不但力气大,还特别能飞。青鸟既能为西王母觅食,又能飞越千山万水为西王母传递信息。每次西王母驾临人间,青鸟都会先来传书报信。一次,西王母前往汉宫,青鸟又去传书,并一直飞到皇宫的承华殿前。汉武帝看到这只美丽的鸟儿,甚为惊奇,便问大臣东方朔:"这鸟叫什么名字,从哪里飞来?"后者回复说:"这是青鸟,是西王母的使者,它是来报信的,西王母很快就要到了。"果然,说时迟,那时快,西王母已由另外两只美丽的神鸟左右搀扶来到殿前。汉武帝与群臣赶忙迎接,热情款待。陶渊明在《读〈山海经〉·其五》中写道:"翩翩三青鸟,毛色奇可怜。朝为王母使,暮归三危山。我欲因此鸟,具向王母言:在世无所须,惟酒与长年。"

在后来的神话中,青鸟又演变成了凤凰。美丽的青鸟及美好的传说引得文人墨客争相赋诗吟诵。李璟诗云:"青鸟不传云外信,丁香空结雨中愁。"李白诗曰:"愿因三青鸟,更报长相思。"仍嫌不够,又补曰:"三鸟别王母,衔书来见过。"

李商隐赋诗道:"青雀西飞竟未回,君王长在集灵台。"另一首又曰:"蓬山此去无多路,青鸟殷勤为探看。"韦应物颂诗道:"欲来不来夜未央,殿前青鸟先回翔。"崔国辅感叹道:"遥思汉武帝,青鸟几时过。"曹唐盛赞:"歌听紫鸾犹缥缈,语来青鸟许从容。"胡曾诗曰:"武皇无路及昆丘,青鸟西沉陇树秋。"曾士毅诗曰:"幡影不随青鸟下,洞门空闭紫霞微。"杨巍诗曰:"青鸟已无白鸟来,汉皇空筑集灵台。"张帮教诗曰:"黄竹歌堪听,青鸾信可通。"练国士诗曰:"蟠桃难定朝天日,青鸟依然入汉时。"万象春诗曰:"一双青鸟归何处?千载桃花空自疑。"等等。

你看,本来无凭无据的鸿雁传书,就这样被轰轰烈烈地传颂了几千年。

飞鸽传书寄深情

关于"鸿雁传书"还有许多民间故事,其中一个故事是,唐朝开元年间,长安某女郭绍兰嫁给一位商人,可惜,丈夫新婚不久就去湖南经商,数年不归。绍兰见堂中双燕在屋梁间嬉戏,心有所感,便吟诗一首:"我婿去重湖,临窗泣血书。殷勤凭燕翼,寄与薄情夫。"绍兰的诗刚写好,深受感动的春燕就一飞而下,衔走诗笺。数日后,忙于生意的绍兰丈夫,刚回客栈,就见一只春燕在头顶盘旋,随即落于肩上。丈夫看罢妻子来信,潸然泪下,赶紧收拾行李,回家团聚了。另一个故事是,唐玄宗时期,茂陵才子霍都梁赴长安赶考,在曲江之畔偶遇礼部尚书之女飞云。因见霍都梁仪表堂堂、文采飞扬,飞云不禁陡生爱慕之意,但碍于礼法,无法表达,就在花笺上题诗一首。梁上春燕忽然飞冲而下,立即把诗笺衔给了霍都梁。后来,安史之乱爆发,飞云的父母离散,自己也被贾仲南将军收作养女。无巧不成书,刚好霍都梁正在贾将军手下任职,因屡建奇功,深受将军赏识,便把养女飞云嫁给了他。洞房花烛夜,新娘见夫婿就是自己当年暗恋的才子,喜出望外,霍都梁更因诗笺之事,感叹千里姻缘一线牵。后人还根据该故事,编撰了热门戏剧《燕子笺》。

本来从未送过书信的青鸟、鸿雁、飞燕等,为何如此备受追捧呢?这主要是因为古人通信实在太难,几乎无法获知远方亲人的下落,常常是"九度附书向洛阳,十年骨肉无消息",或者"寄书常不达,况乃未休兵"。所以面对通信难的惆怅与无奈,百姓只有将情思寄托于飞禽,让虚幻的青鸟等传递吉祥、幸福和快乐,以此抒发思乡和思亲之意。

《开元天宝遗事》一书中还记录了一个飞禽传信的故事。故事发生在唐玄宗时期的首都长安。据说,有一富翁杨崇义,家中养了一只绿色鹦鹉。杨妻刘氏与李某私通,合谋将杨崇义杀害。官府派人至杨家查看现场时,养在厅堂的鹦鹉忽然开口,连叫"冤枉"。官员甚奇,问道:"莫非你知道谁是凶手?"鹦鹉答:"杀害家主的是刘氏和李某。"此案上报朝廷后,唐玄宗特封这只鹦鹉为"绿衣使者"。

谈罢传说,就该讲真事了。其实,家鸽才是历史上真正长期为人类,特别是为普通百姓,传递信函的飞禽,而且其送信成本还很低,所以至今仍称它们为"信鸽"。发信人外出办事时,随身携带自家的信鸽。若需发信,便将信纸系于鸽足,再放飞信鸽,后者自然会依其倦鸟归巢的本能,迅速返回家中,从而顺便完成送信任务。毕竟,鸽子比普通飞禽拥有更强的归巢意识和飞行本领,这是因为它对地球磁场更敏感,且特别恋家。当然,为了提高鸽子送信的速度和准确度,最好事先进行选种、饲养和驯化。其中,驯化是关键,核心是要充分利用信鸽的生物及生理特点,把条件反射的效果发挥到极致。比如,要培养信鸽对主人的绝对服从性和强烈的归巢感,这就包括喂水、亲和、熟悉巢房、熟悉信号等方面的训练。幼鸽刚出壳时绝不能缺水,但它又不会自饮,此时喂水就能让它产生强烈的恋主之情。驯化内容主要包括基本训练、放飞训练、竞翔训练、适应训练和运动训练等。驯化的原则是从幼鸽开始,由简到繁、由近到远、由易到难、由白天到夜间等。

早在公元前3000年左右,古埃及人就开始利用鸽子传递书信了。有关鸽子传信的最早文字记载见于公元前530年,当时有国家利用信鸽传送奥林匹克运动会的成绩。中国也是养鸽古国,信鸽历史悠久。但中国到底是从何时开始利用飞鸽传信的呢?虽无信史,但不会晚于汉朝。当年汉高祖刘邦被楚霸王项羽所围时,就是以信鸽传书,引来援兵脱险。又比如,张骞、班超出使西域,也是用鸽子来向皇家传送信息。到了隋唐时期,飞鸽传信已在广州等地普及了。五代王仁裕的《开元天宝遗事》中就有"传书鸽"的记载:"张九龄少年时,家养群鸽。每与亲知书信往来,只以书系鸽足上,依所教之处,飞往投之。九龄目为飞奴,时人无不爱讶。"这里的张九龄,便是那位大名鼎鼎的唐朝政治家和诗人,他不但用信鸽来传递书信,还给信鸽起了一个形象的名字——"飞奴"。

历史上,有关信鸽传书的故事多如牛毛。比如,公元1128年,南宋大将张浚视察部下曲端的军队,可他到达营地后,竟未见一兵一卒。张浚非常惊讶,质问曲端。后者闻言答道:"部队早已整装待命,请首长具体指示要见哪军?"张浚指着花名册说:"第一军!"曲端领命,不慌不忙放出一只鸽子。顷刻间,第一军将士就全副武装,火速赶到。张浚十分惊讶,又命道:"集结全部军队!"曲端又放出数只鸽子,很快,其余部队都及时赶到。张浚大喜,不但重奖了曲端,还将其经验加以推广。其实,曲端放出的鸽子,都是训练有素的信鸽,它们身上早就绑好了调兵令,一旦放飞,就会立即回到事先驯好的地点,送达军令。

清乾隆年间时,广东佛山等地每年都会定期举办各种信鸽比赛,参赛信鸽多达数千只,有些信鸽的送信距离竟远达200千米。如今,全球各地信鸽协会数不胜数,规模大小各不相同,足见信鸽的粉丝之多。不过,如今已经很少有人真正拿鸽子送信了。

信息载体的飞跃

在通信系统中,信息的载体多种多样,比如,从古至今的物质载体有泥板、龟甲、青铜器、树叶、竹片、木板、铸铁、石碑、布料等。其中,最重要的物质载体就是纸张。因此,下面就来简要介绍一下纸张及其改进者蔡伦。

蔡伦的出生日期不详,大约是在公元61年或63年。蔡伦的一生,几乎都奉献给了东汉宫廷。得意时,他可谓是权倾朝野,生杀予夺随心所欲;失意时,他却遭千人唾、万人骂。最后,他于公元121年被迫服毒自尽,并被皇家定为罪人,甚至其发明创造的业绩档案等也几乎被销毁。在冤死30多年后,蔡伦又被平反昭雪了。

俗话说,人生有三苦:打铁、撑船、磨豆腐。而蔡伦就正好出身于一个铁匠世家,祖祖辈辈都以打铁为生,日夜在铁炉旁忍受炎热。因此,蔡伦从小耳濡目染的情形便可能是这样的:在家中的一间破房子里,居中放着个大火炉,炉边架着个大风箱,炉膛中燃烧着火焰。需要锻打的铁料,先在火炉中被烧得通红,再移到大铁墩上,由大师傅掌主锤,助手握大锤,"叮当,叮当"地反复锻打,直到火星四溅,铁料不再通红;然后,又将半成品放入火中重新烧软,再拿出来锻打;如此反复,直到铁料被打造成满意的形状,或几块铁料被完全捶打成一体。经验丰富的铁匠,右手握小锤,左手握铁钳,在锻打过程中,凭经验,不断翻动铁料,或将方铁打成圆铁,或将粗铁打成细铁等。总之,打铁成功与否的关键在于:铁料和炉炭的质量是否上乘,锻打是否充分,火候(温度控制)是否得当等。

根据已知的古法造纸术可知:打铁过程,在某种程度上与造纸过程很相像。只不过,造纸时反复捶打的不是铁料,而是树皮、麻头、碎布、渔网等原料;造纸不再是在火中捶打,而是在水中反复捶打和搅拌,直到将原料捣成细浆,而且越细越好;成形时,则使用细筛过滤等。

蔡伦造纸灵感的另一来源,可能仍然归功于童年时代的家庭经历。他的父亲擅长冶铸,因此长期与朝廷铁官保持着密切的业务联系,所以,蔡伦小时候也许非常熟悉这样的场景:金汤一样的铁水被浇铸在事先备好的模具中,待铁水冷却后,铁器便铸成了。如果铁水被偶尔泼到了地面上,那么待它冷却凝固后,一块平滑的铁板就出现了。这难道与纸浆变为纸板不相似吗？况且，蔡伦聪明伶俐，很有才学。他曾在私塾读过《周礼》和《论语》，尤其对周边的生产、生活环境很感兴趣。放学后，他经常在冶炼炉旁看一看，在铸造房里待一待，在种麻地里摸一摸，或在养蚕棚内玩一玩。这些都成为他日后灵感的来源。

这个机会终于来到了。某天，身居尚方令的蔡伦看见皇帝阅读沉重的竹简时好不辛苦，于是蔡伦冥思苦想，欲造出一种又轻便、书写字数又多的东西，把皇帝从繁重的竹简中解放出来。于是蔡伦利用职务之便，马上就设立了一个国家级重大科研课题。他先让工匠们切断并捣碎精心挑选的树皮、破麻布、旧渔网等，然后把它们放入大水池中浸泡。数日后，碎料中的杂物沤烂了，不易腐烂的纤维保留了下来。蔡伦再让工匠将浸泡过的原料捞起，放入石臼中，反复搅拌，直到变成浓稠的浆状物为止。之后，用竹篾将稠浆挑起，干燥后便可揭下纸来。经反复试验，蔡伦终于研制出了既轻薄柔韧，又价格低廉的纸张。公元105年，蔡伦将造纸方法写成人类的首份纸质奏折，并呈献给皇帝，得到了一个大大的"赞"。汉和帝马上诏令天下：朝廷内外立即使用并推广该项成果。很快，蔡伦的造纸术便沿着丝绸之路经中亚、西欧向全世界传播，为人类文明的传承和发展做出了不可磨灭的贡献。后来，蔡伦的造纸术成为中国的"四大发明"之一。

当然，史学界至今仍在争论：纸张最早的发明者到底是不是蔡伦。不少专家还拿出了强有力的反驳证据。比如，1986年，在甘肃天水放马滩的一个西汉墓里就出土了一张纸。这张纸又薄又软，纸面平整光滑，上面还有墨绘的图形。因此，便有专家认定：早在蔡伦之前的西汉时期，中国就已造出了麻质植物纤维纸张。但是，从技术角度来看，此类争议意义不大，特别是在没有专利法的古代更是如此。换句话说，同类技术到底是谁最先发明的其实并不重要，更重要的是，到底是谁将该技术大规模推广并产生深远影响。从这一点上看，其他纸张发明者没有资格与蔡伦相提并论。

不过，非常有趣的是，蔡伦本来是想用纸张来代替当朝皇帝的竹简奏书，但该目的却并未达到。因为，东汉所有皇家"红头文件"都仍然沿用竹简，而且直到东晋权臣桓玄执政（402—404年）时，皇家公文才正式改用纸张。换句话说，"蔡侯纸"是在蔡伦去世之后300年才完全代替竹简，成为御用书写载体，"蔡侯梦"也才成为现实。不过，蔡伦多次抓住良机，很快在东汉掀起了用纸高潮。比如，当朝皇太后想将内廷所藏的众多经传重新校订和抄写，于是蔡伦便主动承担了这项任务。他把档案库中的所有竹简资料都转换成了纸质版本，为纸张的应用在全国树立了榜样，而且大大推进了全社会的用纸习惯，使得价廉物美的纸张在民间很快就代替了竹简，使得纸质书籍成为传播文化的最有力工具。经推广后，蔡侯纸的普及程度终于达到了"自是莫不从用焉"的程度。

黄耳传书

畜力通信是古代中国最主要的人际通信手段，其传输模式基本上是借助牲畜的体力帮助人类快速传送某种信息载体。此类牲畜中，马的功劳无与伦比。不过，文人墨客最感兴趣的送信故事主角，却是那条名叫"黄耳"的狗，以至如今"黄耳传书"成了一个成语，成了送信的代名词。

传说，晋朝诗人陆机养了一只名叫"黄耳"的狗。陆机在洛阳当官，好久没收到家信，甚是担心。一天，陆机半开玩笑地对黄耳说："你能带封书信回老家吗？"黄耳听罢很开心，又摇尾巴又点头的。于是，陆机就写了封家信，装入竹筒，绑在黄耳的脖子上。黄耳一路狂奔，昼夜不停，很快就回到老家。亲人看到陆机的信，赶紧回信。黄耳又立即上路，翻山越岭，奔回京城。家乡和洛阳相隔数千里，若靠步行需五十多天，而黄耳却只用了二十多天。

黄耳死后，陆机给它举行了隆重的安葬仪式，还为它立了碑。后来，黄耳的事迹越传越广，连《西厢记》中都说道："不闻黄犬音，难传红叶诗。"历朝历代的著名诗人更是以各种形式将这条狗写进了自己的千古名句中。比如，南朝梁萧统诗曰："谨凭黄耳之传，伫望白云之信。"唐代灵澈诗曰："青蝇为吊客，黄犬寄家书。"唐代元稹诗曰："龙因雕字识，犬为送书驯。"唐代李贺诗曰："犬书曾去洛，鹤病悔游秦。"宋代苏轼诗曰："寄食方将依白足，附书未免烦黄耳。"又曰："无人可诉乌衔肉，忆弟难凭犬寄书。"宋代黄庭坚词曰："白云行处应垂泪，黄犬归时早寄书。"又曰："南枝喜鸣鹊，尺素托黄犬。"宋代陈亮词曰："黄犬书来何日许？辋川轻舸，杜陵尊酒，半夜灯前雨。"元代张翥诗曰："家信十年黄耳犬，乡心一夜白头乌。"元代马致远曲曰："天涯自他为去客，黄犬信音乖。"

黄耳为什么能自己远程送信呢？原来，狗送信有四大天生优势：

其一，它拥有灵敏的嗅觉，其嗅觉细胞密度是人类的成千上万倍。狗特别注意了解沿途路况，如果你仔细观察就会发现，狗在街边遛弯时，它们总是习惯于东闻闻，西嗅嗅，并不时留下属于它们自己的痕迹和气味。它们之所以会这样做，一是急于与其他狗交流感情，二是这些气味有助于它们原路返回，准确找到回家之路。

其二，狗有较强的领地意识，随时都在建立自己所熟悉的气味圈，它们会沿路撒尿，以便让尿液的气味扩散成一个以尿液为中心的气味圈。于是，在迷路时，它们只需找到任何一个气味圈，便能轻松找到回家的路。

其三，狗的视觉也很有特色，它们习惯于随时看路，绝不会瞎走，至少随时都能保证自己可以顺着原路返回。不难发现狗每到一个陌生处都会不住地东张西望，以便依靠视觉在脑海中创造一个环境地图。若再配合它不时建立的气味圈，该地图的导航能力就会更强。狗的这项本领可能来自它们的近亲祖先——狼。实际上，在特别容易迷路的茫茫大草原上，狼群在找寻归巢之路时，主要就是通过视觉来确定相关坐标。

其四，狗对磁场很敏感，可以借助磁场来确定方向。因此，即使是在气味圈被风雨破坏，视觉也很难正常发挥作用的情况下，它们也能利用地球磁场来导航并顺利找到回家的路。

不是只有家犬拥有远程送信的本领，家马也有。有一个成语叫"老马识途"，它描述了这样一个典故：

据说，在公元前663年，齐桓公应燕国请求，出兵攻打入侵燕国的山戎，相国管仲也随同前往。齐军于春天出征，经过半年多的奋战终于获胜。但待到凯旋时，早已是冬天了，草木完全变了模样。大军在山谷里转来转去，最后迷了路，怎么也找不到归途。虽然派出多批侦察兵探路，但仍弄不清楚到底该从哪里走出山谷。时间一长，军队的给养出现严重问题。情况非常危急，若再找不到山谷的出口，全军就会困死于此。

管仲思索良久，突然灵感乍现，既然猎狗离家很远都能找到回家的路，那军中的马匹，尤其是那些老马可能也有这样的本领。于是他让骑兵们放开马的缰绳，任由马儿们自己行走。结果，它们真的很快就走出山谷，找到了回归齐国的大路。

马能自行回家的本领又来自哪里呢？这是由于马脸很长，鼻腔很大，嗅觉神经细胞也多，这样就构成了比其他动物更发达的"嗅觉雷达"。该雷达不仅能鉴别饲料和水质，还能辨别方向，以帮助马儿找到回家的路。另外，马的耳翼很大，耳部肌肉发达，转动相当灵活，位置又高，听觉系统非常发达，也有助于它们导航。总之，马通过灵敏的听觉和嗅觉等感觉器官，随时都能形成沿途路况的综合记忆，所以在必要时候，它们便能轻松找到回家的路。

第四章
隋唐至五代十国的通信

本章的故事发生在从隋唐到五代十国的近400年间，其间也是分分合合，历经了隋朝、唐朝、五代（包括后梁、后唐、后晋、后汉和后周）和十国（包括前蜀、后蜀、南吴、南唐、吴越、闽、楚、南汉、南平、北汉等）的大小朝廷变迁。若与上一章的秦、汉等朝代相比，此阶段的整体通信水平又有了大幅度的提高。

从宏观上看，此阶段的统一王朝国土面积空前扩大，朝廷能够在如此辽阔的疆域内保持有效而快捷的信息流通，这本身就是高水平通信系统的最好证明。以"一骑红尘妃子笑，无人知是荔枝来"为代表的生鲜食品闪送，和以"两岸猿声啼不住，轻舟已过万重山"为代表的舟船之速行，都可以很直观地诠释这一时期的通信速度。

此时的全国性通信系统早已全面普及，以至李白、杜甫等诗人竟能游遍神州，无论是打尖还是住店都不用担心找不到老板，因此，人人都可当信使，个个都是邮差。特别是对李白和杜甫这样的名人来说，他们经常是人还未到，前方未曾谋面的粉丝就已摆好了接风酒席；刚刚写完的诗句，墨迹未干就已传遍了大街小巷。可见那时的信息扩散得比风广，跑得比人快。

此时的信息内容建设也颇受重视。比如，隋文帝本人不但没有"焚书"，反而重金悬赏，广求图书；不但没有"坑儒"，反而大办学堂，让更多的人都能成为秀才，成为信息内容的创作者和传播者。至于唐朝的皇帝们,他们更是乐于大开国门,恨不能广纳全球信息,同时也让中国的新闻传遍全球。

此时的信息通信技术甚至已开始向自动化方向发展,比如,隋朝的"六合城"就安装了自动报警装置,还有能转向的机弩和自动瞄准发射器;杨广还命人做了一个自动木偶机器人,它既能坐又能站,还会磕头;隋朝皇家图书馆的门窗更可以自动开合等。可惜,这些技术最终都没能普及,相关细节也没能流传下来,所以为了严谨计,本章将不再提及这些内容,而只介绍那些有相当可信度和推广度的通信故事。

信号拟合显神威

在现代通信理论中,有一种名叫"二次内插法"的信号拟合方法,它能在误差可控的前提下,用简单的信号去模拟复杂信号,从而达到系统优化的效果。本节当然无意介绍这种数学方法,而是要介绍该方法的发明者——隋朝的天文学家兼数学家刘焯。当然,二次内插法的用途绝不限于通信,它其实可以广泛应用于几乎所有的理工科领域,比如,刘焯就是利用该方法得到了更加精准的历法。

刘焯,字士元,河北冀县人,生于公元544年。他是罕见的奇人,一方面,他的智商高得出奇,因此王侯将相都对他青睐有加,想将他揽入门下;另一方面,他的情商却低得出奇,很难与他人相处,是典型的恃才傲物之士,以致他在官场上处处受排挤,数次被贬谪,其学术成就也备受连累。

少年时代,刘焯先后跟随多位老师学习《诗经》《左传》《仪礼》等,但聪明绝顶的他,很快就把老师们远远地甩在了后面。既然无师能教,他只好像当年首次离开花果山的孙猴子那样,与其铁哥们儿刘炫一起四处寻师求学,拜访高人。终于,在访遍千山万水后,总算找到了经学大师刘智海。于是,他俩全身心地跟着师父整理典籍,即使穷困潦倒,缺衣少食,也苦读不辍。终于在十年寒窗之后,他俩掌握了"十八般武艺",成了远近闻名的儒者,并被称为"二刘",还受聘为州博士。

隋文帝开皇初年,朝廷广揽人才,刘焯自然被选中,不但被举为秀才,还被州刺史赵炬拜为员外将军,然后又被推荐进京,从事撰写国史、议定乐律和天文历法等重要工作。才华横溢的他,刚到京城就在学术界引起轰动,每当与大家共论古今学问时,他都有令人脑洞大开的高论,让众人佩服得五体投地,无不羡慕其学识渊博,京城学子但凡遇到疑难问题都来向他请教,外地学子更是以他为偶像,甚至不远千里前来追"星"。当时学界甚至流传着这样的说法:若论儒学之精通,几百年来,舍他其谁也!

强劲的"刘旋风"不但刮得学界沸沸扬扬,也把刘焯自己刮得找不到北,以致他经常口出狂言,目中无人,这自然会招来许多同行的妒恨。比如,开皇六年(586年),隋文帝紧急召集大儒们进宫辨认一块石碑。石碑表面多有磨损,文字模糊不清,正当众人面面相觑时,骄傲成性的刘焯哪能放过此等难得的显摆机会,只见他撸起袖子就冲上前来一通神侃,还真就把碑文全部破解出来了。当然,像往常一样,刘焯又少不了借机把在场的群儒给羞辱一番,再一次为自己树立了更多敌人。还有一次,在国子监的经学辩论中,刘焯又得理不饶人,再一次舌战群儒,让大家颜面扫地。终于,在46岁那年,刘焯为自己的狂妄付出了第一次代价:他遭人诽谤,被莫名其妙地革了职。

隋文帝舍不得浪费人才,便安排刘焯到蜀王杨熹府下做些事情,结果却被他直截了当地拒绝了。当蜀王杨熹得知刘焯竟然瞧不起自己时,勃然大怒,毫不犹豫地把他发配到边疆充军去了,这算是刘焯为自己的低情商付出的第二次代价吧。后来,杨熹犯事,其蜀王封号也随之被废,刘焯才重新得到起用,并在朝中做了云骑尉。结果,过于耿直的他仍然本性难改,甚至猛烈地抨击时政,终为朝廷所不容,第三次的代价是被罢职回乡。遭受几次波折后,心灰意冷的刘焯总算老老实实回家"闭关",开始专心从事教育和科研事业,并打算再也不过问政事了。

刘焯凭借其无与伦比的顶级智商,几乎干什么就能成什么。果然,他很快就把自己的教育事业做得风生水起,名声大振,门生弟子遍布天下,其中不乏名流大腕,比如,他的得意弟子孔颖达和盖文达后来还成了唐初的经学大师。但非常遗憾,他低情商的老毛病又犯了。由于心胸狭窄,贪财吝啬,他竟有意无意地把学问做成了生意!不送见面礼或送礼少的学生都得不到真心教诲。于是,许多学生开始失望,甚至看不起他,以致最终门庭冷落,其教育事业也以失败收场。

在科研方面,刘焯更是不得了。在他被赶回老家的若干年中,他创立了一种新的数学方法,即等间距二次内插法。他能借助少量的数据表格,推算出任何时刻日月及五大行星的精确位置和日月食的精确数据,从而为随后的历法应用奠定了基础。比如,在过去的所有历法中,人们在推算二十四节气时,都事先假定太阳运行是均匀的,故把一年的时间平分为24份。而刘焯在研究历法时,虽然也把太阳的运行路线分成24份,但每一份的长度并不相同,从而使得历法更精密,对农业生产的指导价值更大。书说简短,刘焯将他的代表性成果写成了《历书》《稽极》《五经述议》等多部专著,并在公元600年左右编制出了当时最精准的历法《皇极历》,然后将它献给朝廷,接着就像姜太公钓鱼那样,坐等朝廷君王前来求贤。

果然,隋炀帝杨广即位后,刘焯又被重新起用,任太学博士。由于多年的学术研究,这时的刘焯早已今非昔比,再加上对《皇极历》的极度自信,他更不把满朝文武放在眼里。刚刚入职,他就呈上长篇大论,把当时的官方历法《开皇历》贬得一塌糊涂,说它思想落后、数据粗疏、算法简陋、差错众多等,这让《开皇历》的编制者们情何以堪！其实,当时皇帝本来就有意修改历法,且大家都知道刘焯的《皇极历》确实远胜于现行历法。因此,即使刘焯不做任何自荐,他的《皇极历》也会毫无悬念地被选为官方新历法。可是,经刘焯一番画蛇添足般的自吹自擂,特别是对他人工作的一通贬低后,朝廷历法官员们被惹急了,无论如何也要把刘焯及其《皇极历》拉下马。终于,刘焯的政敌们合力罗织出了诸如"非毁天历""惑乱世人""民愤太大"等罪名,又把他革了职,流放到蜀地充军去了。

两年后,充军结束的刘焯总算又回到了京师,这时的官方历法已更换为《大业历》了。不长记性的刘焯仍然不服,一口气又罗列了《大业历》中的536条谬误,并强烈建议朝廷改用他的《皇极历》。这自然又遭到了众官员不满。直到公元610年刘焯去世时,他的《皇极历》也仍未被采纳。后来由于隋朝的灭亡,《皇极历》更不可能被朝廷采用了,毕竟历法问题不仅是经济问题,更是标志朝代的政治问题。但事实证明,《皇极历》在当时确实是相当先进的,因此唐朝的另一位著名天文学家李淳风在公元665年制订《麟德历》时,就充分借鉴了刘焯的《皇极历》。

竹筒传书奏凯歌

"竹筒传书"是一个罕见的有早期文字记载的水上通信故事。据说,隋文帝开皇十一年(591年),中国南方各地纷纷发生叛乱。隋文帝便紧急下诏,任命杨素为行军总管,前往平叛。领命后的杨素渡江进入江南,接连打了好几个大胜仗,一举收复了京口、无锡等地。为了彻底消灭叛军,杨素一面命大部队就地驻扎,一面指派猛将史万岁,率精锐步兵两千人,翻山越岭穿插到叛军背后,进行突然袭击。

史万岁率部挺进,转战于山林溪流之间,前后又打了许多胜仗,收复了大片失地。但是,在深山荒岭中,如何把这些捷报及时传送给杨素呢?

一天，史万岁站在山顶临风而望，看到前面茂密的竹林正随风摇曳。突然，他灵机一动，立即派人砍了数节竹子，将战报装入其中，封口后放入水中，任其漂流而下。几天后，一个挑水乡民偶尔捞到竹筒，便按照其上的提示，将战报迅速送到杨素手中。

此时，杨素正为史万岁的生死焦急不安，忽见送来捷报，大喜过望，立即把史万岁的功劳报告朝廷。隋文帝龙颜大悦，立即提拔史万岁为左领军将军。接着杨素率大部队，继续追击反隋叛军散兵，没多久就彻底平定了叛乱。

后来，唐代大诗人李白、贯休和文学家元稹等人也多次使用这种水上通信方式，充分展示了文人墨客的雅趣。贯休还留下了"尺书裁罢寄邮筒"的诗句，这里的"邮筒"便是指史万岁当年使用的那种竹筒。宋代诗人赵蕃的诗中也有"但恐衡阳无过雁，书筒不至费人思"的句子，这的"书筒"也是指装有书信的竹筒，寄托着诗人真挚的感情和无限思念。慢慢地，通过诗人们的不断演绎，竹筒、书筒和邮筒的内涵不断深化，最后成了书信的代名词。其实，史万岁的这种竹筒传书的水上通信方法，至今还被许多浪漫的年轻人使用，只不过换了一个新名字罢了，它就是"漂流瓶"。

从技术角度看，竹筒传书的本质其实就是以竹筒为信封。还有一个与竹筒传书类似并且流传非常广泛的通信术语——"鱼传尺素"，它不仅发展成为一个成语，还成为我国邮政通信的象征。1990年11月28日，当时的邮电部还发行了一枚纪念古代通信的小型张邮票，上面就用鱼形铭文写着"鱼传尺素"几个字。

鱼传尺素的典故是古人经常将书信写在一个长约一尺的名叫"尺素"的信息载体上，该载体的材质可以是竹片、木牍、布帛或纸张等。但当时并没有信封，信件在遥远的路途中经过风吹雨打很容易损坏。于是，古人便将尺素做成鲤鱼形，然后用另外两块鲤鱼形木板夹住尺素，用绳子在鲤鱼形木板上的线槽里捆绕数圈，再穿过一个方孔缚住。最后，在线绳的打结处用极细的黏土封好，并在黏土上盖上印，这就成了鲤鱼形的带"封泥"的信封。它不但携带方便，还能防止信件在途中被私拆或偷看。后来，人们干脆把鱼当成了传递书信的使者，并用"鱼素""鱼书""鲤鱼""双鲤"等名词作为书信的代称。

由于书信在古人心中的地位特殊，所以作为书信代名词的"鱼"字或"鲤"字经常出现在古诗中。比如，唐代大诗人李商隐在《寄令狐郎中》一诗中就写道："嵩云秦树久离居，双鲤迢迢一纸书。休问梁园旧宾客，茂陵秋雨病相如。"这里的"双鲤"指的并非两条真正的鲤鱼，而是结成双鲤之形的尺素。唐代大诗人杜牧也在其《别怀》一诗中写道："他年寄消息，书在鲤鱼中。"这里的鲤鱼仍然是指鱼形信封。

其实，书信和"鱼"很早就搭上关系了。比如，早在秦汉时期，就有一部乐府诗叫《饮马长城窟行》，它主要记载了秦始皇修长城时强征大量男丁服役而造成妻离子散的情形。诗中描写了妻子思念丈夫的情诗，比如"客从远方来，遗我双鲤鱼。呼儿烹鲤鱼，中有尺素书。长跪读素书，书中竟何如？上言加餐食，下言长相忆。"这首诗中的"双鲤鱼"当然不是指两条鱼，而是指前述的那种鱼形信封；诗中的"烹"也不是"烹饪"，而只是一个风趣而形象的写法。

还有一个早在汉朝时就开始流传的有关姜子牙与鱼的神话故事。相传，当年姜太公在渭水边用直钩垂钓时，还真钓到了一条鲤鱼。剖开鱼腹一看，里边竟有一封信，预言姜子牙将在某年某月受封某地。后来，姜子牙成功辅助周武王建立了周朝，果真如信中所预言的那样受封。虽然这个故事是编造的，但也许正是因为这个故事的广泛流传，才使得后来鱼与信扯上了关系，以至后人都把信做成鱼形，希望自己也能像姜子牙那样受封。

与上述竹筒传书类似的故事还有另一个，它就是"木鹅载表"。该故事出自《资治通鉴》，说的是巧用木鹅传送公文的真实事件。

隋朝末年，李渊起兵攻打河东（今山西省永济市），彼时隋朝守将是尧君素，他是一个非常讲信义的勇士，下决心要誓死守卫城池。李渊先后派出多员猛将攻城都没能成功，为此唐军死伤惨重。

可是，当时河东城已被唐军围得水泄不通，每天战斗不断，信使根本无法出入，尧君素也无法把自己的消息传给朝廷。于是，他就制作了许多木鹅，将写好的表章藏在木鹅的颈项里。该表章详细叙述了河东形势，并表明了自己坚守阵地的决心。木鹅被放入湍急的黄河后，迅速漂流而下，很快就被下游的隋朝士兵收到，隐藏的表章也及时送到了东都洛阳的隋朝皇帝手中。隋皇读信后叹息不已，立即封他为金紫光禄大夫。

其实，与竹筒传书、鱼传尺素和木鹅载表类似的通信手段还有很多，比如，抗日战争期间，游击队就经常将机要信件藏在鱼肚、羊尾、大饼或包子等所有容易被敌方忽略的地方。

导航神器——指南针

指南针或其他导航设备与通信的关系不言自明。想想看，若无导航设备，轮船能在大海上航行吗？飞机能在蓝天翱翔吗？古今长途信使能不迷路吗？我们能去乡村野外深度自驾游吗？

指南针虽被誉为我国四大发明之一，但它到底是谁发明的呢？不知道！是何时发明的呢？也不知道！当初发明它的动机是什么呢？仍然不知道！甚至连"指南针"的严格定义，专家们至今都还没达成一致意见。比如勺子状的司南到底算不算指南针？由于指南针的大规模应用开始于隋唐时期，并在其后的宋元时期形成了第一个高潮，所以我们将指南针的相关内容放在此节，并对它的前世今生做一个简要小结。

自古以来，人类工作和生活都离不开野外导航。最早的导航仪当然是太阳，后来才是北极星等。但是，这些自然天象的导航效果有限，遇上阴雨天等情形还会失效。

为此，人们早就开始探索各种人工导航设备了。起初，人们并未想到利用磁性,而是想通过良好的轨迹记录来解决导航问题。比如,有这样一个远古神话传说:华夏部落黄帝与九黎部落蚩尤作战时,蚩尤施展魔法招来大雾,试图让敌方迷路,而黄帝则造出了一种能够导航的指南车为士兵领路,结果蚩尤大败。根据信史文献记载,东汉的张衡发明了指南车,三国时代的发明家马钧也曾制造出指南车,后秦的姚兴所造的指南车还是纯机械性的。姚兴的指南车原理很简单,即当车子出发时,先让车上那根指南针转向南方,而每当车子转弯时,再由人或机械及时转动那根指南针,使它仍然保持原来的指向。于是,只要每次转弯时不出错,驾乘人员就能随时知道自己的朝向。看来,指南车的关键在于转弯时要及时准确地调整指针方向,这项工作过去是由人工或机械来完成的,自从发现磁性指针在车子转向时能自动调向后,从理论上看,指南针的诞生就只是时间的问题了。

我国先民对磁铁的认识也经历了一个漫长的过程。早在先秦时期,人们在探寻铁矿时就经常能找到磁铁矿,比如《管子》中记载:"山上有磁石者,其下有金铜。"磁石的吸铁特性也很早就被发现了,《吕氏春秋》中提到:"磁招铁,或引之也。"古人还把磁石吸引铁的这一特性看作慈母对子女的吸引,因此磁石有时也写成慈石,并形象地认为:石是铁的母亲,但石有慈和不慈两种,慈爱的石头能吸引她的子女(对应于磁铁的异性相吸),不慈的石头便吸引不了(对应于磁铁的同性相斥)。早在西汉时,就有人利用磁石的这种特性制作了两枚棋子,通过调整它们的极性和间距,就能让这两枚棋子或相互吸引或相互排斥。汉武帝看到这对神奇的棋子后非常惊讶,一高兴就把棋子的发明者提拔为"五利将军"。

到了战国时代,磁铁的指向特性被发现了,于是人们就用它造出了司南,即把一个底部光滑的磁铁勺子放在一个光滑的带有刻度的铜板中央。记载司南的最早文献是《鬼谷子》,其中写道:"郑人之取玉也,必载司南之车,为其不惑也。"其意思是,郑人去"取玉"时,必须要带上司南以免迷路。《古矿录》记载,这种原始的司南最早出现于战国时期的河北磁山一带。据说,这种司南一直被使用到南北朝。目前发现的唯一实物司南现存于四川成都,它可以被看成指南针的始祖。当然,由于工艺的原因,这种勺子式的司南注定会有较大的误差,毕竟勺子与铜板之间的接触面太大,摩擦力也较大,自然就会导致指向产生较大偏差,特别是在颠簸状态下,它的偏差会更大,甚至整个勺子都可能偏离铜板的中心位置,使得导航彻底失败。

古人在增加磁性指针转动的灵活性方面也下了不少功夫。比如,到了晋代,人们将司南的勺状磁石改为了长条形的磁针,还发明了指南舟或指南鱼。可惜,有关指南舟或指南鱼的原理和结构设计均已失传,如今人们甚至都不知道它们是否利用了磁铁,不过,这至少说明当时人们急需解决导航问题。到了隋唐时期,人们的出行活动更加频繁,涉及范围也更广泛,对旅途中的导航需求就更强烈。于是,指南铁鱼、蝌蚪形铁质指向器及水浮磁针就应运而生,它们的原理已很接近现在的指南针。也就是说,此时的磁性指针是悬浮在某种液体中的,外界对其转动的阻力被大幅减小,而指向的灵敏性被大幅提高。

到了宋元时期,指南针的制作和应用都已相当普遍了。比如,北宋曾公亮撰写的《武经总要》就详述了指南鱼的制作方法:"用薄铁叶剪裁,长二寸,阔五分,首尾锐如鱼形,置炭火中烧之,候通赤,以铁钤钤鱼首出火,以尾正对子位,蘸水盆中,没尾数分则止,以密器收之。"这段话翻译出来的大意是说,将薄铁片做成鱼形,将鱼头和鱼尾都做得尖尖的,然后将其加热到很高的温度。取出后将其按照"鱼头向南,鱼尾向北"的方向放置,然后马上猛浇冷水。于是,铁鱼就成了磁鱼。若将该磁鱼浮在水碗中,它就可以指示方向了。即使从今天的角度来看,这种人工磁体的制作方法也是有效且合理的。

近年来,人们在江苏、河北和辽宁等地都发现了出自元朝的专门用于悬浮磁性指针的古碗,其底部彩绘了两个同心圆,圆内绘有并排的三点,中间一线相连,以便使用者判断磁针的偏移度。

关于水浮式指南磁针的制作方法和形制,北宋沈括撰写的《梦溪笔谈》还描述了另一种方法,即"以磁石磨针锋,则能指南"。其大意是若将铁针与磁石摩擦,便能将铁针磁化。从此,指南针真正进入使用磁针的阶段,开始在旅行和航海等领域中得到大规模应用和研究。

沈括也许是古代对指南针研究得最深的人,他全面分析和比较了磁针的水浮法(让磁针浮在水面)、指甲旋定法(将磁针放在指甲上)、置碗唇法(将磁针放在碗的边缘处)及缕悬法(将磁针用细线悬于空中)等的优缺点。最后,他发现缕悬法的效果最佳。其做法是取一根新鲜的茧丝细线,用蜡将丝线粘于磁针的腰间,然后悬之于无风处,于是磁针将永远指向南方。正是由于悬空式指南针的精准指向性,沈括才首次明确指出了"(磁针)常微偏东,不全南也",于是就首次发现了地磁的偏角,即地球的地理南极和地磁南极并不完全重合,它们之间存在一定的偏差。

为了方便使用,人们又将悬空式指南针改进为不怕风吹雨打的罗盘。实际上就是将磁针悬于某个封闭的透明容器中,毕竟在野外很难找到可悬挂指针的"无风处"。罗盘的另一项改进之处就是出现了刻度,于是,在减去固有的地磁偏差后,使用者便可以通过刻度盘直观而精准地知道自己的方位。有关罗盘的最早文字记载出现于南宋的《因话录》,其中提到:"地螺(罗盘)或有子午正针,或用子午丙壬间缝针。"罗盘的最早实物于1985年在江西临川的一个南宋墓中出土,该实物与《因话录》中的文字记载相互印证,但多了两个指针。比较有趣的是,这个墓主名叫朱济,他竟是一位风水先生。他的墓中还陪葬了两个题名为"张仙人"的瓷俑,它们都是左手各抱一个罗盘,看来这两位"张仙人"也是风水先生。难怪许多人将中国罗盘的主要用途误解成了测风水的工具。

大约在元朝,指南针传到国外,并极大地促进了人类的航海事业,特别是帮助哥伦布发现了新大陆,帮助麦哲伦实现了人类的首次环球旅行等。到了明末清初,经西方改进后的罗盘又传回中国,终于出现了中西合璧式罗盘。由于相关情况大家都很熟悉,我们也就不再赘述了。

如今,指南针早已更新换代,各种定位导航系统层出不穷,其中最有代表性的当数美国的全球定位系统、俄国的格洛纳斯卫星导航系统、欧盟的伽利略卫星导航系统和中国的北斗卫星导航系统。特别是中国的北斗卫星导航系统更具有明显的后发优势,它将在未来的导航事业中扮演越来越重要的角色。本书在后面"卫星通信"一章专门介绍了北斗卫星导航系统。

沟通南北的大动脉

古代的交通和通信几乎是同一回事。陆上交通主要靠修路和架桥,水上交通主要靠行船,且船舶的运载能力远远大于车辆。但在没有现成河流的地方,又怎么行船呢?人工修条运河呗!可是,修运河谈何容易呀,特别是在生产力低下的古代,其工程量之巨大使得修筑运河简直无异于痴人说梦。

虽然是梦,但古人们一直在不断努力,希望实现这个梦想。实际上,早在春秋时代楚庄王时期,孙叔敖就在湖北一带的云梦泽畔命人开凿人工运河。此后约100年,吴王夫差命人开凿了连接长江与淮河的邗沟,它南起扬州以南的长江,北至淮安以北的淮河,还挖通了菏水与黄河间的运河。邗沟本是吴王夫差为了北上伐齐而建设的快速军事通道,可后来演变成了一条宜居的经济带。北宋诗人秦少游曾在《邗沟》一诗中,生动描述了当时邗沟两岸的繁荣景象:"霜落邗沟积水清,寒星无数傍船明。菰蒲深处疑无地,忽有人家笑语声。"

到了战国初期,魏惠王又开凿了连接黄河与淮河的鸿沟水系,为我国的水运时代拉开了序幕。从战国中期开始,各个政权便开始不断修建运河。比如,秦国修建了连接岭南地区的灵渠,以及既可漕运又可灌溉关中地区的郑国渠。李冰开凿了都江堰的离堆。汉朝修建了"十里立一水门,令更相洄注,无复溃漏之患"的汴渠及连接黄河与渭水的漕渠,以至著名诗赋作者班固在《西都赋》中赞美漕渠道:"泛舟山东,控引淮湖,与海通波。"东汉开凿了阳渠,使漕船可由汴河出发，顺利到达洛阳建春门。东汉末年，曹操开凿了白沟、平房渠、泉州渠、新河和利漕渠等，完成了贯通河北平原的运河网，方便了这里的水道运输。由此可见，我国的水运工程一直都在源源不断地修建中。

当然，史上最著名的运河可能要数隋唐大运河了。它全长2700多千米，跨越地球十多个纬度，纵贯当时最富饶的华北平原和东南沿海地区，途经北京、天津、河北、山东、河南、安徽、江苏、浙江等8个省（直辖市），是我国古代的南北交通大动脉，做出过巨大的历史贡献。隋唐大运河是隋朝动用百万民工，历时5年，疏浚并连通之前众多王朝留下的河道而成的产物。此后，各朝各代又前赴后继，长期开凿、疏浚、整修隋唐大运河，使它不但能保持畅通，还变得越来越重要。

隋朝为什么要"知其不可为而为之"地启动如此浩大的工程呢？这可要从后来隋唐大运河的实际效果去倒推当初的动机。建成后的隋唐大运河形似一个头朝西、腿朝东的侧翻"人"字，"人头"位于当时的首都；上面的那条"腿"与今天的北京相连，当时的北京是北方第一重镇，绝不可失控；下面的那条"腿"与今天的杭州相连，当时的杭州号称"天下粮仓"，不但不能失控，还必须随时保持与首都在信息和物资方面的畅通。据此便知隋朝修建大运河至少有以下三大战略目的。

一是护卫京师。隋唐大运河加强了首都的政治中枢作用，因为它分别向东北和东南延伸出两条交通大动脉，就像从首都伸出的两只拳头，大有勾连和控扼整个东方的势头。在古代有限的生产力之下，从首都延伸出去的水路通道，能以远低于陆路驿传系统的成本，实现信息、物资和人员的交流。所以，从政治上看，隋唐大运河可以有力地保障中央集权，抑制地方割据势力。

二是连通东南。当时的全国经济中心主要位于长江流域，特别是由巴蜀、荆楚和吴越三地形成的南方经济圈的实力已足以抗衡整个北方地区。而在这个南方经济圈中，又以杭州为中心的江东地区较为重要。所以，隋唐大运河的南端支点便紧紧咬住了江东地区最为重要的苏、杭、宁、扬四城。若北方经济衰落，运河南端就可以向北方输血；若南方某些势力有非分之想，北方便可及时进行武力干涉，以确保政权稳定。

三是经营东北。从魏晋时期开始，塞北游牧民族的势力逐步转向东北地区的大兴安岭和长白山周围。整个草原部落势力也呈现出东移态势，这就迫使隋朝政府的军事重心开始东移，至少要呈现出东北与西北并重的局面。所以，隋唐大运河的北段就必须勾连以北京为中心的广大地区，以便与运河一道构成进可攻、退可守的战略防线。

虽然隋朝本身只是一个短命王朝，其短命的重要原因之一正是因劳民伤财修运河而引发的内乱，但后来的事实充分表明，隋唐大运河在保障南北畅通，避免地方割据方面，确实发挥了不可替代的重要作用。隋唐大运河使南北水系首次完成了地理意义上的连通，也使得南北双方的文化和物资交流更加频繁，大大消除了民族隔离，促进了全国大统一。比如，由于隋唐大运河的哺育，隋朝首都长安和洛阳重新焕发出强劲的生命力，沟通江淮流域和关中地区的扬州也成了全国第一经济重镇。此外，在大运河南段沿线的淮安、苏州、杭州、镇江，中段的开封和徐州，以及北段的魏州等城市也纷纷崛起。

在军事方面，隋唐大运河也多次扮演了重要角色。比如，隋炀帝为了征讨北方的高句丽，曾多次征召天下数百万雄兵。而这些军队所需的粮草和军械等都是由隋唐大运河承运的，这不失为黄淮海平原水运史上的首次伟大壮举。又比如，即使是后来唐朝的安史之乱导致了黄河流域经济遭到严重破坏，再加上河北地区又长期藩镇割据，租赋不入中央，但由于唐朝在此前已对隋唐大运河进行过数次疏浚和扩展，所以唐朝的经济来源也仍依靠江淮流域的支撑而得到充分保障，军国大计更得仰仗江淮地区。此时的隋唐大运河，早已成为名副其实的沟通唐王朝政治中心与东南地区经济中心的政治大动脉、经济大动脉和军事大动脉。

隋朝以后的历朝历代，甚至直到清朝后期，无论是大一统时期，还是分裂时期，各个政权都注重运河的疏浚与完善，其动机无外乎是出于经济、政治和军事等方面的考虑，希望能充分发挥运河的交通能力。特别是想以运河为基础，建立庞大而复杂的水运体系，将各地物资源源不断地运往都城。即使是对运河进行了修复和改道，其缘由也是想对运河体系进行相关改进。

特别是元朝定都北京后，为了使南北相连，不再绕道唐朝东都洛阳，以便更快地把粮食从南方运到北方，元朝整整花费了10年时间，终于把隋唐大运河的侧翻"人"字形弯道，改造成了南北全线贯通的直道——京杭大运河。其总长度缩短了900多千米。此后，京杭大运河就成了元、明、清各代南北水运的主干道。

如果你仔细分析一下自隋唐以来1400多年我国城市格局的变迁，特别是首都所在地的迁移情况，你将发现一个惊人的事实，那就是首都的迁址路径与隋唐大运河和京杭大运河的走向高度重叠。这绝不是简单的偶然，而是一种政治、经济和军事相结合的必然。包括首都在内的城市兴衰，几乎与大运河的兴衰同步。形象地说，从隋唐时期开始，首都先是从西向东迁移，即沿着从长安到洛阳再到开封的轨迹；此后，从南宋开始，首都又沿着从南向北的方向迁移，即从杭州到北京的迁移。而这种从西向东、从南向北的"十"字形迁移轨迹，正是隋唐大运河和京杭大运河脉络的基本走向。

一举多得的科举

科举当然是古代平民实现"知识改变命运"的难得机会，甚至是唯一机会。但若仔细分析的话，除大家过去熟知的选拔官吏的功能之外，其实科举制也是古代通信系统建设的重要催化剂。既然考试能当官，那就赶紧备考吧，于是教材信息或当政者希望大家知晓的信息便在全国迅速推广，甚至在全国人民心中生根发芽。既然大家肚子里都有了几滴墨水,知识传播自然也就形成了星火燎原之势。既然每年都有众多学子匆匆赴京赶考,那考生们无疑是沿途信息的宣传队或播种机。总之,即使是在交通和通信水平相同的情况下,科举制的推行也会更有效地促进信息内容的有效沟通和交流。换句话说,科举制确实是古代通信系统建设中的一件大事。

科举制最早源于隋朝且成于唐朝,所以下面就来简要介绍一下它的兴衰史。

谁都知道打天下容易,守天下难。政权建立后,如何才能维持其正常运转呢?其关键当然是源源不断的人才!若能选出最优秀的人才,若能让大家都有机会人尽其才,那么守天下将变得不再那么困难。为此,历朝历代的执政者都十分重视人才选拔,特别是公开、公平和公正的人才选拔。

周朝的人才选拔主要依靠各族长推荐本族贤士,再经地方长官层层遴选,直达中央。最后,由帝王亲自对最终候选者进行考试,其内容主要是射箭。周朝的这种竞赛式的选拔在当时算是非常客观的。在周朝及之前,政府的文官体系几乎都由世袭势力垄断,甚至只有贵族子弟才能接受教育成为知识分子,因此官方没必要面向社会选拔文官,这便是所谓的"世卿世禄制"。在这种制度下,除非杀敌立功,否则平民几乎不可能出人头地。

到了春秋时期,"礼崩乐坏"使得世卿世禄制受到严重破坏。社会对人才的需求也开始多元化,于是某种非世袭制的"举荐+考核"方式就出现了。形象地说,有时候上层更愿意根据自己的特殊需求,在更大范围内选择能满足其特殊需求的人才。因此,许多原来不是贵族的下层人士便因各种原因而得到破格任用,许多下层官员也因业绩突出而得到晋升。这种新的人才选用和提拔政策,逐渐催生了任人唯贤的官僚制度,也促进了经济和文化的发展。反过来,经济和文化的发展又使得"举荐+考核"的人才体系更加完善。

到了汉朝,出现了专门选拔民间高手的察举制。刚登基不久的刘邦甚至下诏,命令各级臣子举荐贤才,从而形成了后来"乡贡"的雏形,这也是有人认为科举出现于汉朝的原因。但是,汉朝的察举与后来的科举其实大不相同,当事者虽然都要经过朝廷考试,但是察举是以举荐为主、考试为辅,况且察举并非汉朝选拔人才的最主要渠道。后来,刘邦又多次下诏,命令各级官员"举贤良方正能直言极谏者",并亲自质询被举荐者。再后来,汉武帝更将举荐人才当成臣子们的任务,下达了具体的数量指标,要求各郡国至少推举孝子和廉吏各一人。这便是后来"举孝廉"的出处,这里的"孝廉"重在考核当事者的德行。此外,重在个人才学的"秀才"型人才,也成为此时察举的重要目标之一。

到了曹魏时期,魏文帝完善了前朝的察举制,创立了九品中正制。其主要改进之处在于,由特定官员而非过去规定的地方官,按照出身和品德等标准,对民间人才进行考核,并将入选者分为九个等级,因才录用。可惜,上有政策,下有对策。待到西晋时,由于士族势力过于强大,以致很难客观公正地执行九品中正制的人才考核,后来它干脆演化成了门第制,出现了"上品无寒门,下品无士族"的怪现象。这不但堵塞了朝廷从民间选才的通路,还让士族趁机干涉朝政。

到了南北朝时期,南朝对人才的考试成绩有了明确规定。考试成绩分为上、中、下和不及格四等,不及格者不予授官。南朝的梁武帝更是公开设立了面向全社会的专用考场"五经馆",集中选拔五个科目方面的人才。任何人都可以报名考试,只要有一科及格就有官做。于是,各地寒门士子纷至沓来,幸运者从此便可加官晋爵。

北朝政府的"五经馆"已不再限于京城,而是开始遍地开花,甚至在各个州县都设置了不同种类和级别的考场,由不同级别的官员分别考核秀才、贡士、廉良等人才。朝廷对这些考试非常重视,皇帝本人也经常亲临监考。若发现错别字,考生就会像小学生那样被罚站,并长久立于席后;若发现卷面粗劣,考生就会被罚饮墨水一升,这可能是嫌他肚里墨水还不够多吧;若发现答卷内容不合时宜,考生甚至会被立即赶出考场,取消其考试资格。看来,虽然人人都可参加考试,没有真才实学的人还真不敢轻易混进考场去充数,否则罚你没商量。

到了隋朝,在正式推出科举制之前,朝廷做了大量准备工作,比如,兴办学校、发展图书事业、尽量避免任人唯亲等。最后经过数年酝酿,杨广终于在公元607年正式公开发布了确立科举制的诏书:"文武有职事者,五品以上,宜令十科举人,有一于此,不必求备。朕当待以不次,随才升擢。"该诏书的大意是说:凡擅长文武之一者,只要能通过十个科目之一的考试,便可成为政府官员。后来,考试科目又从十个压缩为四个,但其总体选人原则并无实质性变化,仍是"才艺优洽"。当然,我们只能说科举制源于隋朝,而不能说成于隋朝,因为隋朝的科举制还不够成熟,比如,考试还未定期举行、报考条件还未完全放开、考生还得先由官吏推荐等。

到了唐朝,科举制终于走向成熟。这主要表现在以下几个方面:一是科举考试常规化,考生赴京应试的时间定为每年十月,还明确了州县地方预试的办法;二是报名自由化,普通平民考生除了可由官员举荐外,也可以自荐;三是考试科目规范化,常设的科目包括秀才、明经、俊士、进士、明法、明字、明算、一史、三史、开元礼和道举等文科类项目,后来又增加了武举,其考试科目包括远射、马射、步射、平射、筒射、马枪、摔跤和举重等。

到了宋朝,科举的形式和内容又发生了重大改变。科举的地位大幅提高,甚至皇帝都要亲自宣布登科进士名次并参加典礼。录取名额大幅增加,每年录取的进士数量,都比唐朝普遍增加了十余倍。录取范围大幅拓宽,进士分为三等:一等称进士及第,二等称进士出身,三等赐同进士出身。考试也更加严格,一方面,特别重视防止阅卷老师作弊,起初只是将试卷上的考生姓名、籍贯等信息进行遮挡,避免阅卷者因人给分;后来,为了防止阅卷者根据试卷字迹猜测考生姓名,朝廷干脆采取了更严格的"誊录制",即先由专人将考生试卷照抄一遍,并保留原件待查,然后将抄录件送给阅卷者判分。另一方面,还加强了考场纪律,对考生实行严格的搜身检查,对考场也进行巡视和督察等。

到了元朝,科举制陷入低谷,甚至一度被皇帝取消。到了明清时期,科举制又达到顶峰,最终禁锢了人们的思想,阻碍了文化的发展,以致在清光绪三十一年(1905年),科举制终于被正式废除。

客观说来,1300多年的科举制一直就是最公平的选才形式,它扩展了人才来源,吸收了众多中下阶层精英。特别是在科举之初的唐宋时期,科举更显示出勃勃生机,促进了唐宋盛世的形成和发展。可惜,后来科举制越来越僵化,出现了内容空泛、形式死板的八股文,扼杀了人才,"科举"一词甚至都成了贬义词。

雕版印刷急先锋

在语言和文字这两项通信史上最重要的发明中,在没有电话和录音的古代,能实现时空大范围传播的信息载体就只剩下文字了。在远古时代,若想将文字雕刻在龟甲和兽骨上,那是非常困难的事情。即使是后来发明了竹简、木牍甚至是纸张,即使是采用龙飞凤舞的狂草,你也很难仅仅依靠手抄就快速复制出许多文字。特别是在需要一式多份的书籍时更是如此,且不说在反复抄写时极有可能出错。这当然会严重影响相关信息的快速且大面积传播。幸好在隋唐时期,人们发明了雕版印刷,使得信息的传播首次出现井喷。

所谓"印刷",其实包括"印"和"刷"两部分,缺一不可。

关于"刷"的历史已很难考证,因为相关的考古实物几乎无法找到。不过,早在黄帝时代,嫘祖就发明了缫丝,而杂乱的丝团就可用作所有印刷术中的"刷"。实在没刷时,人的手掌也是某种程度上的"刷",更甭说后来又发明了马毛刷、猪鬃刷、羊毛刷等天然材料制成的毛刷。总之,"刷"不是印刷中的难题,所以此处将其忽略,只重点考虑"印"。

关于"印"的历史其实相当悠久。若考虑无意为之的"印",则十几亿年前的动物脚印等便是最早的"印",比如数百万年前人类跟踪猎物的主要依据就是一种特殊的"印"(脚印)。

若考虑有意为之的"印",则早在石器时代,人类在岩石上雕刻的壁画也可算是"印"了,因为它们确实可以通过拓印的方式被印刷出来。比如,至少早在7000多年前,时人就在江苏连云港的将军崖刻制了一幅含有人面、兽面、禾苗与9个奇怪符号的摩崖岩画。

若只考虑文字出现后的情况,一方面,甲骨文的每个龟甲和兽骨实际上就可用作一方"印";另一方面,"印"字也已出现在甲骨文中,即早在商朝就已有专用的"印"了。

若只考虑狭义之"印",则以各种玺为代表的印章也非常古老。比如,最早的实物"印"是战国古玺,其印章文字笔画细如毫发,多出于铸或凿,多有边栏或在中间加一竖线界格;官玺印文以"司马""司徒"等名称为主,有时也含吉语和动物图案等,其形状很不规则。从战国末期到西汉初期,广泛流行着以秦篆字体雕凿的秦印,其印面常有"田"字格,以正方形居多;官职越高,其印也越大,低职官印约为正方形官印的一半大,呈长方形的"日"字格。私印一般也为长方形,偶尔也有圆形和椭圆形;印的内容除官名、姓名、吉语外,还有某些格言或成语等。

从汉朝到魏晋时期的汉官印,其印文整齐,外围平直方正,风格雄浑典重,尤以新莽时期的官印精美生动。汉官印多为铸造,只有少数军中急用的官印是凿刻而成。汉私印的形式最为丰富,外观各异。印文既有姓名,也有吉语、籍贯、表字及"之印"和"私印"等辅助文字。西汉以凿印为主,东汉则有凿有铸。这里需要特别突出一种名叫"子母印"的玺印,它起于东汉,盛行于魏晋六朝,由大、小两方或三方印章套合而成,既可分别使用,也可绑定使用。因此,若不考虑成本,即用石质印章代替毕昇的胶泥印章,则从原理上看,早在毕昇之前800

年左右,子母印就已是广义的"活字印刷"了,只是那时人们还没意识到而已。

分别说清了"印"和"刷"后,就该综合考虑"印刷"了。最早的印刷术可能要算"拓印"了,它将一张坚韧的薄纸或布事先浸湿,再敷于石碑表面,用刷子或棉团轻轻拍打,使纸或布陷入字口,待纸或布干燥后,再用刷子蘸墨,轻而均匀地拍刷,使墨汁均匀涂于纸或布,然后揭下纸或布,黑底白字的拓片就完成了。至今,拓印也是印刷并保存古碑文字的常用方法。

关于拓印的起源,说法不一。多数专家认为,拓印术始于公元172年至178年的东汉熹平年间,其起始误差不会超过100年。因为公元105年时,蔡伦才发明廉价纸,毕竟几乎没人舍得拿丝绸当拓布。到了隋朝,文字拓印术便已很发达;到了唐朝,拓印术就基本普及了,不仅民间有拓印作坊,政府也专门成立了拓印机构。现存最早的拓印品是敦煌石窟中保存下来的公元6世纪的遗物——《温泉铭》。

拓印之后出现的便是至今仍十分常见的"雕版印刷",它在已雕刻好待印图文阳文(笔画凸起)的版料上,先刷一层湿墨,再铺上白纸;接着,用干爽的刷子在纸背上均匀轻刷;最后再揭下纸张就行了。这里的版料一般选用纹质细密而坚实的枣木或梨木等。雕版印刷术发明于隋末唐初,它前承印章和拓印,后继活字印刷。实际上,从原理上看,拓印和雕版印刷是一回事,只不过后者的被拓模具是有意栽花,而前者的被拓之物则只是无心插柳。

早期的雕版印刷主要限于民间,多用于印刷神像、经书及历书等。现存最早的标有年代的雕版印刷品,是收藏于伦敦博物馆的唐咸通九年(868年)王玠为二亲敬造普施的《金刚经》,它由7页纸张粘成一卷,全长488厘米,卷首刻印佛像,下面刻有全部经文。

9世纪初,雕版印刷已相当普及。比如,公元824年时,元稹在为白居易的诗集作序时,就写道"至于缮写模勒(雕版),炫卖于市井,或持之以交酒茗者,处处皆是",可见,那时的雕版印刷品已可换酒喝了。到公元835年前后,至少在四川和江苏的市场上,已开始出售用雕版印刷术印刷的历书了;到公元883年,至少在成都的书店已能看到雕版印刷的《阴阳杂记》《占梦相宅》《九宫五纬》等书籍了。

总的来说,唐朝的雕版印刷品主要集中在一些大型都市和商业中心,印刷品的内容主要是佛经、历书等,且作品种类极为有限,对当时整个社会的文化推动作用还不够大。

到了五代时期,虽然南北方地区都经历了大分裂与大动乱,但雕版印刷的发展并未停滞。此时的印刷品,无论是数量还是质量,都远远超过唐朝,以致福建和黄河流域等地都出现了众多印刷品,就连政府也开始大规模刻印经书和儒家书籍。比如,从公元932年的后唐到公元953年的后周,就至少刻印了《五经文字》和《九经字样》各二部,共计130册。

宋朝是我国雕版印刷的黄金时期。雕版印刷技术日益完善,甚至出现了雕版彩色套印技术。比如,在四川流行的纸币"交子",就是由红、黑两种颜色套印而成的。宋朝的雕版印刷业非常发达,印刷品的种类已不再限于佛经和历书,儒家、道教经典及医学门类的书籍都成为新的印刷重点。待到宋神宗时,印刷品的数量已超过10万,各地都盛行刻书之风。全国出现了杭州和成都等多个刻印中心。比如,从宋太祖开宝四年(971年)起,就有人在成都花费整整22年刻印了《大藏经》(1076部),共计5048卷,其雕版多达13万块,这是早期印刷史上最大一部书籍。宋朝雕版印刷术的影响,还广泛波及了金国和西夏等地,最近有人在银川还发现了大量的当时的佛经刻本。

雕版印刷自诞生起,几乎就一直在各个时代发挥着不同的作用。即使是在今天,你也可以在许多旅游景点亲身体验一下雕版印刷的魅力。

唐朝最著名的信使——唐僧

请问,唐朝最著名的信使是谁? 如果猜不到的话,请读《西游记》!

再请问,《西游记》中谁最善变? 如果猜不到的话,请再读《西游记》!

你也许以为,在《西游记》中除唐僧外,几乎人人都会变,甚至连白龙马也会变,但是,所有这些神仙,包括观音菩萨、玉皇大帝和如来佛祖等顶级大仙,他们都不是最善变者。整个《西游记》中最善变的人,其实正是你曾以为最不善变的唐僧!

真的,没瞎说,有事实为证。你看,其他东西的变,都只是形变而神不变,悟空变小鸟后,那小鸟仍是悟空。但唐僧的变,则是神变而形不变。比如,在取经前,唐僧本是佛学家;在取经过程中,他变成了旅行家、探险家和哲学家;在取经回来后,他又变成了翻译家、思想家和外交家;最出人意料的是,在接受了唐太宗的任务后,唐僧口中念念有词,然后突然连身体都不用动,就跨界变成了地理学家和唐朝最著名的信使。

真的,没开玩笑,唐僧是名副其实的信使,因为他从千里之外的西天取回了名叫"真经"的重要信息,同时也把大唐的信息广泛传播给了沿途各地。唐僧也是如假包换的地理学家,因为在公元646年,由他口授、其弟子整理的《大唐西域记》,至今也是我国著名的地理学巨著之一。

该书体例严谨,文笔绚丽,简要流畅,记载了取经途中的所见所闻,横跨200多个国家和城邦,涉及从自然环境到社会概况的若干综合信息,特别是气候、物产、地理、农业、商业、政治、经济、文化、语言、文字、货币、风俗、宗教、建筑、交通、婚丧、医疗、音乐、舞蹈、人物和事件等内容,从不同层面、不同角度、不同深度反映了西域的风土人情。

该巨著是研究我国西北、古代中亚和南亚,特别是印度、尼泊尔、巴基斯坦、孟加拉国、斯里兰卡等地历史的重要文献,甚至是研究古印度的必备经典,备受各国学者重视。该书除了众多中文版本外,其英、法、德、日等译本流传至今。即使在1300多年后,考古学家们还凭借该书,在印度境内按图索骥,陆续发现了佛教圣地和古迹。

另外,从信息交流的角度看,该巨著把印度的天文、历算、医学、逻辑学等传入中国;从文学的角度看,无论是记事或写景,该巨著都妙趣横生,特别是其中的若干传说,构思精巧,想象奇特,引人入胜,对后世文学产生了重要影响,以至激发明朝小说家吴承恩写出了四大名著之一的《西游记》。

看来,神话《西游记》的最大神话不是各种神灵鬼怪,而是唐僧秒变信使和科学家。唐僧的"天下第一变"功夫到底是如何炼成的呢?请读下文。

从前,隋文帝仁寿二年(602年),在洛阳偃师的一个传奇之家诞生了一个传奇人物,俗名叫陈祎(yī),后来的法名叫玄奘,人们也叫他唐僧或唐三藏。

为啥说唐僧之家很传奇呢?因为,他的家族在历朝历代都出了不少传奇人物,比如,他的先祖是东汉名臣陈寔(shí),素以"清高有德行"闻名于世。成语"梁上君子"就是出自陈寔感化小偷的故事。他的曾祖父曾任北魏山西长治太守,祖父以学优出仕北齐,任国子博士,居住在洛阳,因此其子孙都在洛阳定居。他父亲身强体壮,朗目疏眉,博览群书,为时人景仰,曾任江陵县令。后因隋朝衰亡,父亲厌恶官场的尔虞我诈,便立志隐居乡间,托病不出。父亲的这种厌世情绪,也许在潜意识中对唐僧和其二哥产生了重要影响。

唐僧从小就跟父亲学习儒家经典,"爱古尚贤",养成了良好品德。可人生无常,五岁那年,妈妈去世;十岁那年,爸爸也忧郁而亡。于是,二哥在第一时间就出家了。紧接着,唐僧也被破格获批为和尚。其实当时当和尚门槛还很高,朝廷规定的名额也很有限,只有特别聪明者才能考取"出家许可证"。脱俗后的唐僧随二哥一起在洛阳念了六年经。在隋朝灭亡前一年,为了逃避战乱,也为了寻访名师,唐僧随二哥离开洛阳,在四川待了五年左右,研习佛学经典,学业大进,为人钦慕,更闻名于吴蜀荆楚等地。

　　大约从20岁起,唐僧开始游历全国各地,参访名师,讲经说法。特别是24岁那年,他在西安偶遇了一位来自印度的名僧波颇。此人不但教会了唐僧许多佛经,还激发了他的宏愿:去印度求取真经,直探原典,以求统一中国的佛学思想。可当唐僧上书朝廷时,却被无情拒绝,因为当时唐朝初建,边境管制很严。唐僧不甘心就此放弃,随时准备寻机离开。终于在三年后,由于西安连遭旱灾,朝廷准许灾民外出乞食,唐僧就混在灾民中溜出了西安,开始了漫长的取经之旅。其间所经历的艰难曲折,这里就不详述了,各位只需想象一下《西游记》中的情节。

　　经过九九八十一难后,唐僧总算到达了印度。然后,他留在那里静心研读佛经十余年,直到搞懂佛学精要为止。然后,唐僧用大象驮着梵文贝叶经520包,启程东归。

　　东归期间又是惊险不断,比如,在横渡印度河时,突遇风浪翻船,50包经书落水,唐僧只好就地停留50天,直到过河重新抄回遗失经文;又比如,在翻越帕米尔高原时再遇劫匪,幸好,经善说劝导,始被放过;当终于到达西域于阗时,又遇到好客的国王,非要留唐僧讲经度众,于是唐僧只好一面遵命讲经,一面向唐朝皇帝上表,报告行踪,并表示愿意听候朝廷对自己当年私逃的发落。

　　唐太宗见上表,高兴万分,不但原谅了他的偷渡之罪,还立即下诏,令宰相房玄龄前往迎接。就这样,在离开了约17年,经历了128个国家,行程十万余里后,43岁的唐僧终于在公元645年顺利回到西安。

　　正在洛阳指挥打仗的唐太宗迫不及待地接见了唐僧,两人问答不绝,交谈了一整天,直到"帝现倦色",至暮鼓已响,唐僧才告辞。可难题马上就来了,原来,唐太宗力劝唐僧还俗从政,辅助朝廷,陪驾东征。但作为戒杀生的出家人,唐僧当然坚辞不从。后来,唐太宗和唐高宗又先后多次希望唐僧还俗从政,结果都被拒绝,唐僧甚至不惜以死抗命。

皇帝们为啥对唐僧如此重视呢？这当然与佛经无关，而是因为皇帝急需"西域通"来帮助自己开疆拓土，唐僧自然最为合适。不过，懂得妥协的唐僧，还是同意退两步：其一，同意不躲进深山，而是留在西安，以便皇帝随时召见；其二，在加紧翻译经文的空隙，口述取经途中的所见所闻，然后由弟子记录整理成《大唐西域记》，并在一年后完成唐太宗布置的这项额外的"作业"，从而也变成了地理学家。

此后，唐僧全力以赴翻译佛经，昼夜不停，三更眠，五更起，黄昏还给众僧讲演新译经论，解答问题，寒来暑往，从不间断。50岁那年，唐僧表奏朝廷，请求建造大雁塔以贮藏西天经像。大雁塔次年建成。公元663年10月23日，在译完《大般若经》600卷后，唐僧感到体力不支，难以执笔译经，从此专事修持。至此，他译经19年，共译出各种经论1335卷，开创了中国翻译史上的新纪元。其译著数量之巨、译文之精美、内容之完备，远超前人。

公元664年2月5日夜半，唐僧安然圆寂，享年65岁。

信号拟合加速器

本章开篇时曾说过，隋朝刘焯发明的"等间距二次内插法"在现代通信理论的信号处理中扮演着重要角色。但是，如果待处理的信号很复杂，使用这种方法就会显得力不从心。比如，在同等失真度之下，它的优化速度太慢；反过来，在同等优化速度之下，它的信号拟合精度又更低等。如何解决信号精度和速度之间的这个矛盾呢？刘焯之后数百年的唐朝天文学家僧一行，终于将等间距法改进成了"不等间距法"，全称为"不等间距的二次差值内插法"。本节就来介绍一些该算法背后的故事。

僧一行是"密宗传持八祖"之一，是密宗界当之无愧的一代宗师，是同时传承密宗两大密法的唯一高僧。但许多人可能并不知道，他还是天文学家、数学家和工程师,甚至还是当之无愧的通信理论专家。

僧一行俗名叫张遂,公元683年生于河南南乐县的一个破落贵族之家。他的曾祖父张公谨曾是唐朝的开国元勋,父亲张檀也曾是七品芝麻官。但不知何故,张氏家族在武则天时代就已衰微,待到张遂出生时,就更加破败不堪了,甚至不得不依靠街坊四邻的救济,才勉强维持温饱。张遂从小就聪颖不凡,还特别喜欢读书,记忆力尤其惊人,简直过目不忘。早在少年时,他就博览经史,通晓天文历法及阴阳五行等。

据说有一次,张遂向某位以博学著称的高僧借阅了一本以难懂著称的经典,结果仅仅几天后他就原物奉还。高僧为此颇不高兴,语重心长地教训他道:"年轻人,别知难而退,你只要再坚持下去,就能慢慢读懂了。"可哪知,张遂竟回答道:"非也,我已明白它的义理。"说完,他掏出一本厚厚的读书笔记,请高僧指教。读罢笔记后,高僧大惊失色,不但立即虚心向他请教,还逢人就夸他是"颜回转世",大肆赞美张遂像孔子的得意弟子颜回那样特能读书。

经高僧这么一宣传,张遂之名便一传十,十传百,很快就妇孺皆知了,众多达官贵人都以与他结交为荣。于是,麻烦也就跟着来了!原来,在张遂的众多"铁粉"中,有一位专横跋扈的权臣,他就是当时把持朝政的武周宰相——武则天的侄子——梁王武三思。此人声名狼藉,但又死皮赖脸,非要结交张遂。咋办呢?惹不起总躲得起吧!于是,为保自己的名节,不与奸人同流合污,品行高洁的张遂就逃进嵩山少林寺,并幸遇了禅宗大师神秀的大弟子普寂。

21岁那年,张遂的父母双双过世,这使他深感世事虚幻,便剃度为僧,成了普寂的弟子,法号"一行"。遁入佛门后,僧一行的生平事迹也随之消失了。史书上只是说他非常聪明,还说他曾长途跋涉三千里前往天台山国清寺,向那里的一位高僧请教算学等。光阴似箭,转眼间十几年就过去了。若无后续故事,也许历史上就会只有密宗祖师僧一行,而不会出现科学家僧一行了。

原来,公元705年,唐睿宗在全国各地广泛网罗人才,令东都洛阳的地方长官按高规格礼仪前往征召僧一行,结果却被他以生病为由坚决推辞了。为表示自己不愿出山的决心,他干脆步行千里到荆州当阳山,跟着那里的高僧学习印度音律去了。

后来,唐玄宗继位,仍对僧一行求贤若渴,令僧一行的堂叔带着圣旨前往荆州,强行征召僧一行入朝为官。这次,无论如何他也不敢再推辞了,否则涉嫌欺君之罪。来到长安的僧一行被安置在光大殿,一边翻译《大日经》,一边担任皇帝的特别顾问。时值公元717年,即僧一行去世前十年。这里为啥要刻意提到去世时间呢?其实只是想提醒读者,他的大半生都已献给佛学了。

入朝后,唐玄宗常来拜访僧一行,并向他咨询治国安邦之道,每次他都尽其所知,如实客观地予以回答。比如,有一次,唐玄宗的爱女永穆公主出嫁前,玄宗欲仿效当年高宗出嫁太平公主的做法,准备赐予特别丰厚的嫁妆。对此,僧一行明确表示反对,刚正不阿的他分析说:高宗晚年特别溺爱独生女太平公主,但实际上是害了她,因为这在无意中助长了她的骄横和野心,以致她最终因干政而招致杀身之祸。一语惊醒梦中人,玄宗采纳了他的意见,收回成命,只依照平常礼数嫁出了公主。

僧一行的传世科学成就主要是在他生命的最后6年完成的。是的,你没看错,就是短短的6年!原来,在公元721年,经宰相张说推荐,僧一行接到唐玄宗的命令:重新编制一套新历法,以代替现行的《麟德历》。

改历法固然有一定的政治原因,但在技术方面也确实有道理。因为,由于长期的细微误差积累,《麟德历》已多次出现了日食预报失误的事件。此后,僧一行的大部分时间和精力才投入科研领域。幸好,他在历法方面拥有雄厚基础,故能得心应手。

与以往的科学家不同,僧一行并未单枪匹马,而是制订了全面系统的研究方案,有步骤地带领一大帮人,既分工又合作,最终在很短时间内,制订出了非常科学的《大衍历》。这部历法无论在形式、内容还是组织结构等方面,都为后人树立了良好的历法榜样。其实,虽然僧一行从小就迷恋历法研究,且有很好的数学基础,但此前他并未仔细观测过天文,更没制订过任何历法。毕竟,到唐朝中后期时,历法的制订已相当精细,不可能仅由单人完成。

僧一行的历法科研步骤其实很值得今天的科学家借鉴,毕竟许多经验都是彼此相通的。他的研究方案可分为四大步骤:

第一步,工欲善其事,必先利其器。由于《麟德历》已使用了半个多世纪,当时用于制定历法的天文观测仪大都老化或落后了,必须重新研制更先进、更精准的设备。于是,僧一行不但更新了相关设备,还研制出了全球最早的机械时钟。

第二步,利用新研制的众多仪器,开始对天空和大地进行广泛测量。在这一阶段,僧一行只担任总指挥,主要给出需要测量的相关对象,而压根儿就不必亲力亲为。在这一点上,僧一行已很像现代天文学家了。实际上,如今"仰望星空"的任务都早已交给各种自动化设备,而天文学家们则只需"脚踏实地"就行了。

第三步,对众多观测资料进行大数据分析,以发现相关规律;利用先进的数学手段,分析若干核心参量。这才是僧一行表现其惊人才华的关键阶段,只可惜,此时离他去世只剩三年多了。果然,火眼金睛的他,很快就取得了若干重大发现,包括发现了在现代通信理论中扮演重要角色的信号拟合加速器。

第四步,从公元725年开始,在以上各步骤的基础上,僧一行充分借鉴前人成果,亲自编制《大衍历》。在此阶段,别人当然很难帮得上忙,全靠他自己加班加点,同时他还在并行从事着许多佛学研究工作。

终于,在公元727年,《大衍历》的初稿完成了,僧一行本人也因过度劳累而一病不起,很快就于当年11月25日在长安华严寺圆寂了,享年仅仅45岁。为纪念僧一行在天文方面的成就,人们将"小行星1972"命名为"僧一行星"。

第五章
宋元通信

本章故事发生在宋元时期,其时间跨度为从宋朝到元朝400多年间,空间区域包括北宋、南宋、辽、西夏、金、元等王朝的辖区。在中国通信的数千年历史长河中,宋元通信扮演了典型的承上启下角色。

在"承上"方面,宋元通信几乎交出了一份完美答卷,其整体通信水平都达到了当时的全球领先地位。比如,此时的邮驿系统不但早已四通八达,还种类繁多,既有步行投递的普通邮件,也有跑马投递的快件,还有轻骑接力、昼夜兼程的每日500里"闪送";不但管理规范,甚至接近军事化管理,而且其邮驿的功能还有实质性的大增:驿站不再只供驿夫休息,也可供巡访和出差的官员住宿;递送的信件不再限于军政文件,也可以是官员家书等。又比如,此时的通信环境大为改观,造船技术居世界之冠,不但能造出当时的600吨巨无霸大船,还能造出具有超级防沉功能的水密隔舱大船(即使某些水密隔舱漏水,整条船也不会沉没),更能造出依靠脚踏动力推动的高速飞艇。还比如,此时支撑通信进步的各种高科技都已达到顶峰,农学、医学、数学、天文学、印刷术、建筑学、生物学、地理学和海洋学等方面都涌现出了若干创新性成果。总之,宋元通信几乎使得此前的所有通信技术和系统都有了巨大进步。

在"启下"方面,宋元通信更加出色。实际上,一方面,此时发明了以火炮为代表的多种火器,它们当然也是典型的新式通信工具,还发明了纸币等新型通信技术；另一方面，此时中国的整体科技水平在全球遥遥领先，甚至已经为支撑现代通信的声、光、电、磁等若干理论和技术做好了充分准备。虽然由于后来明、清两朝闭关锁国，再加上欧洲自明朝初年起的文艺复兴运动所推动的科技发展，最终致使宋元在下一代通信方面的领先局面没能获得延续。以下各节将重点介绍宋元时期的通信成果。

开启新通信的火器

谁都知道，古代通信几乎完全融入了人们的日常生活和工作中。

一方面，许多日常的军民用品等都兼有通信功能。比如，本节即将介绍的火药和火炮等火器，至今还在某些情况下被当成通信工具，如信号弹可以传递预定信息，鸣枪示警更是在命令对方"不准动"。

另一方面，古代的专用通信系统也几乎只有军用的烽火通信和民用（主要是政府使用）的邮驿通信。即使是邮驿通信系统，其传递的物品也绝不限于信件，可以是任何有形的东西，甚至是某些无形的东西，比如皇帝口谕等。即使是严肃的烽火通信系统，也会被某些昏君用于戏弄诸侯等娱乐活动。

因此，没必要也不可能在古代的通信和非通信事物之间划出清晰的界线。不过，如果社会的商品经济、文化教育和科学创新等活动高度繁荣的话，其通信系统也会相当发达，否则所有社会机构都不可能正常运行，更谈不上繁荣昌盛了。而宋元时期在社会生活的许多方面都刚好达到了我国古代的最高水平，火器的发明和大规模使用便是有力证据之一。

火器的基础是被誉为"中国古代四大发明"之一的火药,它也是从秦汉时期起,在秦始皇和汉武帝等历代帝王追求长生不老的背景下,在众多炼丹家前赴后继研制长生不老之药的过程中偶然发现的。其实,火药只不过是按一定比例混合而成的木炭、硫黄和硝石而已。

关于木炭,人们对它的认识早已久远得无从考证了,至少从几百万年前人类发明用火后,大家就能轻松获得木炭了。早在商周时期,人们就知道用木炭来冶炼青铜,并知道木炭的冶炼效果要远远好于原始木柴。

关于硫黄和硝石,至少早在春秋战国时期,人们就知道它们的存在了。比如,当时就有一位名叫计然的人指出,硫黄和硝石分别产于汉中和陇道两地。不过,古代中国一直把它们当成两味中药,我国首部药材经典——汉朝的《神农本草经》——就分别把硫黄和硝石列为"中品药"和"上品药";甚至到了明朝,火药已成为主要杀人武器后,李时珍仍在《本草纲目》中把火药当成能救死扶伤之药,指出它能"治疮癣,杀虫,辟湿气、瘟疫"等。火药之所以被叫作"火药",一方面因为它是治病之药,另一方面是因为它很容易着火。

到了南北朝时期,人们对硫黄和硝石的认识又深入了一步。比如,若从外形上看,硝石和其他盐类化学品极其相似,很难区分,但当时的炼丹名士陶弘景却在《本草经集注》中明确指出:以火烧之,紫青烟起者,硝石也。直到现在,人们还在使用这种方法来鉴别许多化学品的成分。此时,天然硫黄极易燃烧的特性也早已被发现了,因此硫黄矿被大量开采,广泛应用于冶炼和制陶。

可是,硫黄着火后却很容易失控,甚至造成人员伤亡或财产损失。如何才能降服此类暴脾气的药材呢?于是,炼丹家们发明了一种名叫"伏火法"的技术,即让硫黄和其他某些可燃物质混合加热,促使它们发生比较温和的燃烧反应,这样就既保持了一定的药性,又不至于让硫黄太危险。当然,经过"伏火法"处理后的硫黄本身也会发生一些变化。比如,由于与其他物质的混合比例不同,处理后的混合物也不同,其颜色可能变成黄色、白色或红色等。于是,经过长期不断调整混合物的成分和比例,由硫黄、硝石和木炭按一定比例混合而成的黑火药就应运而生了。

至于黑火药到底是何时由何人在何地发明的呢?这早已成了千古之谜。不过,它最迟在唐代就已被发明和广泛使用了,因为唐代医药家和炼丹家孙思邈在其《孙真人丹经》一书中,就很清楚地记述了黑火药的完整配方和制作方法。从此以后,黑火药就不再只是炼丹家们的祖传秘方了。当然,火药的危险性和破坏力也很快就大规模地表现了出来。比如,《太平广记》记载,隋朝有一位道士,就因炼丹时的混合比例失调或炼制不当,引发黑火药爆炸并将自己的房屋点燃,还冒出了紫色火光;《真元妙道要略》中也记载了不少意外事故,描述了火药烧伤手背、人脸和整间房舍的情况。

后来,人们对黑火药的比例和性能了解得越来越清楚,某些街边艺人甚至将火药制成烟花,用于马戏表演以吸引观众。隋炀帝本人还曾为烟花写过一首小诗,其中就有这样的诗句:"灯树千光照,花焰七枝开。"后来宋朝的辛弃疾也在一首词中,用"东风夜放花千树"来描写烟花的繁华与美丽。烟花的美丽不仅娱乐了百姓,也让某些军事专家受到启发,制成了各种火器。

虽不知火器到底始于何时,但史料记载,至少早在春秋战国时期,火器就以"拍车"的形式出现了。只不过此时的火器不是火药之器,而是燃料之器。具体说来,浸油衣料等易燃物被装入陶罐中,然后用类似于抛石机样的拍车,将点燃的陶罐抛入敌营。到了三国时期,改进后的拍车被叫作"炮"。据说,新型拍车之所以叫炮,其实就是取自"抛"的谐音。到了隋唐宋金元时期,炮已广泛使用,其形制也开始多样化。比如,目前已知的国内最早实物炮,就是收藏于中国国家博物馆的一枚唐朝青黄釉陶火蒺藜,它形似满身长刺的陶罐"地雷";再后来,"地雷"越来越大,"陶刺"也越来越多,罐中火药也成了黑火药,它们被特制纸张紧紧包裹,既防潮,又防意外爆炸。

火器的第一个繁荣期出现在宋朝，甚至朝廷还设置了专门的机构来管理和开发新式火器，同时也广招天下英才，奖励"知军器利害者"。果然，重赏之下必有勇夫，比如，公元970年，兵部令史冯继升就进献了火箭，它能借助火药推力射出箭矢；公元1000年，神卫水军进献了火蒺藜；公元1002年，冀州团练使进献了自制火药和火球等。在集合了各方进献的智慧后，宋仁宗便在公元1040年，命令曾公亮等撰写了中国的首套官方兵书《武经总要》，归纳总结了当时已知的所有先进武器。比如，最早的生化武器——"毒药烟球"，爆炸后将产生大量毒气；"烟雾弹烟球"，爆炸后会产生大量烟雾等。不过，此时的所有火器几乎都离不开抛射。

自带"枪管"且可单兵操作的火器，早在南宋时期的公元1259年就已出现，当时人们叫它"突火枪"，以竹管为枪身，管内填装了火药和弹丸。点燃火药后，枪口立即喷出火焰并射出子弹，最远可达150步。到了元朝，突火枪的竹枪管换成了金属管，相应的突火枪改名为"火铳"，比如，在黑龙江就曾出土过一批铜火铳，它们虽然做工粗糙，长短和大小都不一，但形制却基本相似：都有前膛、药室和尾孔三部分，都有细长的管身，在尾部都有木制手柄等。从元朝开始，就出现了具有三个枪管的"三眼铳"，它能以较小的间隔，完成三连发。发射时，士兵只需左手握柄，右手点火，然后将枪口对准敌人就行了。当然，若火铳的"枪管"足够粗，它实质上就是一门炮了，所以，枪和炮在原理上并无本质区别。实际上，这种炮最迟在元朝的至顺年间，就已大量使用。

如果仅限于纵向比较的话，火器在明朝达到鼎盛期，其中最具特色的是"碗口火炮"，其炮管像喇叭，口大尾小。比如，现藏的一门明朝碗口火炮，其青铜炮管口径达26厘米。使用前，先在炮身填满火药，再在炮口顶上炮弹，接着点燃火药，炮弹便被炸出。大型碗口炮的射程较远，可用于海防；中型碗口炮可架在特制板凳上，其两头各有一个炮口，中间有一转轴。一个炮口完成发射后，只需一转，便可用另一炮口再发一弹；小型碗口炮很轻，炮管也很短，通常不足40厘米,适合随身携带。此外,明朝还有其他重型火器,比如,有一种名叫"叶公神铳"的铁质重炮,它被嵌在特制战车上,威力巨大,发射的霰弹可覆盖方圆数丈,适合野战守城;还有一种名叫"威远大将军"的重炮,它可将约4斤重的铅弹射出十里之遥。除火炮之外,明朝的多发火箭也很厉害,比如,可同时发出火箭32支,像群蜂出击的"一窝蜂"火箭等。

曾公亮及其通信密码

在中国首部官方兵书《武经总要》中,作者曾公亮基于浅显易懂且有趣的思路,给出了一种名叫"字验"的通信加密方法,以及两种验明正身的方法:"符契"和"信牌"。

先看"字验"通信加密法。它的加密和解密原理非常简单:

首先,通信双方事前约定某首五言律诗,共40个汉字。比如,约定的五言律诗是王勃的《送杜少府之任蜀川》:"城阙辅三秦,风烟望五津。与君离别意,同是宦游人。海内存知己,天涯若比邻。无为在歧路,儿女共沾巾。"

其次,再事前约定,分别用1到40代表40种情况和要求。比如,用"1"代表"粮食将尽,请求增援",用"2"代表"大获全胜"等。于是,若前方战场缺粮时,指挥官就根据事先约定,找到那首诗的第1个字,即"城";然后随便写一封无关痛痒的书信,只要其中含有"城"字,并在"城"字上做一个暗号标记。当该书信抵达后方时,收信方先找出带暗号标记的那个"城"字,然后找到该"城"字在那首诗中的字序,即1;最后,再根据事先约定便知:1代表"粮食将尽,请求增援",于是,赶紧响应。当然,如果收到前线来信标记的字是"阙",即诗中的第2个字,那么,就该准备庆功了。

在"字验"密码中所用到的五言律诗,可以随时更换,只要收发双方事先约定好就行了。而五言律诗多如牛毛,所以敌方很难破译该密码。

再看专用于身份验证的"符契"和"信牌"两种方法。

这里的"符"就是皇帝的调兵凭证,共有5种符。其中,在电影和戏剧中经常出现的虎符最为知名,它一般由铜、银等金属制成,背面刻有铭文,以示级别、身份、调用军队的对象和范围等。各种符的组合,表示调兵的多少;每个符,分左右两段:右段留在京师,左段由各路军队主将收掌。使者带着圣旨和由枢密院封印的相应右符,前往军队调兵;主将听完使者宣读的圣旨后,须启封使者带来的右符,并与自己所藏的左符进行验合,如果左右两段确实吻合,才能接受命令;然后用该将军的官印,重新封好右符,交由使者带回。

所谓"契",就是主将派人向镇守各方的下属调兵的凭证,共有3种契。它们都是鱼形,可分为上下两段。上段由主将收掌,下段交各处下属收掌。契的使用方法,类似于上述的符。符契的思路,其实一直沿用至今。比如,近代的间谍就常把纸币钞票一撕为二,作为接头联络的工具。所谓"信牌",就是两军阵前交战时,派人传送紧急命令的信物和文件。比如,北宋初期使用的信物,就是一分两半的铜钱,后来又改成木牌,上面可以写字。

上述通信密码成果的历史地位如何呢?直观说来,它们代表着中国古典密码的第三个里程碑。其中,第一个里程碑出现在商朝,其代表性人物是首次提出并实施间谍情报战的商朝开国元老伊尹,其代表性成果包括烽火传情等;第二个里程碑出现在周朝,其代表性人物和成果主要有:周文王及其发明的著名符号系统《易经》,军师姜子牙在《六韬》中提出的"阴符"和"阴书"。

当然,这里的"曾公亮的发明是第三个里程碑"并不意味着从周朝到宋朝的两千年中就没有密码通信专家。比如,诸葛亮、曹操、司马懿等著名军事家都可称作密码专家;也不意味着这期间就没有密码通信进步,比如,《孙子兵法》《孙膑兵法》等著名兵书也都或多或少地涉及信息保密。又比如,汉朝时就发明了一种旗语密码,即利用旗帜发送秘密信号:不同旗帜代表不同军队。直到今天,旗语还在广泛使用。但若从纯粹的密码技术上看,宋朝之前两千年的原创性密码突破确实不多,只是在前人的基础上做了不少改进,比如,伊尹虽是使用间谍的第一人,但《孙子兵法》才把间谍发挥到极致。

曾公亮这样的百变奇才,到底是如何炼成的呢?

嘿嘿,答案很简单,就两个字:家教!

曾公亮,字明仲,号乐正,泉州晋江(今福建泉州)人。先祖在唐末从固始县避乱南下,定居于泉州晋江县。其高祖只不过是普通官员,五代十国时的泉州录事参军。曾祖也仅为泉州节度掌书记。家族的转折点出现在祖父那代。虽然祖父自己只是泉州德化县令,但他对子女的管教很严,自立约法三章:一是不得表露父亲的县官身份,二是不得好逸恶劳,三是不得拿取他人赠物,以养成"清约自持"的品德。果然,从此家风醇厚,人才辈出:五个儿子皆走上仕途,其中三人考中进士,更有曾会(曾公亮的父亲)高中榜眼。后来,曾会的六个儿子,即曾公亮的众兄弟也都一个比一个牛。曾公亮的后代子孙就更甭说了,文学家、政治家、科学家、思想家等人才辈出,有11人都被封了侯,难怪后人赞曰"仕宦世家连科第,祖孙数代众进士"。

在如此良好氛围中长大的曾公亮从小就颇有抱负,气度不凡,为人"方厚庄重,沉深周密"。23岁那年,他受父命进京祝贺宋仁宗登基,深受皇帝器重,并被破格任命为大理评事。但他立志要"从正途登官,不愿以斜封入仕",故未赴任。果然,两年后,他就考中进士,被授为越州会稽知县。其间,他为官德能勤廉,特别是在治理镜湖的水利工程中表现突出:通过设置水闸等方法,巧妙地将洪水泄入曹娥江,使湖边民田免受水涝之苦。可惜,在29岁左右,他突然受牵连,被贬到湖州酒厂任监理。原来,他父亲以权谋私,在会稽境内低价购买良田。《宋史》记载,曾公亮为人端重沉厚,办事细致周密,平时谨守礼仪,遵守规矩,但性情吝啬,积累财富达巨万。

直到数年后,曾公亮才入京师担任国子监老师,后改任诸王府侍讲,不久又身兼数职。连仁宗皇帝都当面赐他一件金紫衣,并拍肩说道:"朕于讲席赏赐你,是由于尊重宠爱儒臣。"46岁那年,他终于奉旨完成了前面提到过的那套《武经总要》,从此奠定了军事科学家和密码学家的地位。

52岁时,曾公亮又升为郑州的长官。其治理才能之高,以至于盗贼全都逃窜到其他州县,辖境之内竟"夜不闭户"。曾经有一位外地高官在郑州境内丢失财物,状告到曾公亮处时,曾公亮自信地说道:"我郑州无贼,恐怕是你的随从作案的吧。"没想到,曾公亮真的说对了。62岁时,曾公亮又升任为宰相,在宴会上帮助病弱的英宗皇帝轻松解决了持续多年的宋辽边界纠纷。75岁左右,他被皇帝批准光荣退休,但仍退而不休,因为他太熟悉朝廷典章制度,以至于新任丞相不得不经常向他请教。时任皇帝也对他高度评价:"公亮谨重周密,内外无间,受遗辅政,有始有卒,可方汉张安世。"

公元1078年,作为北宋政坛的三朝元老,曾公亮安然去世,享年80岁。时任皇帝闻其死讯后,竟临丧哭泣,罢朝三天,还亲自题写了碑词。约150年后,他又被宋理宗追誉为"昭勋阁二十四功臣"之一。

曾公亮有三子一女,后来有七个孙子,以及众多曾孙和重孙等。其中许多人也都成了著名政治家,比如,他的次子曾孝宽就官至北宋副宰相,也是著名诗人;曾孙曾怀又是南宋宰相,特别擅长经济管理,被时任皇帝赞为"当朝萧何";重孙曾从龙不但是南宋状元,还是贤相,更是文学家。由于曾公亮一家至少有四位宰相和一位状元,所以被后世誉为"曾半朝"。

最早机械时钟的研制者——苏颂

许多人可能并不清楚,如今的全球通信系统,特别是数据通信系统的核心之一便是同步时钟,或者说,天涯海角的通信设备都必须拥有同一个标准时间。难怪,当年引发时间混乱的计算机千年虫问题会给全球信息领域造成有史以来的最大影响。

在电子时钟出现之前,最精准的时钟当数机械时钟。过去,大家一直以为机械时钟诞生于欧洲,直到详细考察了宋朝天文学家苏颂的天文台跟踪装置浑仪后,著名的英国科学技术史学家李约瑟才惊呼:"现代钟表的先驱原来是在中国呀!"同时,李约瑟也承认:"苏颂把时钟机械和浑仪相结合,在原理上已完全成功。因此,他比罗伯特·胡克先行了600年,比方和斐先行了750年。"

这位被李约瑟所赞叹的苏颂是谁呢?他还做出过哪些别的贡献呢?他又是怎样成长为如此伟大的人物呢?

苏颂,字子容,生于公元1020年,后来成为杰出的天文学家、机械制造专家、药物学家,还被李约瑟称赞为"中国古代和中世纪最伟大的博物学家和科学家之一",是宋朝响当当的"理科支柱"。很巧,就在这一年,还出生了宋朝响当当的"文科支柱",即那位吼出豪言壮语"为天地立心,为生民立命,为往圣继绝学,为万世开太平"的思想家张载。当然,此处只聚焦于前者,并重点关注苏颂的成长经历。

苏颂的成功,与他们家祖祖辈辈的女人们密切相关。由于缺乏史料的支持,不便猜测细节。但是,在那个十分重视人伦和道德的年代里,能得到皇帝赐封的女人肯定是好女人,而且还是屈指可数的好女人。若按此标准来判断的话,那么苏颂家简直就是"好女人之家"了。不信你看,苏颂的曾祖母张氏被皇帝封为"代国太夫人",祖母刘氏被封为"随国太夫人",祖母翁氏被封为"徐国太夫人",母亲陈氏被封为"魏国太夫人",后来苏颂自己的原配夫人凌氏也被封为"吴国夫人",甚至连继室辛氏也被封为"韩国夫人"。

因此,苏颂从小受到的家教之好就可想而知。比如,早在5岁时,父亲就亲自教他背诵《孝经》及古今诗赋;结果他一学就会,再学就上瘾,从而养成了终生勤于攻读的好习惯。他一生博览群书,治学严谨,深通经史百家,举凡算学、阴阳、五行、历算等无不钻研,地志、训诂、律吕、山经、本草等无所不精。换句话说,他见啥学啥,学啥精啥;而且还都能"探其源,究其妙",并"验之实事",终于成为一位学识渊博的大学者。即使在官场上,苏颂也相当成功,虽历经仁宗、英宗、神宗、哲宗、徽宗五任皇帝的更替,甚至曾经惨遭贬谪,但仍然"笑到了最后",以宰相之职光荣退休。即使退休后,他也被宋徽宗进拜为太子太保,加封为赵郡公。甚至在他去世后,还被皇帝追赠为司空,而且更为震惊的是,宋徽宗为悼念他的逝世,竟然罢朝两日!后来,继任皇帝宋理宗,又追谥苏颂为"正简"。

综览苏颂的一生可知,他确实既是专家型的领导,又是领导型的专家。

他23岁中进士,次年就获得了北宋政治家、文学家、唐宋八大家之一的欧阳修的信任,认为他"办事慎重稳妥",并将重要政务委托于他。他34岁任馆阁校勘,开始了校正和整理古籍的生涯,这当然使他能接触到前人的众多科研成果。他38岁任集贤校理(图书馆长)并负责医书的校正工作。40岁兼任殿试复试考官。42岁起,开始负责编校古籍,历时九载,后来还兼知制诰(起草诏书)和三司度支判官(国家财政长官)。51岁时,冒死顶撞皇帝,竟三次拒绝起草诏书,被神宗怒斥为"轻侮诏命,翻复若此,国法岂容!"于是被撤职查办。后因皇帝实在不舍其才能,次年又被起用,并先后担任婺州、亳州、杭州、濠州、沧州、扬州、应天府、开封府等地的一把手。58岁时,他被临时抽调到朝廷,参与《仁宗实录》和《英宗实录》的整理工作。67岁时,他第三次正式到中央任职,并先后出任刑部尚书、吏部尚书兼侍读、尚书右仆射、尚书左丞等。最后,在73岁时,被任命为中书侍郎。此外,他还数次出使当时的超级大国辽国,用友善和巧妙的示弱方法等,为宋朝的发展赢得了数十年的和平大环境;顺带还掌握了辽国的政治制度、经济实力、军事设施、山川地理、风俗民情、外交礼仪等信息,并向朝廷做了系统的书面汇报,写成《前使辽诗》《后使辽诗》《鲁卫信录》等书。特别是这第三本书,汇集了与辽国往来有关的各种礼仪和文件程序,因而颇受皇帝重视,甚至由神宗亲自题写了书名。

作为专家型的领导,苏颂一生曾两次领导过科研工作。一次是38岁那年,领导《图经本草》（以下简称"《图经》"）的编撰；另一次是67岁那年，领导研制"水运仪象台"（以下简称"水仪"），而且两次都取得了圆满成功。比如，500年后，明朝著名医学家李时珍，都还在盛赞《图经》："考证详明，颇有发挥。"又比如，800年后，李约瑟在深入考察了水仪后，在《中国科学技术史》中说："我们借此机会声明，我们以前关于'钟表装置……完全是14世纪早期欧洲的发明'的说法是错误的。……在中国许多世纪之前，就已有了装有另一种擒纵器的水力传动机械时钟。"换句话说，李约瑟承认，水仪不仅是杰出的天文仪器，也是最古老的天文钟。

作为领导型的专家，苏颂也干得相当不错。比如，在天文观测设备的研制方面，他创造性地把浑仪、浑象和报时装置三组器件综合在一起，建成了一个以水为动力的巨型高台建筑仪器。它也是世界上最早出现的集测时、授时和报时于一体的综合性授时天文台。在机械设计方面，他编撰了《新仪象法要》一书，这是世界上保存至今的最早的机械图纸，而且还相当完整，以至于其中所附机械图竟成为破解张衡、僧一行、张思训等同类著作的钥匙。在星图绘制方面，他完成了若干重要星图，不但本身极具科学价值，而且其绘图方法也是一种创新。在药物学方面，他完成了专著《图经》，这也是我国第一部流传至今的配图本草著作等。

对了，别以为苏颂只是科学家、政治家或外交家，其实他还是文学家和收藏家呢，特别是在文献学、诗歌、散文、史学等领域，更是行家里手。比如，作为一位高产诗人，他常与著名"诗翁"欧阳修及苏东坡等诗人一起和诗，《全宋诗》中也录有他多篇代表作。

公元1101年，也就是苏东坡去世那一年的6月18日，苏颂也安然去世，享年82岁。

声光磁学研究的先锋——沈括

谁都知道,电子通信的核心理论是磁学、光学和声学,而早在一千多年前,沈括就在这三个方面的研究中取得了若干成就。

关于磁学,他给出了人工磁化的方法,并用人工磁化针来做指南针试验,还发现基于悬丝法的指南针效果最优。特别重要的是,他最早验证了地球的磁偏角,即地磁的南北极与地理的南北极并不完全重合。

关于光学,沈括首次发现了小孔成像、凹面镜成像等原理,指出了光的直线传播、凹面镜成像的规律,揭示了现代光学中的等角空间变换关系,给出了表面曲率与成像之间的关系;甚至他发现,若将小平面镜磨凸,就可照见更多的像,如今防盗门上的猫眼便是例子。他给出了透光铜镜的原理,推动了后世的透光镜研究;更给出了首个滤光应用例子,即刑侦中的"红光验尸"手段。

关于声学,沈括发现音调的高低由振动频率所决定,并记录了声音的共鸣现象。他还用纸人来放大琴弦上的共振,首次形象地说明了应弦共振现象。他还提出了"虚能纳声"的空穴效应,并以此来解释"士兵用皮革箭袋当枕头,便可听到远处人马声"的原因等。

其实,沈括还为通信系统做过其他贡献,发明了一种效果更好的通信书写工具——"烟墨"。具体说来,他利用石油不易完全燃烧而生成炭黑的特点,首创用石油炭黑来代替松木炭黑,从而制造出了"文房四宝"中的一种更好的墨。该新产品获得了当年同事、著名文人墨客苏轼的好评,认为它"在松烟之上",即认为用它磨出来的墨汁,比过去使用的松烟更好。

沈括的成就太多,远不止上述通信方面,其实他还是中国古代少有的伟大数学家、物理学家、化学家、天文学家、地理学家、水利专家、医药学家、经济专家、军事家、艺术家等。甚至他也是当时全球最卓越的科学家。他被李约瑟称为"中国整部科学史中最卓越的人物"。1979年7月1日,中国科学院紫金山天文台将其1964年发现的一颗小行星2027命名为"沈括星"。为突出重点,下面简要介绍沈括的生平事迹。

沈括,公元1031年出生于宋朝的一个官宦之家。他的曾祖父曾任吴越国的营田使,后来吴越国被宋朝吞并了,便又被朝廷任命为大理寺丞,他外祖父也是太子的导师。沈括家最大的特点就是盛产进士,舅舅是进士,伯父是进士,父亲是进士,他自己后来也是进士。

能生于如此"进士之家",其智商肯定不一般。果然,小沈括4岁起就把家里几辈子积攒的几库房图书全都给读完了。实在没书可读后,父亲就带着他"读万卷书,行万里路"。于是,小沈括借老爸出差之机,游遍了泉州、润州、简州和汴京等地,既深入接触了社会、增长了见识,更培养了他对大自然的强烈兴趣和敏锐的观察力。由于过于沉溺于读书,再加上沈括自幼体弱,所以他需要经常服食中药调理,长辈们也不时翻阅家传药书《博济方》,哪知此举竟然又勾起了小沈括的"学医瘾",于是这条"小书虫"便开始啃医书,搜集医方,研究起医学来了,后来还真的撰写了多部医学专著。

19岁那年,父亲去外地当官,沈括便暂居舅舅家,无意中又读到了舅舅的兵书。这下小沈括一个猛子就又扎进了军事学的海洋,后来不但写出了自己的兵书,还真的在战场上付诸实践了,并取得了不少战绩。

20岁时,父亲去世。三年后,擦干眼泪的沈括继承父亲的职责,出任海州沭阳县主簿,负责治理沭水,开发农田,并将其水利经验传授给了修建芜湖万春圩工程的哥哥。这又为自己后来成为水利专家打下了坚实基础。

32岁那年,沈括考中进士,并于两年后调入京师,参与编校昭文馆书籍,详订浑天仪,并在闲暇时研究天文历法等。

37岁时,沈括升任馆阁校勘,从此,他便有机会接触皇家的海量藏书,这对一个未来的科学家来说,简直就是如鱼得水。

40岁那年,是沈括的命运转折之年。本来在学术圈里春风得意的他,在为母亲守丧期满后,回京述职,却鬼使神差地进了政治圈。从此便一发不可收地坐上了"未系安全带的过山车":一会儿是皇帝的宠臣,一会儿是宰相的战友,一会儿被投进监狱,一会儿再被重用,一会儿被贬,一会儿又被平反。总之,起起伏伏,冰火两重天,令人眼花缭乱。客观地说,他既光明正大地弹劾过别人,也偷偷摸摸地陷害过政敌;既被对手坑过,也曾罪有应得;既在军事和外交等方面为国家和民族立过功,也在损人利己等方面有过劣迹。据不完全统计,他早先是王安石变法的得力干将,后来又被王安石骂为"小人"。传说,他故意将昔日同事、今日政治对手苏轼的诗句"根到九泉无曲处,世间唯有蛰龙知"歪解为"皇帝如飞龙在天,苏轼却要向九泉之下寻蛰龙"。于是,他作为始作俑者,害得苏轼因"愚弄朝廷""无君臣之义"的罪名差点丢了性命,并牵连了苏轼30多位亲友。

总之,沈括经过十年宫廷斗争后,带着政治斗争留下的满身伤痕,终于在晚年怀着一肚子的悲凉,结束了失败的政治生涯,隐居在梦溪园。从此,便死心塌地,重新做起了青年时代的"科研梦",再也不过问政治。幸好,沈括"宝刀不老",在去世前的十几年里,为人类留下了众多不朽的科学成果。

都说"一个成功的男人背后,站着一个伟大的女人",但是,沈括的情况却又与众不同,这并非指他背后站着两个女人(原配和继室),而是指他背后站着的不是一个人,而是一只"母老虎"——继室张氏。也许张氏眼中只有失败的政治家,不见成功的科学家吧。据说,张氏骄蛮凶悍,经常责骂沈括,甚至拳脚相加。有一次,张氏发飙,竟将沈括的胡须连皮带肉扯将下来,吓得儿女们抱头痛哭,跪求母亲息怒。在悍妇的虐待下,沈括在隐居梦溪园后,大病一场。于是他身体越来越弱,常自叹命不久矣。据说,张氏暴病而亡后,友人都向沈括道贺,恭喜他从此摆脱了家暴折磨。而此时的沈括却终日恍惚,精神已濒临崩溃,一次乘船过江,竟欲投水,幸好被旁人阻拦。

熬到公元1095年时,沈括终于支撑不住,在其隐居地和亲人们永别了,享年65岁。同样也是这一年,被贬的苏轼却在悠闲地醉游西湖,并写下了著名的《江月五首(其一)》:"一更山吐月,玉塔卧微澜。正似西湖上,涌金门外看。冰轮横海阔,香雾入楼寒。停鞭且莫上,照我一杯残。"

活字印刷立大功

一提起活字印刷,你肯定会想起毕昇。可惜,这位教会人类以最快方式印出最多文字的鼻祖,却只为自己的生平留下了区区两个字:布衣,即平头百姓之意。实际上,目前有关毕昇的唯一确切记载,是沈括《梦溪笔谈》的"庆历中,有布衣毕昇,又为活板"。

不过,经考古专家的长期努力,最近还是找到了一些蛛丝马迹。虽非信史,却可供参考。1990年,有人在湖北英山县田间偶然发现一个宋代衣冠冢,其墓主之名也叫"毕昇"。若非同名同姓,毕昇的身世将获重大突破。该墓主"毕昇"诞生于公元972年,卒于公元1051年,享年79岁,葬于公元1052年清明节前夕;且至下葬时,他至少有4个儿子(毕嘉、毕文、毕成、毕荣)和3个孙子(毕文显、毕文斌、毕文忠),他的妻子名叫李妙音。另外,关于毕昇的籍贯,也有多种说法,且都有一定的理由。比如,若以上述墓碑为准,毕昇就是湖北英山县人;而清末进士李慈铭则说,毕昇是益州人,因为,他曾在一本名叫《居易录》的古书上,发现更早读者在该书空白处,手写标注了"益州人"三字;电影《毕昇》和部分专家又说,毕昇是杭州人,因为记录毕昇业绩的沈括也是杭州人,且那时杭州确实是全国印刷中心;还有人说,毕昇是安徽歙县人等。

毕昇的生平介绍虽然很少,但《梦溪笔谈》对活字印刷的介绍相当详细。

首先,活字的制作过程:用胶泥做成众多规格一致的毛坯方块,在其一端雕刻反体单字,笔画凸起的高度接近铜钱厚度,再经火烧成"字砖",便得到单个胶泥活字。对常用汉字,则需多个字砖,以适应排版中重复汉字的需要。若遇冷僻字,也可随时制用。

其次,活字的排版过程:为便于拣字,把胶泥活字按音韵(相当于现在的拼音)顺序分类放入木格,贴上标签。排字时,用一块带框铁板当版面底托,上铺一层用松脂、蜡和纸灰混合制成的黏稠药剂,然后把相应胶泥活字粘进框内。排满一版后,再用文火适当烘烤,让药剂稍微融化,然后用平板把字面压平,待药剂冷却凝固后,就制成了版型。

最后的印刷过程:先在版型上刷墨,再覆上纸张,用干爽刷子适当加压就行了。为提高效率,还可同时使用两块铁板,一版印刷,另一版排字,两版交替使用。印刷完成后,再烤化药剂,轻轻一抖,活字就从铁板脱落,然后再按序放回原来格中,以备下次使用。除胶泥外,毕昇还曾试验过木质活字印刷。但因木料纹理疏密不匀,刻制困难,且木活字浸水后会变形,与药剂粘在一起后也不易分离等问题,最终未被毕昇采用。

有关毕昇及其胶泥活字印刷术的信史资料也就这些了。你满意吗?若不满意,那就请与我们一起,玩一次穿越游戏,化为毕昇,重新演绎活字印刷的发明和推广过程。好了,现在你就是公元1041年时的毕昇了,你需要发明一种比当时已知的雕版印刷、拓印和印章等都先进的新型印刷术——活字印刷术。

其实,从原理上看,活字印刷术并不难,它只是将印刷底板的排列组合单元缩小了而已,即由玺的印章、拓印的石碑或刻印的雕版缩小为单个汉字的胶泥块而已。实际上,活字印刷的思想很早就有,比如在毕昇之前1200多年,秦始皇统一度量衡时,就在每个陶质衡器的泥坯上,用木戳印上了40字的诏书。

从经济角度看,由于中国古代的经典,比如"四书五经"或宗教文献等需求都很稳定,销量很大的新书并不多,故在强大的雕版印刷术面前,新兴的活字印刷术很难打开市场。而对销量很少的书籍,活字印刷又败给了手抄书。实际上,活字印刷术发明后很久,甚至在整个宋朝,雕版印刷术仍居统治地位。与雕版印刷术相比,活字印刷术还有一个致命弱点,那就是它无法印刷佛像等图画,所以它也很难在经书等带图的书籍印刷中打败更早的雕版印刷术。

从实用角度看,在工艺水平不高的情况下,若与英文等文字相比,中文、日文和韩文这样的文字确实更不适合于活字印刷术。比如,中文的活字印刷就至少需要数千个常用汉字的胶泥块,而英文则只需26个笔画简单的字母。这一点也可从活字印刷术的传播过程看出,比如,活字印刷术传到韩国后,出现了铁活字,并在13世纪末印出了现存最早的金属活字印刷品《答顺宗心要法门》;1376年,朝鲜出现木活字印刷品《通鉴纲目》;1436年,朝鲜又出现铅活字印刷品。16世纪末,日本出现活字印刷品《古文孝经》等。但无论是在中国、日本还是韩国,活字印刷术都未引起轰动效应,直到它传入欧洲,特别是在1440年左右出现铅活字印刷术后,印刷革命才真正爆发,印刷术也才成为影响人类文明的重大发明,而此时距毕昇已过去了400多年。

从工艺角度来看,活字印刷的难度很大,毕竟胶泥经高温烧烤后会无规则地严重变形,字迹更会受到影响。所以,后来在国内又陆续发展出了13世纪中期的锡活字、1298年王祯的木活字、15世纪末至16世纪初的铜活字、1718年的陶活字等。其中,元朝王祯所发明的木活字对后世的影响更大,仅次于雕版印刷术,所以下面就来简要介绍一下木活字。

或许你会觉得将毕昇的泥活字改进为木活字只不过是小修小补而已,毕竟,晚于毕昇200多年出生的王祯,在刀具水平大幅提高的情况下,自然想到用木活字代替泥活字。实际上,到底是不是王祯首先发明了木活字印刷术,这还是一个疑问。因此,我们只能保守地说"王祯可能发明了木活字印刷术"。原来,一方面,早在北宋时,毕昇就发明了胶泥活字印刷术,但该发明直到元代时都未普及。另一方面,木活字产生的确切年代和发明者,现已无法考证。比如,在宁夏贺兰山拜兰沟一座古代佛塔遗址中出土的西夏文经书《吉祥遍至口和本续》,可能是"迄今为止最早的木活字印刷实物",其印刷时间为公元12世纪中叶的南宋时期。专家估计木活字印刷的缘起约在宋元之际,可能是受毕昇活字印刷术的启发,从木料得到灵感而逐步形成的,很难说是某人某时的独创发明。但是,将木活字技术大规模成功推广的人肯定非王祯莫属。

但是,若要认真研究,王祯的真正贡献其实在于如何对数千个中文活字进行排列,以便工人能够快速找到所需的那个活字。这项技术的首创者无疑是王祯了,因为他创造了另一项配套发明,即所谓的"转轮排字盘和按韵分类存字法",即用轻质木材制成一个大轮盘,轮盘串在可自由转动的垂直车轴上,木活字则按古韵顺序,分别放入轮盘上的格子里。工人只需坐在轮盘前,轻轻拨动轮盘就可找字,实现"以字就人,按韵取字"。于是,当时还是旌德县令的王祯,竟用两年多的时间,雕刻了3万多个私章式的木活字,并首先试印了长达6万字的《旌德县志》。果然,不到一个月就印了百余册,且质量还很好。于是,他将该印刷术写成文稿《造活字印书法》并绘制出《活字板韵轮图》,然后将它们一起作为《农书》的附件,从此最早的系统叙述活字印刷术的文字材料便诞生了。

密码核心定理功臣之评价

孙子定理(国际公认的中国剩余定理)早已成为现代密码理论中的一个核心定理,而该定理的功臣是著名数学家秦九韶。

可是,关于秦九韶的评价却有一个问题,不同人群从不同角度给出的答案竟是天壤之别!比如,面对如此伟大的科学家,清朝以前的官方史料,竟是罕见的集体失声。最重视科技和科技人才的宋朝,在官方文献《宋史》中,甚至完全忽略了秦九韶,更不用说给他专门立传了。是他犯有啥十恶不赦的大罪吗?非也!虽然他生前确实遭过贬谪,但始终都是南宋政府官员;况且,即使像秦桧这种罪人,在《宋史》中尚且有传。莫非是秦九韶的地位不够高?非也!若按职位,他生前曾官至司农丞(农业部长)。若按学术地位,其代表作曾得到皇帝亲口肯定,且是当时公认的数学权威。

退一万步说,就算秦九韶的地位不够资格进入国家级史料,那他进入地方级史料的资格,总该绰绰有余了吧!但是,查遍所有地方志,无论是他的出生之地、工作之地或成名之地等,竟然都没有为他立传,以致到了今天,连他的出生日期都成了谜。更奇怪的是,他的子孙也选择了失声,至少没哪位子孙以这位祖先为荣。

还有一点值得深思,到了500多年后的清朝中晚期,当年秦九韶成名之地的湖州,在修订地方志《湖州府志》时,再次忍痛割爱,没能将秦九韶纳入其中。此举的含义深刻:一方面,此时秦九韶的学术地位已在全球获得充分肯定;另一方面,这次修志的主持人陆心源本身就是湖州人,还是秦九韶的粉丝,也是当时有名的数学家,更是"清末四大藏书家"之一。可惜,即使拥有诸多优势,秦九韶也仍然没有进入湖州地方志。无奈之下,陆心源只好撰写了《同治乌城县志跋二》,一边仰天大赞秦九韶"能于举世不谈算法之时,讲求绝学,可谓豪杰之士也",一边却破口大骂秦九韶"不孝、不义、不仁、不廉"等,反正把"文人之骂"发挥到了极致。末了还嫌不过瘾,又骂秦九韶"其人暴如虎狼,毒如蛇蝎,非复人类也"等。为证明自己并非无故陷害,陆心源还罗列了秦九韶的若干罪状,比如"多蓄毒药,如所不喜者,必遭其毒手"等。看来做学问重要,做人更重要呀!

后来,我们运用现代化的大数据手段,终于在古老的《郪县志》中找到了一小段有关青年秦九韶的记载。公元1231年,即秦九韶刚刚考中进士那年的六月,因暴雨成灾,郪江(四川省三台县)沿岸大量田地被水冲毁。在一个名叫核桃坝的地方,两农民因田界不清而发生争执。于是,时任郪江官员的秦九韶,经现场勘验后,竟利用几何学知识巧妙恢复了被毁田界的原状,让双方口服心服。看来,历史还真没忘记他曾做过的好事呢。

面对秦九韶的功与过,清朝以前的民间是啥态度呢?态度非常鲜明:用一个字来说,就是"骂";用两个字来说,就是"臭骂",怎么难听怎么骂,怎么狠毒怎么骂。反正,在学术圈外,很难找到为他唱赞歌的只言片语。其中"主骂手"有两位,而且还都是秦九韶的同时代之人:一位是南宋词人、文学家周密,他在文学作品《癸辛杂识续集》中骂秦九韶的贪暴;另一位是宋末文坛领袖、南宋豪放派词人刘克庄,他有这样一句话:"到郡仅百日许,郡人莫不厌其贪暴,作卒哭歌以快其去。"翻译成白话就是:刚到郡里上任仅百日,就因贪暴而深为百姓讨厌,遂编儿歌咒他早点去见阎王。更重要的是,刘克庄的文章是给朝廷的奏状,全名叫《缴秦九韶知临江军奏状》。换句话说,假若刘克庄胆敢有任何诬陷之词,他就可能招来杀身之祸。而事实证明,刘克庄后来却平安无事。我们不愿对相关骂词妄加评论,只在这里点到为止地指出这几段历史往事而已。

面对秦九韶的成就,外国人的态度也非常鲜明:用一个字来说,就是"赞";用两个字来说,就是"大赞",怎么好听怎么赞,怎么伟大怎么赞。反正在中国学术圈内,在中国历史上很少有人能得到如此广泛的全球盛赞。其中的"主赞手"也有两位,而且都是国际知名的大人物。一位是德国的著名数学史学家康托尔(1845—1918),他在《数学史讲义》中颂扬秦九韶乃"最幸运的天才"。另一位"主赞手"更是美国的著名科学史学家,号称"科学史之父"的乔治·萨顿(1884—1956)。他说秦九韶是"他那个民族,他那个时代伟大的数学家之一"。客观地说,若从今天的纯学术角度来看,秦九韶能获得这些盛赞,确实是当之无愧!因为,由他最终完成的"中国剩余定理"已成为现代数论的基本定理之一,而且该定理还将随着数学及相关应用学科的发展而变得越来越重要。该定理现在已是全球各中学和大学相关教材中不可或缺的重要内容之一。

面对秦九韶的功与过,国内学术圈是啥态度呢?首先来看其成果的冠名情况:秦九韶的主要成果在国外叫"中国剩余定理",在国内叫"孙子定理"。国内的这种叫法当然无可厚非,毕竟当年秦九韶所解决的这道数学难题确实最早出自另一部数学古籍《孙子算经》,所以秦九韶自己也将该定理称为"大衍求一术"。但是,若后人再公正一点的话,那它就该被叫作"秦子定理"。可惜,后人觉得秦九韶不够"秦子"之称吧,因为中国古代的"某子"是对人的尊称,比如,孔子、孟子等。即使如此,称该定理为"秦氏定理"也许没啥问题吧,毕竟在该定理的创立过程中,秦九韶的贡献确实远大于孙子。不过,稍微值得欣慰的是,秦九韶的另一项成果"正负开方术",被现代人称为"秦九韶程序"。可惜,该成果的价值远远不如"孙子定理"。

京杭大运河弯道取直者——郭守敬

元朝定都北京后,隋唐大运河的那个侧翻"人"字弯道就再也没有意义了。于是,那个弯道就被取直,隋唐大运河也变成了京杭大运河,其运输里程节约了900多千米,更是大大促进了当时的通信系统建设。负责完成此项艰巨任务的人,就是当时世界顶尖的数学家、天文学家、水利专家、历法专家、设备制造专家郭守敬。其实,郭守敬为现代通信理论所做的贡献至少还包括:发明了三次差的内插公式,拓展了小孔成像原理的多方应用,复制了一种名叫"莲花漏"的先进计时器等。郭守敬的其他科技成果就更多了,难怪在他去世近200年后,著名传教士利玛窦还在称赞郭守敬的仪器,认为它们"规模和设计之精美,远超欧洲同类设备。虽经受了250多年的风吹雨打,也丝毫无损于原有的光荣"。难怪元朝首任皇帝忽必烈,在称赞他时说"任事者如此,人不为素餐矣";元朝第二任皇帝铁穆耳说"郭太史神人也!";难怪直到1977年3月,国际小行星中心还将小行星2012命名为"郭守敬小行星";难怪在郭守敬诞辰750周年之际,国际天文学会还将月球背面的一座环形山命名为"郭守敬环形山";难怪至今已为他发行了众多纪念邮票和纪念金银币,已用他的名字命名了众多街道、公园、纪念馆等;难怪如今郭守敬之名几乎妇孺皆知。

在介绍郭守敬时,必须先说清时代背景,否则就很容易产生误会。比如,过去确实有人理直气壮地骂他是"大汉奸",因为,一方面他是汉人,另一方面其又在帮助蒙古人消灭南宋的过程中,扮演了非常关键的甚至是不可替代的角色。对这段历史,有些传记采取了故意忽略的方法,但反而欲盖弥彰。因此,我们在这里干脆单刀直入,让大家全面了解真相。

其实,郭守敬的父亲、祖父、曾祖父,甚至上溯104年的祖宗,都是金国人或者说是金朝的汉人;只有更早的祖宗才是北宋人,因此,郭守敬当然不会认为自己是南宋人。

但郭守敬本人出生时是哪国人呢?这还真不好说:因为,他的出生地是现在的邢台市,而按金朝的地图,此地本该是金国的边疆,但当时的金朝已摇摇欲坠。在郭守敬3岁时,金朝被正式消灭了,从此,郭守敬便成了名正言顺的元朝人。另外,在郭守敬出生前4年,元朝已把西夏王朝给灭了,所以,下面也会谈到他曾代表元朝,在西夏故土上开展相关水利建设。特别是在郭守敬48岁那年,元朝最终把南宋给灭了,从此中国再次统一。

综合而言,郭守敬一生中所从事的工作,很多都是他代表元朝政府的"职务发明",其主要任务之一就是配合元朝的"灭宋战略"。反正,元朝政府让他干啥他就干啥,这与所谓的"大汉奸"完全不搭界。下面重点介绍郭守敬的业绩。

郭守敬,字若思,其父母的情况史料未载,可能均已早逝。他由学识渊博,爱好广泛,通晓五经,以及擅长数学、天文、历算和水利等且颇有名望的爷爷抚育长大。郭守敬从小就勤奋好学,沉默寡言,不贪玩乐,好读书,爱思考,善观察,史书说他"生有异操,不为嬉戏事"。

郭守敬的事业成功主要得益于其祖父。交友甚广的祖父,不但为孙子提供了良好的早期教育,还让孙子很早就与许多社会名流保持密切联系,这其中就有后来对他帮助最大的三位奇才:刘秉忠、张文谦和王恂。原来,在郭守敬10岁左右,祖父的好朋友刘秉忠回乡葬父,丁忧三年,并借机在家乡讲学论道。于是,祖父就把郭守敬送到刘秉忠门下,学习数学、地理和水利等。其间的知识长进自不必说,关键是,这时郭守敬还结识了另两位同门师兄张文谦和王恂。

郭守敬不但头脑聪明,还早在少年时代就具备了很强的动手能力。比如,在15岁时,他就根据古书中的浑仪图,以"竹篾为仪,积土为台"仿制了一个天文观测站,并在祖父的指导下,开始仰望星空,洞察星宿的运行轨迹。真正让郭守敬首次表现出超人科学才能的事情,是他凭一己之力复制了"莲花漏"。其实,"莲花漏"本是北宋科学家燕肃发明的计时仪器,它能保持漏壶中的水流均匀,故能准确计时,但由于它太复杂,并未引起北宋政府的重视。于是,燕肃到处奔走,宣传莲花漏的优越性,甚至把莲花漏的图样刻在石头上,让百姓了解其功能。一百多年后,待到元朝建立时,人们早就忘了莲花漏的构造和原理。大约16岁时,郭守敬偶然被一份模糊的《石本莲花漏图》给迷住了,于是,他废寝忘食,潜心钻研,终于复制出了一台莲花漏。正是这台准确的报辰设备使他成了当地名人。20岁时,他就被任命为当地一个大型水利工程的总负责人。

哪知此举又让时人领略了他的卓越才华。原来,在邢台城外本有一条古河,河泥常年淤积、河堤滑落,致使河道堵塞,形成了一个大湖。古河上原有一座桥,后来也被洪水所毁,桥身被冲走,桥墩淹没在一片汪洋中,不仅交通不便,还常闹水灾。由于时间久远,再加上战争造成的人员流动,本地人早已不知桥址与河道的走向了。但又因湖面太宽,找不到合适的建桥新址,许多建桥高手只能望湖兴叹。这时,初生牛犊郭守敬自告奋勇承担了这项重任,并最终取得成功。此项工程深得好评,以至于当时正隐居在此的曾写出千古名句"问世间情为何物"的著名文学家元好问,在听到郭守敬的事迹后也专门为新桥写了一篇《邢州新石桥记》,记下了郭守敬初露头角时的水利业绩。从此,郭守敬更是名扬天下了。

大约在郭守敬30岁时,经刘秉忠推荐,刚登基的元世祖忽必烈邀请张文谦出任高官。于是,张文谦便带着师弟郭守敬一同赴任,至此,郭守敬正式进入政坛。一年后,忽必烈广招天下英才,张文谦又借机力荐郭守敬。在忽必烈接见并面试郭守敬时,后者趁机将自己研制的"莲花漏"献给了忽必烈。天子大喜,遂将它作为司天台的官方计时工具。从此,郭守敬不负朝廷厚望,成了元朝科技界的一员猛将。

1316年,郭守敬安然去世,享年86岁。遗憾的是,郭守敬的后代至今不知去向,这可能是改朝换代所致吧。

小孔成像巧揭秘

早在宋末元初,就有一位名叫赵友钦的隐士,在其《革象新书》中准确而完整地归纳出了包括小孔成像原理在内的若干重要的光学定律。比如,光线以直线传播,小孔成倒像,大孔的影像与孔的形状相同。特别是他还发现了"照度随着光源强度的增强而增强,随着像距的增大而减小"。四百多年后,该现象才被德国科学家更精准地表述为如今的"照度定律",即照度与距离的平方成反比。此外,赵友钦还发现了一些重要的视角规律,比如,"远视,物则微;近视,物则大"和"近视物,虽小犹大;远视物,虽广犹窄"等。

能在早期发现如此重要的光学定律当然令人震惊,但更令人震惊的是赵友钦发现这些定律时所采用的实验方法。比如,为了研究光学中的小孔成像原理,他真的在封闭的房屋中,大动干戈,挖出了两个直径四尺多的圆井:一个深达四尺,另一个深达八尺。并在井底点燃了数百根蜡烛,以产生强度和形状各不相同的光源;井口处覆盖了一块木板,板中央洞穿了一个小孔。在井口上方悬挂了一块可以任意调节高低的木板,把它当作屏幕,以便井底光线透过小孔后,能投射到屏幕上。随后,他对各种实验参数进行不断调整,比如调整悬空屏幕的高度,或改变井口盖板上的那个小孔的大小和形状,或增减井底蜡烛的数量并将它们排成不同形状等,于是就在屏幕上出现了各种不同的光学投影。且不说赵友钦所取得的结果有多么重要,仅从该光学实验的构思之缜密、设计之精巧、规模之宏大等方面来看,赵友钦也开创了人类科学史的先河。而且,该实验中每个步骤都确定了一个参数作为研究对象,而其他参数保持不变,这种研究方法至今也是每个科学家必须掌握的关键技巧。

作为一个伟大的中国古代天文学家、数学家和物理学家,赵友钦的成果当然不止上述的现代通信基础的光学定律。为了突出重点,下面只简要介绍他的相关生平事迹。可惜,作为曾经的宋朝皇室后裔,准确地说是赵宋汉王的第十二代子孙之一,赵友钦一直被元朝新皇室定为重点追杀的目标,因此他的生平事迹,要么缺失,要么不知真假。

关于赵友钦生卒年月,多数资料都说"不详",也有资料说他"生活在13世纪中叶到14世纪中叶",还有资料说他"生于1279年,卒于1368年"等。若最后这个日期无误的话,那他应该是在襁褓中或在娘胎中躲过了宋亡的血光之灾。而且更具讽刺意味的是,在赵友钦去世前几年,他可能又目睹了元朝的皇室成员被朱元璋追杀的场面。

赵友钦的一生可谓是迷雾重重,颇具传奇色彩。他漠然世事,终生都迷恋占星和卜卦,也许是希望以此得到天启,及时趋吉避凶吧。据说,他天资聪颖,学识精深,懂历法,知术算,学问高超不凡,性情豁达乐观,既会算大卦,又会看风水,还能测天象。他先是在鄱阳度过了童年,很早就开始研习道家预测学,即所谓的奇门遁甲之术,并成为当地有名的风水先生。后来作为前朝皇室宗亲,他怕名声太响引起注意,便移居江西德兴,以看相算卦维生,浪迹江湖,一边躲避随时可能降临的仇家追杀,一边寻访世外高人。再后来,他流浪到东海地区,在那里独居了十年,并注《周易》数万言,让某位名叫傅立的绅士佩服得五体投地。最后他来到今天浙江衢州市的龙游东南鸡鸣山麓,结庐耕读,深居简出,并以此地作为第二故乡,生活了很长时间。他的大部分传奇故事,便发生在以鸡鸣山为中心的方圆数百里之内。

比如,关于他的职业,是这样传说的:他经常骑着一匹青色母马,带着一位小徒出外游学,一边寻师访友,一边广泛接触大自然,吸收天地之精华。他的足迹踏遍衢州和金华等地。但他既不从事生产劳动,也不做买卖,更未接受过谁的资助,甚至云游四方时连行李都不带,可他出手大方,似乎总有花不完的钱,以至于有人说他能点石成金。后来,他云游累了,想要休息了,便下马坐化而亡。人们将他葬于鸡鸣山下。

关于他的家室情况,也有几个版本,但都比较相似,应该不太离谱。一种说法是,他在鸡鸣山麓的范家村成了家,还生了一个女儿,长得清秀可爱。另一种说法是,他是范家的上门女婿。还有一种说法是,他把女儿嫁给了姓范的人家。反正,他与范家村肯定有很深的渊源,甚至后人为纪念他,还专门在范家村给他建立了祠庙。清朝著名学者毛凤飞为再版的《革象新书》写序时还说,范氏族人每年都到赵友钦的墓前祭奠,其场面相当壮观:"族众接踵而至,皆往鸡鸣山墓,登高临水,步先生观星台徘徊眺览。"

关于他的得道经历,传说是这样的:有一天,他正在龙游芝山的某个酒馆给人算命,突然闯进来一个浓眉大眼的猛汉,捧起一坛烈酒,"咕咚咕咚"就是一通狂饮。顿时,赵友钦眼前一亮,认定此人非同寻常,赶紧凑上去攀谈。果然,两人聊得十分投机,相见恨晚。临别时,那男子掏出一本道家绝世宝典送给他。赵友钦惊得目瞪口呆,连忙向恩人致谢并问其姓名。对方答曰:"我乃石得之也。"天哪,这真是踏破铁鞋无觅处,得来全不费工夫!须知,这石得之就是石泰,乃道教内丹之祖张伯端的弟子,又名石杏林,他更是赵友钦长期仰慕的著名道家名人。赵友钦赶紧拜石泰为师,从此看淡世事,隐居鸡鸣山附近的范家村,并在师傅的指导下潜心治学,进步很快,后来还成了全真道著名的道长。

实际上,赵友钦的简短生平之所以能传至后世,主要得益于他的一位名叫陈致虚的弟子。陈致虚也是一位重量级的道家人物,元朝"全真道"的栋梁,道号"上阳子"。他写了一部神仙传,名叫《上阳子金丹大要》,其中对自己的老师赵友钦是这样介绍的:"缘督真人姓赵讳友钦,字缘督,饶郡人也,为赵宗子。幼遭劫火,早有山林之趣,极聪敏,天文、经纬、地理、术数莫不精通。及得紫琼师授以金丹大道,乃搜群书经传,作'三教一家'之文。名之曰《仙佛同源》。又作《金丹难问》等书行于世。己巳之秋寓衡阳,以金丹妙道悉付上阳子。"

  这段文字虽简,但已是目前有关赵友钦生平事迹最丰富的档案了。由于缺乏更多材料,此处仅如实给出原文,不做过多解释,只想指出其中一点,那就是这里的"紫琼"意指道家南宗张紫阳。由此可见,赵友钦在道家的地位之高,竟是南宗嫡传。其实,民国《龙游县志》中记载:"南北二宗尽萃于缘督先生而为一矣。"换句话说:赵友钦同时是南宗和北宗(全真道)的传人,可见其道学之精深,确实非同一般。

第六章
明朝通信

若从通信水平看,明朝的地位很尴尬。按横向比较,此时欧洲开始了文艺复兴运动,包括通信在内的各领域的科技成果出现井喷,把本来暂时领先的明朝远远甩在了身后。按纵向比较,明朝通信几乎全面延续了宋元体系,很难谈得上有什么开创性突破。虽然郑和下西洋将古代航海通信水平推向了世界顶峰,可随之而来的数百年海禁又让中国在全球航海时代的远洋通信退回到了原点。

若从量变角度看,整个明朝在信息通信系统的建设方面还是取得了不少成绩。比如,以徽商、晋商、闽商、粤商等为名号的商帮非常活跃,全国各重要城市到处都有他们的店铺,这就从侧面反映了当时各地区之间的民间信息流通相当顺畅,否则这些"连锁店"根本不可能运营。明朝人口总数高峰时接近2亿,国土面积非常辽阔,其间还进行了明征安南战争、明缅战争、明东南沿海抗倭之战、万历朝鲜之役、萨尔浒之战等对外战争,这也旁证了当时的国家级通信,特别是军事通信系统非常高效。在信息内容建设方面,明朝也做出了不少贡献,皇帝下令编修了中国首部百科全书《永乐大典》,此外,《西游记》《水浒传》《三国演义》《金瓶梅》四大奇书也纷纷问世,李时珍撰《本草纲目》,徐光启撰《农政全书》,宋应星完成《天工开物》,甚至连欧几里得的《几何原本》也被引入了中国。

若从对中国历史的影响来看,明朝通信界更是独树一帜。比如,中国最能玩的人出现在明朝通信界,中国最能想的人也出现在明朝通信界。甚至,将明朝送上断头台的人,也出现在明朝通信界。

郑和下西洋

郑和作为全球首位洲际航海家,也作为哥伦布和麦哲伦等人的先行者,他七下西洋的故事几乎家喻户晓,此处自然不再复述。

从通信角度看,郑和的最大历史贡献就在于他基于七次航海考察而绘制的《郑和航海图》。该图是"全球最早的科学海图"(李约瑟语),也是人类现存的首套实用远程航海图集,所绘基本航线以南京为起点,沿长江而下,出海后顺海岸南下,自中南半岛、马来半岛海岸,穿越马六甲海峡,经斯里兰卡到达马尔代夫。由此再分为两条航线,一条横渡印度洋到达非洲东海岸;另一条从马尔代夫横渡阿拉伯海到达伊朗东南部。它以中国传统山水画立体写景的形式,形象直观地绘制了沿途山岳、岛屿、桥梁、寺院、城市等物标,以利在航行中辨认;主要国家和州、县、卫、所等则用方框标出,以示其重要性;全图共有530多个记名,包括亚非海岸和30多个国家和地区,往返航线各50多条,航线旁还标注了若干实用导航定位数据,甚至还有各国方位、航距及航向,何处停泊、何处有礁、何处有滩、何处有人等。

从海上交通角度看,《郑和航海图》的特点主要有三:

其一,它是专供航海的实用图,航向和航程尤为清晰,显著目标被画成景物以便识别和定位,还用文字说明了转向点和水深情况,更注明了导航星宿的方位等,这些都属首创。

其二,针对内河和航海的不同情况,采用了不同的绘图策略。比如，自南京到太仓，由于沿长江要不断改变航向，此时图中就不再含航向和航程，但对两岸地形、地物描绘得特别详细，足够普通水手凭经验完成航行。又比如，自太仓到苏门答腊，再到印度半岛的东西海岸，由于此时主要依靠沿岸和近海航行，故除用罗盘导航外，还得以山头、岛屿为目标，因而图上绘有显著的山峰和地物，并在主要航线上注明了航向和航程等。还比如，自马尔代夫到伊朗，因是远洋航行，此时图中除了注明基本航向外，还加注了星宿导航数据，以便采用天文导航。

其三，为了使用方便，全图以航线为中心，从右向左连贯而成。由于这些航线本来的航向各不相同，因此图中各段的南北向也随之而异。

郑和虽然不是专职信使，但他的七次奉命远航，确实在向沿途诸国传递各种信号。比如，他来到南洋后，就以强大的武装力量告诫某些好斗岛国要"循理安分，勿得违越；不可欺寡，不可凌弱"，否则将要"耀武以慑之"。果然，那些"风俗劲悍，专尚豪强"者，都"罔敢不服从"；那些"侵掠邻境"者，都立即偃兵息甲。此外，郑和还趁机传播佛教，统一了相关地区的宗教信仰，促进了亚非国家间的贸易交往、文化交流，稳定了沿途和平局势，形成了"海道由是而清宁，番人赖之以安业"的和平气象。

郑和本名叫作马和，于公元1371年出生在山高皇帝远的云南省昆明市晋宁区的一个贵族回民家中，过着喜忧参半的生活。

喜的是，其家族好不光荣——早在一百多年前，祖先就作为色目人的杰出代表，配合蒙古人轻松消灭了南宋王朝，然后跟随忽必烈任命的云南王一起，从遥远的北方移居云南，享受着高人一等的贵族生活，整个家族从此就在这里世代繁衍。其母亲姓温，非常贤良。由于上有一个哥哥和姐姐，下有一个妹妹，所以，作为家中老三，马和又被称为马三保或马三宝。反正，从家庭情况来看，各方面都令人称羡。

忧的是，马和家族倚仗的元朝，早在马和出生前四年就已被朱元璋灭掉了，且明朝军队正磨刀霍霍,意欲最终消灭包括马和家族在内的盘踞在云南的元朝残余势力。果然,在马和10岁那年,明朝30万大军就杀到云南,仅仅一年后,云南王就惨遭灭顶之灾,马和的父亲也阵亡。年仅11岁的马和被俘虏,并被阉割后送入明朝南京皇宫成了小太监。

14岁那年,马和又被当作礼品,赏给了远在北京的燕王府。很快,身材魁梧、聪明伶俐的马和就引起了燕王朱棣的注意,并被安排为朱棣的贴身太监,后来更被培养成了朱棣的亲信。为了提高身边工作人员的整体素质,深谋远虑的朱棣不仅为亲信小太监们聘请了名师授课,还允许他们阅读府中的大量藏书。于是,天赋异禀、思维敏捷且勤奋好学的马和,很快就脱颖而出,成了学识渊博之人。马和27岁那年,朱元璋将皇位传给了太孙,满以为自己的传位之举天衣无缝——因为此前他已杀掉了几乎所有可能威胁皇位的明朝开国功臣。可人算不如天算,就在朱元璋尸骨未寒之际,争夺皇位的冲锋号就在皇族中吹响了。仅仅一年后,"养兵千日"的燕王终于开始"用兵一时"了。原来,经过周密准备后,朱棣发动了著名的"靖难之变",经过四年血战,终于从自己的亲侄子手中抢得了皇位,成了永乐大帝。在登基后论功行赏的大会上,马和因多次出色完成重任而被朱棣赞为"内侍中无出其右"。在33岁那年,他被赐姓为"郑",同时升迁为正四品的"内官监太监"。从此,青史传名的郑和就震撼登场了。

郑和作为新皇的核心亲信,当然更受重用。果然,仅仅在被赐姓一年多后,他就领旨开始了史无前例的七次下西洋活动。至于这些接二连三的航海活动的真实目的到底是什么,至今仍存在激烈争论——有的说是想宣扬国威,有的说是想加强与海外诸国的联系,有的说是想为宫廷购回奢侈品,还有的说是寻找被朱棣抢走皇位的建文帝,以便斩草除根,以绝后患。但无论什么说法,至少有两点是确定无疑的:其一,七下西洋只是皇帝意愿,不是郑和的个人行为;其二,这些活动的目的绝不是地理考察,甚至压根儿与科学无关,只是附带产生了通信效果。

关于郑和七下西洋的意义，专家观点也泾渭分明。正方从政治、经济和文化等方面对其给予了充分肯定，甚至感到自豪。反方则认为，明朝这是在"打肿脸充胖子"，靠"撒币"购买芝麻小国的虚假颂歌，结果只是养了一群白眼狼。更具讽刺意味的是，在全球航海时代，明朝皇帝们一边接连发布禁海令，一边却又展开了连续30年的官方大型航海活动。

就在郑和53岁那年，即1424年，朱棣去世。接班的明仁宗立即下诏停止了自1405年以来，首尾相连持续近20年的六次大型下西洋活动。可仅仅一年后，即1425年，明仁宗逝世，明宣宗继位。据说，《郑和航海图》就是在这第六次活动结束后的九年里完成的。

不知何故，1430年，明宣宗又令59岁的郑和第七次下西洋。于是，经过近一年的重整旗鼓，一支2.7万人的船队，在1431年1月19日扬帆远航。大约在1433年的回程途中，郑和不幸病逝。

从此，中国便开始了400多年的闭关锁国，直到清朝的国门被海外列强的坚船利炮强行打开。

通信界最能想的人——王阳明

在中国历史上，能满足"立德、立功、立言"这三不朽条件的人，只有两个。一个是孔子，另一个就是明朝通信界某位失败的小人物，准确地说是被明朝贬谪到西南偏远之地的一个驿丞。

这位驿丞在通信方面当然没啥作为，毕竟他所管辖的邮驿规模太小、位置太偏，始终处于门可罗雀的状态。于是，这位驿丞便趁机冥思苦想，终于在某个月黑风高的夜晚，他突然想到了八个字，即"圣人之道，吾性自足"。于是，一门影响了中国600多年的学问就此诞生了。现在你也许已猜到该驿丞的名字了。没错，他就是被誉为"明朝第一人"的著名思想家、哲学家、书法家、军事家和教育家——王守仁。

王守仁，字伯安，别号阳明，1472年出生于浙江余姚的一个显赫家族。据说，童年时期的他名叫王云，因为母亲怀孕近一年才分娩，且在他出生之夜，其祖母梦见天神衣绯玉，后者云中鼓吹，抱一赤子，从天而降。于是，祖父就高高兴兴地给孙子取了一个很应景的名字——王云，并将其居室命名为"瑞云楼"。可是，王云之名并未给孙子带来好运，他5岁时都还不会说话，只是悄悄默记了祖父阅读过的书籍。

面对这个哑巴孩子，王家上下着急万分，但又无计可施。终于有一天，一位高僧路过家门，摸着王云的头说："好个孩儿，可惜道破。"于是，祖父茅塞顿开，赶紧根据《论语》中的"知及之，仁不能守之，虽得之，必失之"一语，将孙子的名字改为"守仁"。果然，刚刚得名的王守仁就开口说话了，且很快就给家里带来了好运。比如，在王守仁9岁那年，他父亲就高中状元，后来还当上了朝廷高官。

凭借良好的家世，王守仁从小就拥有非常优越的学习环境，12岁正式就读私塾。可惜，仅仅一年后，母亲去世了，这对小小年纪的他来说无疑是一个重大打击。但志存高远的王守仁，心思不同常人。一次，他与私塾先生讨论何为天下最要紧之事时，就差点没把先生气死。原来，在那个人人都想当状元的年代，王守仁竟然超凡脱俗地认为"科举并非第一等要紧事"，天下最要紧的是读书做圣人。可是，如何才能成为圣人呢？这在古今中外可都是没有现成之路的啊。因此，先生自然认定这小子是在胡思乱想。更让先生生气的是，嘴上说要"读书做圣人"的王守仁，却并不好好阅读圣贤书，而是把许多时间都浪费在了研习兵法上，并发誓要为国效忠。甚至从15岁起，他就屡次上书皇帝，献策如何平定各地的武装起义，这当然不会引起官方重视。于是，他竟不顾危险，只身前往当时的边疆居庸关和山海关进行实地考察，时间长达一个月之久，试图纵观塞外，经略四方。

王守仁18岁那年,偶然旁听了一次有关"格物致知"的学术报告,于是他又开始"胡思乱想"了,并坚信"圣人可学而致之"。果然,他不但通读了朱熹的全部著作,还仔细思考了宋儒的"物有表里精粗,一草一木皆具至理"学说,甚至实践了朱熹的"格物致知"理论。原来,他竟然要按照自己理解的"格物致知"之法,来探究竹子之理。结果,他面对竹林痴想,竟然"格"了整整七天七夜,不但没有任何收获,还把自己给累病了,甚至差点因此丢了小命。从此以后,他就对"格物致知"学说产生了极大怀疑。

大约20岁时,本来对科举毫无兴趣的王守仁,被迫首次参加了浙江乡试并成功中举,其后他的学业大有长进。但因他仍把太多时间用于推演军事和练习射箭,所以直到22岁时他都未能考中进士。当时的一位内阁首辅对他开玩笑说:"下次科举你必中状元,何不现在就写篇状元赋来提前庆贺一番呢。"哪知,王守仁信以为真,竟然随手完成了一篇精妙绝伦的状元赋,惊得朝堂上的元老们目瞪口呆。可惜,这篇状元赋写得太早了,因为在接下来的那次科举考试中,他再次落第。王守仁的状元父亲赶紧开导儿子说,此次不中,下次努力就行了。哪知王守仁却笑答道:"众人以不登第为耻,我以不登第却为之懊恼为耻!"

28岁那年,屡考屡败的王守仁总算考中进士,走上了仕途。不过,他仍然频频出入佛寺道观,对佛学和道学更加着迷,甚至在31岁那年干脆回老家绍兴,住进了会稽山的一个山洞,自号"阳明子"。这位阳明先生一会儿试图利用导引术养生,一会儿又试图预知未来,反正他把自己搞得神经兮兮,却始终没能成为圣人。如此这般折腾了一年多以后,王守仁总算觉悟了,终于发现佛道之学不能让他成为圣人。

一心只想成为圣人的王守仁当然搞不懂官场规矩,在35岁那年,他得罪了重权在握的宦官刘瑾。结果,他被杖刑四十大板,并被贬谪至贵州龙场担任驿站驿丞,负责邮驿工作。同时,他的父亲也受牵连,被赶出北京,调任南京吏部尚书。

其实，宦官刘瑾本不想贬谪王守仁，而是想干脆判他死刑，来个一了百了。无奈皇帝不答应，于是在王守仁被贬往龙场驿站的途中，刘瑾多次派人暗中追杀。智勇双全的王守仁当然不是吃素的，他将一双鞋子漂浮在水面，成功伪造了自己跳水而亡的假象，躲过一劫。随后，他暗中到达南京面见父亲，讨论是否继续前往贬谪之地上任的问题。循规蹈矩的父亲劝他道："既然是朝廷的委命，你就有责任服从，不管多大的困难和风险，你都得继续上任。"

克服千难万险来到龙场驿站后，满腹经纶的王守仁才终于搞懂了"蛮荒之地"一词的真正含义。原来，这里民智不开，经济和文化都极度落后，附近的山民更是语言不通、习俗不同的原住民。雪上加霜的是，按照当时朝廷的规定，虽然龙场驿站早已十分破败，但作为谪官的王守仁仍不能住在官方驿站里，只能住在附近一个蛇虫出入的山洞中。

幸好，这里的山民非常善良。在度过了最初的互不信任阶段后，大家都纷纷前来帮助王守仁，同时也喜欢听他讲述山外的奇闻轶事。正是在这种情况下，王守仁结合自身的遭遇，动心忍性，日夜反思。终于有一天，他在半夜三更突然顿悟，不但创立了后来著名的阳明心学，还从此走上了通向圣人的康庄大道，这便是史称的"龙场悟道"。

通信界最能玩的人——徐霞客

请问，从古至今，中国最能玩的人是谁？当然是徐霞客！这老兄当了一辈子"背包客"，仅靠双腿就三十年如一日，先后分三个阶段"穷游"了21个省（区）的100多座城市、500多个岩洞及数千个景点，完成现存60万字的巨著《徐霞客游记》。

徐霞客的"穷游"有三层含义：其一，是指他游得很穷酸。他出行主要靠单人徒步，甚至经常雇不起向导。好容易偶尔奢侈一回乘个船吧，结果还惨遭劫匪,差点丢了小命,盘缠等自然被抢夺一空。

其二,是指他游的地方几乎都是穷山恶水、人迹罕至、蛇兽出没、盗匪猖獗之地。各种危险层出不穷,与其说他是在旅游,还不如说是在玩命,数度出生入死,常陷穷途末路。

其三,是指穷尽之意。他几乎穷尽了大半个中国的名山大川,穷尽了祖传家产,穷尽了探险的酸甜苦辣,更穷尽了游记的美妙辞章。

再请问,从古至今,中国通信界最能玩的人是谁?仍然是徐霞客!徐霞客虽然从未当过一天邮递员,也没有送过哪怕一封书信,但若从明朝官方的角度来看,他确实是名正言顺的邮递员,确实拥有一张官方颁发的邮递员执业证书,即所谓的"火牌"。凭借这张火牌,徐霞客便可以随时住进当时全国各地的驿站,同时还享受驿站提供的免费食物,从而大大降低了徐霞客"深度自助游"的成本。

徐霞客的本名叫弘祖,字振之,"霞客"只是后来的自号。他于1587年生于江苏省江阴市。这位千古奇人好像本来就是为旅游而生的,到处考察人文、地理、水文、气象、动植物等,以致"达人所未达,探人所未知"。

徐霞客的祖先都是科举能手。比如,一世祖徐锢就是通过科举,成了北宋开封府尹。后来由于蒙古军入侵,徐霞客的祖先才举家迁到偏僻的江阴县,并开枝散叶形成了以徐霞客为第十七世孙的庞大家族。但后来,家族的科举基因却发生了突变,甚至变得几乎与科举无缘了。其中最惨的是徐霞客的高祖徐经,因为这位高祖本来有才又有财,而且对科举颇感兴趣,于是带着一大批仆从和银两,浩浩荡荡进京赶考,对金榜题名志在必得。

胸有成竹的徐经一路走,一路玩,景点一个也不漏,更少不了沿途写下众多美妙游记。不知是有幸还是不幸,反正徐经在途中就结识了有才但无财的同科考生唐伯虎。两人一见如故,就结伴而行。徐经的财,使唐伯虎的才如鱼得水;唐伯虎的才,也使徐经的才突飞猛进。果然,当徐经和唐伯虎两人双双走出

1499年的考场时,都毫无悬念地得了高分。可意外的是,题他俩大名的,不是金榜,而是一封诬告信。更倒霉的是,当年的糊涂皇帝断了一桩糊涂案,竟永远取消了他俩的科举资格。从此以后,唐伯虎就潇洒"点秋香"去了,而徐经却成了"上访专业户",一心想鸣冤翻案,最终郁郁寡欢地从上访路走上了黄泉路,死时年仅35岁,并留下遗言:子孙耕读传家,决不再踏进科举考场半步!于是,从徐霞客的曾祖父开始,到其祖父,再到其父亲,徐家人就真的再也不写八股文了。不过,这并不影响徐家人游山玩水的兴致,毕竟其家族天生就有很强的旅游基因;也不影响徐家人发财,毕竟其家里有田、有地、有能人,据说其曾祖父的田产就多达1.2万亩;更不影响徐家人做学问,想读啥书就读啥书,想做啥研究就做啥研究,反正只需做自己喜欢的事就行了。因此,整个家族不但代代传承了众多奇书,更产生了不少奇人。都说"十年树木,百年树人",经过近百年,徐家的财产虽大量缩水,但徐家人一代更比一代"会玩"。

徐霞客童年很幸福,勤奋好学,博览群书,尤其钟情于祖传的众多旅游书,常盼望早日走进书里描述的山水之中。那时他特别能读书,不但一目十行,更是过目不忘。他还特别喜欢收集各种奇书,虽然家里藏书颇丰,但只要有好书,再贵也舍得买,即使没带钱,用衣服抵押也在所不惜。不过,他压根儿不想为考试而读书,只是在15岁那年象征性地参加过一次失败的童子试,从此就再也没摸过考卷了。

徐霞客的父亲也是旅游迷,旅游事大,其他事小,甚至为了不影响一次西湖游,父亲竟不惜推掉多位高官的来访计划。父亲不但自己游,还经常带着妻儿老小在苏杭之间进行"城际家庭游",或爬山,或登峰,或潜水,这使得徐霞客很早就立下"大丈夫当朝碧海而暮苍梧"的旅游大志。果然,从此以后,徐霞客要么在景点中旅游,要么在旅游书中神游。19岁那年,徐霞客的父亲去世了。在为父守孝三年后,在母亲的全力支持下,22岁的徐霞客开始了为期6年的第一阶段圆梦之旅。此时,他还只是热身游,一来并未远行,只在附近的太湖等地进行试探性的旅游,甚至都没留下游记,毕竟"父母在,不远游"嘛;二来并不长期在外,每次都是"定向而往,如期而返",既让母亲放心,也不误家里的关键农时;三来他的中长途旅游本领还没过关,比如,地理知识、登山技巧、渡水秘籍、罗盘导航技术、野外生存能力等都还有待提高,特别是长期的旅游攻略还有待检验和完善等。

徐霞客的母亲也是一位奇女子。她出自书香门第,从小就聪明勤奋、知书达理、见识不凡、胸怀博大。母亲19岁就嫁到徐家,可直到43岁才生下徐霞客,难免对儿子格外宠爱,坚决支持儿子所做的任何事情,支持儿子继承并发扬光大徐家旅游传统。特别是丈夫去世后,当儿子抛下全家老小独自外出旅游被质疑为"不孝"时,母亲挺身而出,为儿子打气,不但亲手给儿子缝制了"远游冠",还勇敢挑起了持家重任,发挥纺纱特长,开设织布工坊,并很快推出了远近畅销的"徐家布"。母亲对儿子的支持是全方位的:从经济上看,"徐家布"的收入是支撑儿子第二阶段中程游的主要经济来源,使儿子能在每年的大部分时间里,在野外海阔天空中畅游。从精神上看,母亲是儿子游记的忠实读者和听众,这让儿子十分得意。即使儿子30岁那年,因其夫人病故而精神受到打击,母亲也鼓励儿子别放弃旅游。更奇葩的是,为配合儿子旅游,80岁的母亲王氏,在去世前一年竟主动要求儿子带着自己一起游,还故意走在儿子前面。难怪后人盛赞"霞客之奇,王氏成之"。

徐霞客一生中最精彩、最艰辛、最悲壮,也是走得最远的旅程,当数第三阶段的万里长途游。为此,他在为母亲守孝期满后,又准备了近十年之久。一方面,为筹集足够的路费,他甚至不惜变卖或抵押了大部分田产;另一方面,为解除后顾之忧,他还得将两个儿子养大成人,直到他们成家立业。当然,其间他还进行了多次中短程旅游。

终于,在50岁那年,徐霞客留好遗言,带上随时准备埋葬自己的铁锹,开始了最后一次史诗般的旅游。在历时四年的时间里,他经历过三次被抢、四次断粮，还遭遇了同行者病故和向导卷款潜逃等意外事故。但无论多难，他都一往无前，最终奇迹般地一口气游览了浙江、江苏、湖广、云贵等地，写下了《徐霞客游记》的主体部分，其间的传奇故事之多简直难以言表。当他到达云南腾冲时，不幸身患重病、心力交瘁，更因"两足俱废"不得不终止游历，被数名壮汉从3000千米外抬回老家，途中栉风沐雨156天。回家不久，便与世长辞了。

声波震动揭秘人——宋应星

明朝的原创性通信理论和技术成果虽然很少，但在1637年，宋应星还是在《论气》一书中，对声音的产生和传播给出了科学解释，即声音是由空气的振动而产生，也通过空气传播。宋应星的这个解释，无疑在实质上揭示了后来电话的基本原理。

谁是宋应星？许多人可能还对这个名字略感陌生。但若提起他的代表作《天工开物》，可能就无人不知、无人不晓了。

宋应星，字长庚，1587年生于江西奉新的一个汉族家庭。早在元朝时，他祖先本姓熊，是南昌府的高官。但在从元到明改朝换代的过程中，为避兵乱，其祖先便改姓为宋。进入明朝后，宋应星的家族也经历了数次大起大落：曾祖父宋景是明弘治十八年（1505年）的进士，官至正二品，是明朝中期的核心阁臣，对后代很有影响。祖父少有大才，志向宏伟，可惜其志未酬，青年夭折，以致父亲刚刚出生一周就成了孤儿。父亲成年后也不甘心，总想通过科举再次光耀门楣，可惜终生碌碌无为，只考了个秀才。不甘心的父亲对后代寄予的希望极大，盼望家里能再出几个科举明星。作为家中老三的宋应星，有两个同父异母的哥哥。其中同母大哥宋应升比他年长十岁，对他也最关心，后来这哥俩还一起创造了若干奇迹呢。

宋应星从小就有三个特点：

第一个特点是喜欢读书。他见啥读啥，读啥会啥，会啥想啥，幼时读诗文，童年能写诗，常使大人惊叹不已，后来又爱上了阅读声学、农学、哲学、数学、地理、技艺、音乐及天文等方面的书籍，而且还能活学活用。比如，他后来之所以撰写《天工开物》，其灵感就来自早年熟读的《本草纲目》。又比如，他之所以对实用科学感兴趣，主要受益于北宋名人张载"为天地立心，为生民立命，为往圣继绝学，为万世开太平"的思想。

坊间流传着一个"宋应星买书"的有趣故事。据说，15岁时，宋应星听说宋代沈括的《梦溪笔谈》很值得一读，却总也得不到该书。他问遍所有亲朋好友，查遍所有书店都一无所获。有一天，他一边想着《梦溪笔谈》，一边埋头赶路。突然，只听"哐当"一声，待他回过神时，早已将对面一个老者的纸包撞翻在地。他吓得连声道歉，并弯腰拾起纸包归还对方。突然，他眼前一亮：这纸包竟然是《梦溪笔谈》的封面！他赶紧请教纸包的来历，原来是几里以外某店铺正在使用的包装纸。他二话不说，撒腿就跑到该店，上气不接下气地买下了这本即将被撕完的《梦溪笔谈》后半部。

宋应星的第二个特点就是爱好广泛，尤其喜欢游山玩水，而且能在玩中学、在学中玩。他求知若渴，见啥学啥。少年时，他就与自己的大哥和朋友等一起，几乎玩遍了方圆数十千米内的狮山、百丈山和越王山等风景名胜，常在游玩中相互和诗，相互激励，纵谈天下大事。成年后，只要有机会，哪怕是在紧张的赶考路上，他与大哥也都不愿放过任何可玩之处，比如他后来在《天工开物》中所记述的许多农业和手工业生产技术和知识，就是他在五次失败的科举考试路上获得的。换句话说，每一次失败的科举之路，对宋应星来说都是一次成功的科考之旅，是名副其实的"读万卷书，行万里路"。

宋应星的第三个特点是聪明伶俐，过目不忘，过耳能诵。据说，在与大哥一起读私塾时，先生经常在放学前布置家庭作业，要求大家背诵若干篇课文，第二天一早再逐一检查。每次，大哥都老老实实背诵到深夜，直到滚瓜烂熟后才肯上床睡觉。而宋应星回家后则照玩不误,天一黑倒床便睡,一觉到天明。神奇的是,每次先生检查时,宋应星都能倒背如流,很受先生喜爱。大哥颇为不解,追问后才恍然大悟:原来,每当大哥在苦苦背诵课文时,弟弟在床上一边听大哥背诵,一边慢慢进入梦乡,他不知不觉就记下来了。

成功之路千万条,但在父亲眼里只有科举考试这一条。于是,为了尽孝,宋应星虽然极不乐意,但仍与大哥一起,像当时所有其他读书人一样,走上了"万般皆下品,唯有科举高"的道路。刚开始时,兄弟俩还捷报频传,让父母高兴得合不拢嘴。比如,兄弟俩不费吹灰之力,一举考中秀才。在宋应星17岁那年,兄弟俩各自成家,忙着生娃,并准备冲刺下一目标——举人。宋应星28岁那年,是父亲最得意的一年。原来,这一年,万事俱备的兄弟俩一起前往省城南昌参加乡试。那一年是考生最多的一年,上万考生黑压压一片,挤满了考场。那一年也是录取人数最少的一年,发榜时只有109名幸运儿。然而,考试结果却惊呆了众人:宋应星高居第三,其大哥名列第六!哇,不得了啦,一家子同时考中两位举人!喜讯传到家里,父母热泪盈眶;喜讯传到乡里,街坊四邻奔走相告,纷纷鼓掌;喜讯传到县里,县长也觉得脸上有光,并下令用两匹高头大马,把兄弟俩风风光光接回家,沿途围观者人山人海。从此,宋应星与其大哥就成了全县有名的"奉新二宋",成了当地读书人的榜样。意气风发的兄弟俩一高兴,就决定来年上京考进士,再展雄风,为家族争光。

可哪知,面对随后连续五次的进士榜,老父亲就再也笑不出来了:第一次是在1616年,兄弟俩名落孙山;第二次是在1619年,兄弟俩榜上无名;第三次是在1623年,兄弟俩未被考官看中;第四次是在1627年,别人挤上了榜单;第五次是在1631年,结果与前四次一样。就这样,16年最宝贵的青春时光过去了,宋应星也成了一个44岁的中年人。还要不要再考第六次、第七次,甚至"活到老,考到老"呢?于是,经过长期纠结后,他终于一咬牙,和进士说"拜拜"了。从此,宋应星才开始做真正的自己,从事自己真正感兴趣的事情。幸好,宋应星宝刀不老,多年的"厚积"终于开始"薄发"了。

1634年,宋应星在江西分宜县的县学谋到了教谕职位,并在这里待了四年。这四年是他一生中最重要的四年,是他实现"鲤鱼跳龙门"的四年,也是山沟里飞出金凤凰的四年。原来,教谕岗位很清闲,不但业余时间多,还能接触不少图书资料,为他的写作创造了良好的条件。于是,在这短短的四年里,宋应星先后完成了包括《天工开物》在内的众多学术著作。

教谕期满后,宋应星因考核优等,于1638年升任福建汀州府(今福建省长汀县)推官,官居正八品,可仅仅两年后,他就觉官场无趣,便在1640年任期未满时,辞官归乡。1643年,他第二次当官,出任正五品的安徽亳州知州。然而,此时已值明亡前夕,宋应星赴任后竟发现,因为战乱,衙门内连公堂都被烧毁了。老实巴交的宋应星却坚守阵地,还捐资在城内建了书院。1644年初,衙门实在冷清,他只好再次辞官返回奉新。果然,当年三月,李自成就攻陷京师,明朝灭亡。但宋应星兄弟俩对明朝的感情颇深,清朝建立后的第三年,即1646年,大哥竟服毒殉国,以示对明朝的忠心。在这之后,宋应星一直隐居不出,在贫困中度过了二十年的晚年生活。

清顺治年间,宋应星逝世。临终前,他告诫子孙:一不参加科举,二不做官,只以耕读传家。

通信界最能打的人——李自成

李自成肯定不是中国历史上最能打的人,但他确实是通信界最能打的人。他号称"闯王",借明末天下大乱之机,率流民起兵,以均田免税为口号聚集各地饥民,最终逼死了崇祯皇帝,埋葬了本已腐朽不堪的大明王朝。可是,这位"闯王"龙椅还没坐热,自己就被清军赶下了台,最终不明不白地死于湖北九宫山。

作为当时银川(今陕西米脂)的一位最底层邮差,李自成为什么突然要揭竿而起呢？这还得从李自成的出生说起。

李自成，原名鸿基，小字黄来儿，又字枣儿，1606年生于陕西米脂县的一个小山寨中。李自成从小就是一个苦命人，十几岁时丧母，不久又丧父。为了生存，他曾给别人牧羊，后来干脆当了小和尚，名为黄来僧。这位和尚可不一般，不但擅长骑射，还既杀生又吃荤，甚至是远近闻名的斗狠无赖之徒。他数次犯下死罪，但每次都侥幸逃脱惩罚。

21岁那年，无依无靠的李自成总算应征到银川驿站当了一名邮差。本以为生活可以就此稳定下来，哪知刚刚继承了皇位的朱由检却在崇祯元年（1628年）对全国的驿站进行了精简，邮差李自成便因丢失公文而被裁撤。失业回家后的他生活无着落，只好依靠借债为生。后来，他因无力还债而被官府严刑拷打，结果他竟杀死债主。李自成只好逃到甘肃当了一名边兵。当时的边兵生活极为艰苦，加上粮饷不足，军官贪腐严重，以致他经常挨饿受冻，这就为后来的造反埋下了伏笔。

崇祯元年（1628年），陕西闹饥荒，因军队缺饷，固原官兵带头抢劫州府银库。一时间各地贼兵四起，李自成的舅舅高迎祥本来就是一个马贼，此时也趁机在安塞联合饥民造反，并自称"闯王"。

崇祯二年（1629年），后金军大举南下，京城战事吃紧。为了保住京城北京，朝廷急调四方军队赴北京防守，李自成所在的甘肃边兵也受命向京师进发。途经甘肃榆中时，兵士们因军饷再次被克扣，终于引发了兵变，李自成当然就成了兵变积极分子。可哪知，刚刚兵变的李自成部队竟被朝廷打得落花流水，只有招架之功，毫无还手之力。崇祯皇帝又犯了一个严重错误，他不愿赈济灾民，从而致使农民起义军越来越多，局势大大失控，李自成的部队这才得以苟延残喘。

崇祯四年（1631年），早已被打得溃不成军的李自成，率众投靠了舅舅高迎祥，号称"闯将"。崇祯五年（1632年）联合起来的起义军照样处于被动地位，只好在山西辗转作战，勉强躲过了朝廷的强力镇压。待到崇祯六年（1633年）时，起义军被打得更惨,山西、河北等地的多股部队都被击溃,剩余残部几经转战才总算逃到了河南,但仍被朝廷围得水泄不通。

然而,崇祯七年(1634年),后金军第二次入塞。正在围剿起义军的朝廷主力被调到大同去抗击金兵,李自成的军队也趁机巧妙逃脱包围圈,连克巩昌、平凉、临洮和凤翔等地。后来,明军总算在陇州打垮了起义军,让情急之中的李自成等误入了兴安(今陕西安康市)车厢峡。该峡四面山势险峻,易入难出,唯一的古栈道出口也被明军截断,致使起义军伤亡惨重。李自成用计贿赂了明军将领的手下,然后向官兵诈降。果然,明军将领释放了李自成等人,还派遣了五十多名安抚官,将起义军遣送回籍。可是,刚刚走出峡谷栈道,李自成等就立刻杀死安抚官,再次反叛。

崇祯八年(1635年),朝廷继续围剿起义军,并将对方逼入河南洛阳一带。这时,全国的十三家起义军在河南召开了著名的荥阳大会,商议如何联合抵抗明军。李自成提出了"分兵定向、四路攻战"的方略。之后他转战江北、河南和陕西等地,不但攻陷了直隶凤阳,还掘了明皇的祖坟,更焚毁了朱元璋出家的皇觉寺。李自成还在宁州设伏,杀死了朝廷副总兵艾万年。总兵曹文诏大怒,追击时不慎中埋伏战死。可官兵仍然紧追不舍,致使大部分起义军被迫出关,只剩高迎祥和李自成留在陕西。后来,李自成的属下高杰带兵投降了朝廷,致使李自成和高迎祥再次兵败,不得不与张献忠会合,并在攻下陕西后分兵逃走。

崇祯九年(1636年),李自成的舅舅高迎祥被官军俘杀,李自成被推为"闯王"。从此,他带领起义军声东击西,避实击虚,接连拿下了武都、陇县和宁强等多座城池。崇祯十年(1637年),李自成主动进军四川,并在昭化、剑阁、绵阳等地屡次打败明军。可还没来得及高兴,起义军又在崇祯十一年(1638年)春天,在梓潼迎战明军时失利。接着又在潼关野外遭遇伏击,再次迎来灭顶之灾,最后仅剩下李自成等十八人藏在山中。由于此时的张献忠已经投降,传闻也说李自成已死,明军的攻势便基本停止,李自成等也才得以在山中喘息。这年冬天,李自成驻扎在富水关南的生龙寨,并第三次娶妻生子。

仅仅一年后,张献忠在崇祯十二年(1639年)再次造反。李自成马上率领数千人马与张献忠合兵。后来李自成发现张献忠图谋杀害自己,于是连夜逃走。明军又将李自成围困在大山中,其手下很多将领都纷纷投降。绝望中的李自成试图自杀,结果被劝。李自成的一个属下刘宗敏非常骁勇,此时他也想投降。李自成便带着他来到一座破庙,对刘宗敏说:"大家都说我会成为皇帝,你现在就占卜试试吧,如果不吉,你就杀了我去投降吧。"结果,刘宗敏三卜三吉,于是紧跟李自成。此例一开,军中许多勇士都誓死跟随李闯王。于是李自成烧掉辎重,轻装攻入河南。当时河南大旱,数万饥民争相跟随李自成,实力大增的起义军很快就攻下了宜阳、永宁和偃师等地。

崇祯十三年(1640年),李自成得到多位谋士相助。其中一位谋士李岩建议他不要随意杀戮,以赢得人心。李岩还编造"迎闯王,不纳粮"的童谣来煽动饥民,果然有越来越多的饥民前来投靠。

崇祯十四年(1641年),李自成攻克洛阳,杀死万历皇帝的儿子福王,之后顺势攻下襄城、南阳、邓州等十五座城池。崇祯十五年(1642年),李自成毁坏黄河堤坝,用洪水冲毁开封,致使城内百万居民惨遭灭顶,只有两万多人侥幸逃生。这一年,清军再次入关,京师告急。李自成也再次趁明军自顾不暇之时,一路向北攻城略地。崇祯十六年(1643年),李自成自号"奉天倡义大元帅",并在襄阳大封功臣,设立官爵,激励将士英勇作战。此时,当初起义的十三营农民军只剩下李自成和张献忠两支部队了。

崇祯十七年(1644年)是一个重要年份。这年一月,李自成在西安称帝,以李继迁为太祖,建国号"大顺",改元永昌,还册立了文武百官,并整顿大军,准备东征占领京师。二月,他在沙涡口造船三千,渡过黄河和汾河,并很快攻克太原。三月,他又攻克宣府、居庸关。在火烧昌平之后,京城驻军全部归降。没过多久,北京守城太监打开城门,李自成入城,崇祯皇帝在煤山自缢而亡。

至此，明朝终于被通信界的失败小人物李自成所灭。

军队机要通信

如果非要在明朝的通信中找出一个亮点的话，那么也许就是它的机要通信理论体系了。明末清初、著名的军事理论家揭暄完成了中国第一部颇有代表性的保密通信古籍——《兵经百言》。该书独树一帜地以一百个字作目录，继承并发展了历史上的兵家思想精华，并将之贯穿起来，构成一个较为完整的体系。

《兵经百言》由三部分组成：上卷智部，共28个字条，主要论述了设计用谋的方法和原则；中卷法部，共44个字条，主要论述了组织指挥及治军方法和原则；下卷衍部，共28个字条，主要论述天数、阴阳及作战中应注意的问题等。

《兵经百言》提倡先发制人，故把"先"字放在通篇之首，并将先发制人的运用艺术分成4种境界：调动军队应能挫败敌人的计谋，为"先声"；总比敌人先占必争之地者，为"先手"；不靠短兵相接而靠预先设下的计谋取胜，为"先机"；不用争战应能制止战争，战事未发应能取胜，为"先天"。书中强调，"先为最，先天之用尤为最，能用先者，能运全经矣"，并研究了"致人而不致于人""兵无谋不战""不战而屈人之兵"与"先发制人"的内在联系，该书充分体现了在战争中积极进取的强烈竞争意识。

《兵经百言》提倡朴素的军事辩证思想，力主灵活用兵，认为"事变幻于不定，亦幻于有定，以常行者而变之，复以常变者而变之，变乃无穷"。书中用"生""变""累""转""活""左"等字条，从各个方面阐述了变与常的辩证关系，强调了敌变我变的权变思想。该书理论明确，深入浅出，篇中百字，可谓字字珠玑。百字内容，相互贯通，互为表里，互相对应，互相补充，先看后看，都给人启迪，有茅塞顿开之感，其中的哲理警句也耐人寻味。

《兵经百言》的思想内容很丰富，且非杂抄硬拼，语言也很简练。

首先,它科学地解释了古代的天文术数,认为风、雨、云、雾是一种自然现象,与天意或鬼神等术数无关,但人们可以利用这些现象为自己服务。书中认为,恶劣气候往往是进攻的好时机;战争胜负与术数无关,是人决定"气数",而非"气数"决定人。它既主张以人事和时务来制定战争决策,又主张假借鬼神而用兵,以鼓舞军心,打击敌人士气。

其次,它明确提出了军事相关事物既彼此对立又相互依存的思想。比如,在论述以计破敌时,强调"我用计,敌亦用计,我变敌亦变",只有考虑到这一点,才能高敌一筹,战而胜之。

最后,认识到事物之间的相互变化,主张以变制变,活用兵法,认为"动而能静,静而能动,乃得兵法之善"。阴阳、主客、强弱都处在不断变化中,指出用兵要善于随机应变,因敌之巧拙,因己之长短,因将之智愚,因地之险易而灵活用兵。

《兵经百言》特别重视信息保密通信,强调"谋之宜深,藏之宜密",而且,还专门有一字条"秘",论述了密码的重要性。其原文是:"谋成于密,败于泄。三军之事,莫重于秘。一人之事,不泄于二人;明日所行,不泄于今日。细而推之,慎不间发。秘于事会,恐泄于语言;秘于语言,恐泄于容貌;秘于容貌,恐泄于神情;秘于神情,恐泄于梦寐。有行而隐其端,有用而绝其口。然可言者,亦不妨先露以示信,推诚有素,不秘所以为秘地也。"其大意是:保密是军务的重中之重,泄密必败。一人知道的东西,不能让两人知道;明日才能公布的消息,今天不能泄密。密事易于被言语泄露,密言易于被外貌泄露,密貌易于被神情泄露,密情易于被梦话泄露。行动不能暴露端倪,功用也不宜乱说。即使对可讲之人,也不妨先试试他是否可信。

《兵经百言》中的"传"字条里,更总结了古代军队的保密通信方法。其原文是:"军行无通法,则分者不能合,远者不能应。彼此莫相喻,败道也。然通而不密,反为敌算。故自金、旌、炮、马、令箭、起火、烽烟,报警急外;两军相遇,当诘暗号；千里而遥，宜用素书，为不成字、无形文、非纸简。传者不知，获者无迹，神乎神乎！或其隔敌绝行，远而莫及，则又相机以为之也。"其大意为：军队分开行动后，若相互间不能通信，就会打败仗；若虽能通信，却不能保密，也要被敌人暗算。所以，除了用锣鼓、旌旗、火炮、骑马送信、令旗、燃火、烽烟等联系外，两军相遇时还要验对暗号和口令；当军队分开千里之遥时，宜用机密信件进行通信。机密信分为三种：改变文字的常规书写或阅读方式，比如，替换或置换；隐写术，让敌方看不见保密信息在哪里；把文字写在出人意料之处，比如，写在服饰或人体上等。总之，要采用保密的通信方式，甚至使得信使都不知道信中内容，但收信人却可以根据事先的约定，读懂秘密信息。

《兵经百言》的作者揭暄，1613年生于江西广昌。这位奇才从小就立志高远，特别喜欢谈论兵法。早在学生时代，他就精研了诸子、诗赋、术数、天文、军事、岐黄等百家内容，且非常留心世事，常常闭门独自精思，探求事物要妙，被赞誉"才品兼优，德学并茂"。揭暄既善于借鉴和继承前人经验，又善于另辟蹊径将它们总结发展，推陈出新。

作为军事理论家，揭暄发现：过去的兵法，有传无经，支离破碎。特别是许多军人固守前人兵训、祖传阵法，却不知权变。于是，他便以一百字，将各种兵法思想和作战方法等进行归纳，将其精华融会贯通，写成了前无古人的《兵经百言》。

作为抗清名将，当清军攻陷南京后，揭暄与父亲举兵抗清。那时，他们父子二人名声赫赫，响震江闽之间，与南明兵部侍郎的抗清大军互为掎角之势。抗清期间，他还积极向明唐王建言，提出了许多有关天时、地势、人事及攻守战御机要等方面的重要策略，均被采纳，并被授以兵部职方司主事。不久后，揭暄惊闻父亲殉难，遂悲痛而归，此后便隐居不出。

明朝灭亡后，清朝康熙帝屡召他入仕，但他都以年迈推辞，终日只潜心读书。比如，为探究宇宙的奥秘，他博览群籍，日夜观察天象，精心考据，于康熙二十八年(1689年)著成《璇玑遗述》,不仅阐发了天文方面的惊人创见,还独立提出了天体自转的思想,更体现其渊博的数学知识。

作为科学家,揭暄绘测了月面图,测定了潮汐涨落时间,并提出了宇宙无限说等,其真知灼见,为海内外学者所推崇。

此外,揭暄的非军事著述还有《性书》《昊书》《二怀篇》《道书》《射书》《帝王纪年》《问答》《周易得天解》《星图》《星书》《火书》《舆地》《水注》等,这些经典广泛涉及天文、地理、历史、哲学、数学各个领域。

1695年,揭暄逝世,享年82岁。

第七章
清朝通信

作为中国历史上的最后一个封建王朝,相比于明朝,清朝前期的农业和商业非常发达,江南出现了密集的商业城市,并在全国出现了大商帮。在此基础上,人口突破了4亿大关,占当时世界总人口10亿的近一半。清朝国土面积也比明朝大幅度增加,不但统一了蒙古诸部,还将新疆和西藏纳入版图,极盛时期的清朝领土呈荷叶形,西抵葱岭和巴尔喀什湖,西北包括唐努乌梁海,北至漠北和西伯利亚,东到太平洋(包括库页岛),南达南沙群岛。所有这些事实都指向一个重要基础,那就是清朝前期的通信水平达到了历史新高,它足以支撑一个庞大的帝国有效独立运行。

但是,由于从明朝起数百年的闭关自守,特别是经鸦片战争国门被强行打开后,与当时的国际先进通信水平一比,清朝的通信水平就显得极为落后了。幸好,由于晚清时期实行了一阵子洋务运动,才使得包括电话、电报、铁路、邮政等当时的先进通信技术和理念得以进入中国,从而勉强奠定了中国现代通信残缺不全的基础,它们也是本章将要重点讲述的故事。

晚清的电报故事

1837年,莫尔斯发明电报,之后电报就作为一种先进的通信工具,在欧美大行其道,广受欢迎。1867年至1870年间,晚清思想家王韬游历欧洲时,曾目睹了欧洲电报普及的情景。他当时记载道:"车道之旁贯接铁线千万里,不断以电气秘机传递言语。有所欲言,则电气运线如雷电之迅,顷刻千里,有如觌面晤对,呼应问答。"因此,这位王韬可能是第一位见过电报的中国人。

19世纪60年代末,英国人将海底电缆铺设到了印度,并打算经东南亚延伸到中国内地。在陆地上,英国、挪威、丹麦等国的电报公司已将电报线贯穿了西伯利亚,并计划延伸到中国东南沿海和日本。为了加强与中国的联系,西方列强纷纷要求在中国架设电报线。早在1861年,俄国公使就向清廷提出要求,希望在北京到天津之间架设铜线,这自然遭到清廷的断然拒绝。

说服工作无效后,列强们就开始来硬的了。1865年6月,利富洋行的英国商人雷诺,在英国领事的支持下,无视清廷禁令,擅自在江苏省川沙厅(今上海市浦东新区)至上海的沿线架设了电线杆,铺设了电报线路。1870年4月,英国驻华公使照会清廷,要求"由广州、汕头、厦门、福州、宁波向通商各海口的水底暗设铜线,通到上海"。未等清廷回复,外国电报公司就开始动工铺设海底线缆了,清廷只得有条件地承认既成事实,并指示各地官员:"遇有洋人安设通线之处,只准在沿海洋面水底,其线端只准在船内安设。"其大意是说,清廷虽然默许了外国铺设海底电缆,但不承担海底电缆的保护责任。同年,丹麦的大北电报公司开始铺设海参崴—长崎—上海—香港的海底电缆。于是,上海正式与世界电报联网,北通俄国,西通欧美,东通日本。

1870年,福州船政大臣沈葆桢上奏清廷道:列强们要求在内陆架设电线,若能阻止,自然是好事;若不能阻止,何不如自己架设电线,以便为我服务,掌握主动权。李鸿章也认为,外国若在通商口岸架设电线,中国将很难阻止,到时候民间风气渐开,民众自己架设电线,朝廷就更难阻止了,倒不如干脆主动仿制,掌握电报的主动权与通信主权。可面对沈葆桢和李鸿章的建议,清廷仍然拒绝接受电报这一新鲜事物。

最终促使清廷转变态度的事件是两场战争。第一场战争发生在1871年5月。当时沙俄侵占了伊犁,但情报通过传统驿站传到北京时,已经过去了3个月,待到朝廷做出指示传到伊犁时,又过去了3个多月。如此一来一回半年多,让清廷付出了沉重代价。第二场战争发生在1874年。当时日本入侵台湾,清廷从战前得知消息到做好迎战准备,也花费了整整3个月。军情本来就瞬息万变,如果始终只是依靠传统驿站来传递军情,那就只能吃败仗了。

1875年,为防止日本再次入侵台湾,同时加强台湾与大陆的联系,沈葆桢再次上奏清廷,请求铺设通往台湾的电报。这一次,清廷终于破天荒回复:迅速办理!原计划该线路将由台南到澎湖,再到厦门。可惜,由于朝廷最终拿不出足够的经费而致使该计划胎死腹中。

1877年,福建巡抚丁日昌赴台湾视察时,深感通信不便,台湾与大陆联系太难。他也请求朝廷在台湾设立电报。这次,依然由于资金问题,只是勉强铺设了一条全长不足50千米的中国首条电报线。不过,借该电报线的东风,李鸿章在1879年下令架设了从天津到大沽炮台和北塘炮台的电线。从此,他就坐镇天津,直接指挥远方的炮台,实现了"号令各营,顷刻响应,如臂使指"。

1880年,清廷官员奉命出使俄国交涉伊犁问题,需要与清廷保持及时沟通。当时的沟通方式很原始,最佳方案是先将信息从北京传到上海,再从上海发电报直通莫斯科。但是,由于北京至上海没有电报,若用轮船来回递送,将耗时10天,非常不便。于是,李鸿章联合若干开明大臣,强烈建议铺设上海到天津之间的电报线。终于,这次朝廷批准了。趁热打铁的李鸿章赶紧在天津相继设立了电报学堂和电报总局,前者负责培养电报人才,后者统筹电报业务。1881年12月24日,天津到上海的电报线完工,全长约1500千米,沿线还设立了镇江、苏州和上海等7处电报分局。

随后,清朝的电报业进入了一个小高潮:1882年,长3000多千米的苏浙闽粤线与江宁镇江线相继开工；1883年，天津通州线、龙州广州线、长江陆线开工；1884年，北京通州线、山海关奉天线、广州虎门线、江阴无锡线启动。至此，电报线在全国各地迅速蔓延。甚至从1884年起，慈禧太后本人也开始使用电报来传递信息了，朝廷公务也正式用上了电报。

1892年，迫于俄国压力，本来就穷得叮当响的清朝政府不得不花巨资，用7年时间建成了几乎没有任何经济效益的"北京—恰克图电报线"，全长超过1500千米。1898年，电报线终于正式引入清廷，甚至光绪皇帝也开始用电报来传圣旨。待到1903年时，清朝的电报干线已从沿海地区发展到了全国，水下电缆也已穿越黄海和渤海；西北部的电报线路，途经河西走廊沿天山南麓到达新疆喀什，再从天山北麓到达塔城。1908年，中国首次出现了无线电报，还成立了江苏省淞崇无线电报局。

据1909年的统计，当时全国建成的电报干线网，全长共计47641千米，覆盖了西藏以外的全部省份，形成了大体完整的电报通信网络。待到1911年清朝灭亡时，全国已建成有线电报线路6万多千米，设立了电报局约700处，拥有电报机787台，实现了电报东北则达吉林、黑龙江，西北则达甘肃、新疆，东南则达福建、广东、台湾，西南则达广西、云南，遍布二十二行省。

晚清的电话故事

在中国，电话和电报几乎同时出现。实际上，电报线路建好后，电话也就紧跟着进入了中国。电话线和电报线常被共用，两者的发展轨迹也几乎是并行的。起初，中国人将电话音译为"德律风"，后来，日本人根据电话的原理才重新创造了汉语"电话"一词。在一段时期内，"电话"和"德律风"两种叫法彼此通用，后来"德律风"慢慢消失，从此"电话"一词才被广泛采用。

在电话发明后仅过了15年，1876年，清朝的宁波海关官员李圭奉命前往美国参加"费城世界博览会",并在那里见到了能传话的电话机,从而使得李圭成为有史料可查的第一个见到电话的中国人。也正是这位李圭,借助此次参加博览会之机对美国邮政进行了详细考察,回国后就建议朝廷开办中国邮政。他的见解得到了李鸿章的赞许,后者命李圭拟写了《译拟邮政局寄信条规》,对十几种邮件的规格、特征、资费等做了详细规定。

1877年,也就是贝尔推出商用电话的第二年,清朝首任驻英公使郭嵩焘有幸成为第一位真正使用过电话的中国人。原来,当时郭嵩焘应邀访问伦敦附近的一家电厂。在参观过程中,主人特意邀请郭嵩焘体验了一把刚从美国传入英国的电话。该电话一端装在楼上,另一端装在数米远的楼下房间里。郭嵩焘让随行的翻译官到楼下去接听,自己则在楼上拨通电话。于是两人便玩了一通电话报数游戏,然后满意地挂断了电话。为此,郭嵩焘在日记中兴奋地写下心得体会,对语音质量进行了客观评价:语音不够清晰,报数却很明白。郭嵩焘将电话称为"声报机器",并将他在国外的见闻写成《使西纪程》一书,主张中国应研究学习西方的先进技术和制度。哪知,该书寄到总理衙门政审时,却遭到了无情攻击,以致在郭嵩焘生前该书始终未能公开发行。1879年,郭嵩焘迫于朝廷压力辞职回国,然后在其家乡被骂为"卖国贼"。声讨他"勾通洋人"的标语贴满大街小巷。郭嵩焘去世后,李鸿章上奏朝廷,请国史馆为郭嵩焘立传,并请赐谥号,可惜未获朝廷批准。

仍然是1877年,电话进入了李鸿章创办的上海轮船招商局,为了保持总局与码头之间的联系,李鸿章从外国买了一台单线双向磁石通话机,拉起了一根长约1000米的电话线。这是上海出现的第一部电话机,虽然它只能实现点对点的话音通信。

1882年,当时的丹麦大北电报公司在上海公共租界和法租界架设了电线杆,装设了25部办公用电话机和一部公用电话机,还在上海外滩7号公司内设置了磁石式人工电话交换所,从而建立了中国首个经营性固定电话网络。同年,英商中国东洋德律风等公司也在上海设立了电话公司,使得当时的实际电话用户数达到41户,其中包括外国洋行38户、中国商行3户。当年年底,用户数就涨到338户。这些用户都能借助电话交换所实现彼此间的通话。实际上,在交换所的每个接线员面前都有很多接线板,当呼叫方拨打电话时,对应的插座就会亮起小灯,然后接线员就拿起话筒询问其被叫方是谁。如果被叫方的电话号码在其管辖范围内,接线员就将插头插进对应的插孔中,然后被叫方的电话就开始响铃,双方便可以通话了。

由中国人自己设计制造的首部电话机出现在1889年,取名为"传声器"。该电话机的通话距离最远可达150千米。该电话机的制造者是当时在安徽主管安庆电报业务的彭名保。当时一本名为《淞南梦影录》的书在记载电话时这样说:"其法沿途竖立木杆,上系铅线二条,与电报无异。惟其中机括,则迥不相同,传递之法,不用字母拼装,只须向线端传语,无异一室晤言。据云十二小时内,可传遍地球五大洲。"

清朝自建的固定电话网起始于1900年。当年,在朝廷的推行下,两江总督兼南洋大臣刘坤一"因防务戒严,省垣地方辽阔,文武各员分驻较远,遇事传商,深虑稽延"等原因,奏请"分段安设电话,以线传语,以期呼应灵通"。获准后,刘坤一在南京润德里成立了江南官电局和电话交换所。原计划每50门磁石式电话机装配1台人工交换机,后来只安装了16部电话机,均为官邸衙署使用。不过,随后,固定电话的发展速度就比较快了。1903年,天津电话总局成立;1904年,北京官办电话局成立;1907年2月,清政府成立邮传部电政总局,随后又成立了规模更大的上海电话局,租用3间民房作为局房,共有员工19人,开业时用户数就高达97家。上海电信业打破了自1882年以来,电话一直由外商垄断的局面。

晚清的皇室成员们对电话也情有独钟。1908年8月,慈禧太后在颐和园安装了一部直通中南海的电话,供她与光绪皇帝专用。这是中国历史上第一条皇家御用专线电话。1910年,隆裕太后也在后宫安装了电话。溥仪的父亲——摄政王载沣,也在家里安装了电话。已经于1911年退位的末代皇帝溥仪,在得知电话这玩意儿后,强烈要求当时的内务府给自己安装一部电话。经反复协商,最后众人实在拿溥仪没办法,只好让北京电话局在1921年为15岁的溥仪在故宫养心殿内安装了一部电话,并送来一本电话号码簿。如今,这部电话仍保存在故宫博物院。溥仪在其回忆录《我的前半生》中还详细描述了当年使用这部电话的情形,可见他对电话的印象之深。当时青春不羁的溥仪,在有了这部外线电话后,竟然搞起了恶作剧。他按照号码簿,先是给饰演霸王别姬的京剧名角杨小楼打电话,模仿对方的念白;然后又冒充大户人家给某饭庄打电话,订购了一桌酒席,还让对方送餐上门;后来,他查到了胡适的电话号码,并通过电话约见了对方,这才引出了他俩有关白话文与新诗的面对面讨论。

我国的第一部长途电话诞生于1929年。当时,从南京至上海铺设了一条长途电话线,途经镇江、无锡、苏州、昆山等地。但是,这条线路不能复用,只要其中的两人在通话,其他人都得排队等候。因此,后来又增加了一条从南京直达上海的专线。当时的长途电话分为加急和普通两种,其排队规则是普通让加急、商话让军话、军话让防空、小官让大官。

晚清的邮政故事

从商朝到晚清之前,中国的邮驿系统已发展了3000多年。待到清朝时,驿站的功能越来越多,既可传递官府文书和军事情报,又可负责来往官员的食宿和更换马匹等事务。驿站的机构越来越庞大,甚至还专门成立了兵部车驾司来掌管全国驿站事务。同时,驿站的分布也越来越广,在清朝的全盛时期,全国共设驿站1970处,驿夫7万余人。此外还设专门传递急件的"急递铺"约1.4万处,其中速递员有4万余人。可惜,邮驿的传递速度始终很难提高,就算是快马接力传递,每昼夜也只能传递300千米至400千米,根本不能与火车或轮船相比。由于驿站大多设在干道旁,还得随时配备马匹、骆驼和车辆等交通工具,所以邮驿系统的维护成本非常高。

在闭关锁国期间,邮驿系统还基本能有效维持朝廷的统治,及时传递政治、经济、文化和军事等方面的信息。但是,当国门被列强的坚船利炮强行打开后,邮驿系统的弊端就逐渐显现出来了。

首先,古老的邮驿系统助长了官员们的贪腐之风,邮驿过程中的各种假公济私活动数不胜数,驿站甚至成了某些官员的发财平台。

其次,驿站只负责传递公文,民间信件的传递则需另辟蹊径。于是,一种名叫"民信局"的新型邮递机构应运而生。民信局最早是由宁波商人创立的,起初它主要开设在富庶的江浙地区,继而扩展到长江流域。待到19世纪二三十年代时,全国各主要工商业城镇都设立了民信局。清末时,民信局还把业务扩大到东南亚、澳大利亚、檀香山等地的华人聚集区。民信局是典型的商业机构,其业务除了传递往来信件外,还涵盖包裹寄送、汇兑、现金押运,甚至运输报纸等。由于是以营利为目的,民信局非常注重商业信誉,不仅服务周到、手续简单,而且运作灵活,很快就成为民间通信寄物的主要形式。

最后,列强侵入中国后,他们的邮递服务当然既不能使用朝廷的邮驿系统,也不能依靠民间的民信局,只好另起炉灶。早在1798年,葡萄牙人就将皇家"海上邮政"延伸到澳门。后来,列强又在近海水域的趸船上悬挂信箱,供来华人员通信,这便是所谓的"船舶邮局"。最早的"船舶邮局"是英国人在1826年自发组建的。再后来,列强干脆无视清廷的规章,在沿海城市明目张胆地设置了邮局,并将其称为"客邮"。1834年,英国人率先在广州开办了"客邮",它也是英国邮政总局在中国境内的首个"客邮"。第二次鸦片战争后,列强们在中国各地的通商口岸设立了众多的邮政局,不断扩大其"客邮"的地盘和规模,1842年,英军在刚刚强行占据的香港开办了另一个"客邮"。接着,英国又在各通商口岸开办了多个"客邮",随后,法国、美国、日本、德国和俄国也竞相效仿。

特别是在甲午中日战争至第一次世界大战期间,列强的"客邮"机构越来越多,设置的地区也越来越广,乃至新疆、西藏、云南和黑龙江等地都遍布了列强的"客邮",其中尤以日本和俄国的"客邮"最多。各国的"客邮"既为本国在华侨民和使馆人员服务,也收寄中国人在境内的邮件。于是,就有人以"客邮"的外商背景为掩护,从事某些灰色甚至是违法的走私活动,这不但严重侵犯了中国主权,也造成了中国邮政体系的混乱。

客观来说,"客邮"的存在,从事实上帮助国人正确认识了近代邮政的优势。另外,在与某些列强签订的不平等条约中,清政府被强行要求承担起保护"客邮"人员安全的责任,特别是要确保各国驻华使馆信差的自由来往。为了满足列强的硬性要求,1865年,清朝海关不得不在北京建立了通信机构。后来,由于太平天国运动的影响范围逐步扩大,清廷保护列强邮件和邮差安全的任务也越来越艰巨,不但要确保海关传递的信件安全,还要确保邮件在其他路段上也畅通无阻。于是,清廷只好提高已设通信机构的级别,将寄送信件的业务交由海关总税务司管理。

起初,升级后的清朝通信机构只是为各国使馆和海关寄递往来文件,地域也只限于北京和上海之间。后来,为了扩大服务面,李鸿章委托大清海关总税务司的英国人赫德试办海关邮政。于是,赫德便于1878年开始,从三个方面发力,在天津筹备邮政:一来是在原有海关邮务机构的基础上,开办了中国第一家海关与商号合资的天津邮政局,并开始收递民众信件;二来是以天津海关的名义公布资费表,明确邮件资费的统一价格;三来是由天津海关发行了中国第一套邮票——海关大龙邮票。同年,中国近代第一批邮局分别在天津、上海、北京、烟台和营口这五个通商口岸亮相。从1890年起,清政府就开始着手推广邮政;待到1896年时,全国所有已设置海关的地区都开办了海关邮政局。

英国人试办海关邮局并获利颇丰之举,自然让其他列强非常眼红,于是各国"客邮"都不约而同地以种种借口，不断蚕食中国邮政的权益。在这种情况下，当时部分清醒官员纷纷上书，请求朝廷建立国家邮政。比如，南洋大臣刘坤一和北洋大臣李鸿章都强调，若不赶快正式开办国家邮政，恐怕"异日中国再议推广，必要维艰"。1895年，南洋大臣张之洞更直接上奏光绪皇帝，认为"中外通商以来，英、法、美、德、日五国先后在上海设立彼国邮政局，其余各口岸亦于领事署内兼设邮局，侵我大权，攘我大利，有背于万国通例"，并极力奏请开办国家邮政，而且还给出了比较具体的办理思路。特别是那位英国人赫德也强调"若不创办邮政官局，以为推广之际，恐将另生枝节"。终于，在内外各种压力的推动下，总理衙门终于上书光绪皇帝，请求由海关兼办邮政。1896年，光绪皇帝总算批准了开办大清邮政局，中国近代邮政由此诞生。紧接着，1897年，大清邮政局在北京开办。同年，原来的各海关邮政局也正式改称"大清邮政局"，并逐步向内地发展，在所有火车站和电报局都增设邮政局。

可哪知，大清邮政局成立后，各国列强"客邮"的数量不减反增，严重破坏了政府邮政的专营权。为了打击各国的"客邮"，清廷终于动用了法律手段，规定："客邮"不得自行向轮船发送信件；国内邮件必须粘贴中国邮票，他国邮票统统无效；各国"客邮"的信件都必须由国家邮政局代寄等。随后又规定，除大清邮政局外，国内外其他机构都不得提供邮递服务；同时，还大幅下调了国内平信资费。针对民信局，大清邮政局果断切断了通商口岸民信局与邮轮之间的联系，强行建立了登记准入制度，并通过价格战，最终在1909年搞垮了几乎所有民信局。在打出一系列组合拳后，大清邮政局终于成了一个垄断机构。

1906年，清廷正式设立邮传部。同年，北京邮政总局开始在街头闹市区设立邮筒，还因此闹出了一场笑话。原来，京城百姓没见过邮筒，以为它是什么怪物，张着大嘴吞吃信件，甚至还出现了不少谣言。后来，政府不得不派专人进行解说，并张贴了使用说明，百姓们这才慢慢明白了真相。

1911年，邮传部成立邮政总局，全面接管各地邮政事务。从此，邮政终于脱离了海关，改由朝廷自主办理，邮政机构也迅速发展到6201家，建成了由轮船邮路、邮差邮路和火车邮路组成的长度总计超过20万千米的邮路网络。该网络形成了中国近代邮政体系的雏形，它几乎覆盖了全国，从东北的黑龙江到西北的新疆，从西南的云南、西藏到东南的台湾、广东等地都可以及时收发邮件和包裹。

晚清的铁路故事

1865年，中国大地上的首条铁路也终于出现了。准确地说，该铁路并不是标准铁路，而是一个大型的铁路模型，因为它的长度仅为500米，在它上面往返行驶的只是一个火车头。实际上，它是英国商人摆设在北京宣武门前的一个巨幅实物广告。可哪知，该铁路广告的实际效果却完全出乎意料，不仅引起了官府和民众的恐慌，甚至引发了骚乱，惊动了军队出面维持治安。

当时的官府和民众为什么会对铁路感到恐慌呢？主要原因可能有三个：一是官府担心外国人修通铁路后就能轻易进入内地，从而威胁朝廷安全；二是民众担心修铁路要占用农田和祖坟，不仅会损害自身利益，还会破坏自家风水；三是官府害怕有了铁路后，交通运输效率会大幅度提高，以前依靠水路或陆路交通为生的人会面临失业，从而影响社会安定，激起百姓反抗。总之，在官府和民众有意或无意的互动下，当时的整个社会都对修建铁路极其反感，以致虽有许多明白人反复建议修建铁路，却最终都被朝廷否决。

终于，到了1875年，中国第一条从上海至吴淞的实用铁路——吴淞铁路，才真正诞生。它也是由英国人擅自修建的，全长约15千米，跨越木桥15座、涵渠20条，所有筑路材料和设备都由英国进口，工程师也都来自英国。吴淞铁路的火车头重约9吨，头等车厢的长度约4.5米，每节车厢载客16人。在该铁路历时13个月的修建过程中，发生了许多民事纠纷案件，以致英方为了保证工程顺利进行,干脆沿线修筑了一堵高约2.7米的土墙,将铁路与外界隔绝起来,这才避免了事态的进一步恶化。

可是,待到1876年2月14日刚刚开始试车时,虽然围观者有上千人,但清朝官府仍以民众恐慌为由,强迫英方停止试车。经双方多次协商,在暂停1个月后,火车才总算恢复试运行,并于1876年7月1日正式举行了通车典礼。这也使得中国成为继日本和印度之后的第三个修建铁路的亚洲国家。

但非常不幸的是,吴淞铁路的故事并没有结束,随后甚至发生了若干悲剧。比如,通车典礼仅仅17天以后,铁路上的洋人就与沿线乡民再次发生冲突,两名洋人被乡民群殴致伤,一名乡民被正好路过此地的洋人开枪致残。又过了仅仅两周,即1876年8月3日,一名行人竟在铁路上被火车轧死。消息一出,本来就反对修建铁路的乡民更加愤恨,抗议声浪迭起。上海道台赶紧照会英国领事,请其停驶火车。双方协商还没达成一致意见时,吴淞铁路上的一列运料火车又与另一列载客火车相撞,造成了重大的人员伤亡和巨大的财产损失,这一事故让沿线乡民对通行火车一事更加排斥。面对这众多的意外事件,1876年8月20日,英国方面终于妥协,同意暂停运行吴淞铁路上的火车。随后,中英双方就吴淞铁路的善后处置问题进行了级别越来越高的外交谈判,甚至惊动了中方的李鸿章和英方的驻华公使。最后,经过数月谈判,中英双方终于达成一致意见:由中方出钱买断吴淞铁路。具体说来,由中方在一年内,分三次向英方支付28万两白银,在该款项未付清之前,允许吴淞铁路继续运行。

非常不可思议的是,当本来就穷得叮当响的清政府勉强凑齐白银,总算从英国人手中买回吴淞铁路的所有权后,清政府竟然不顾上海、江湾、吴淞的百余位商人的"请准铁路继续办理"联名请愿,不顾自己当初与英国人谈判过程中反复强调的"收回自办"的承诺,就迫不及待地于1877年10月20日开始拆除吴淞铁路,最终,在当年的12月18日,以迅雷不及掩耳的速度,完成了全部铁轨的拆除工作。更不可思议的是,出尔反尔的清政府又在1897年自掏腰包,历时整整

1年,按照当初吴淞铁路的原来路线,再次重建了这条铁路,只不过没好意思恢复其原名,而是重新将其命名为淞沪铁路了。

1881年,清政府又允许当时的官督商办的大型企业开平矿务局出资,利用从吴淞铁路上拆来的物件,修建了一条从唐山至胥各庄的长约7.5千米的运煤铁路——唐胥铁路,并在当年11月完工。不仅如此,清政府还搞了一个降噪"创新",竟然放着从吴淞铁路拆下来的现成机车不用,而将拉动火车的动力装置换成了绿色纯天然的驴、马。待到发现动物的马力确实不够后,才在第二年重新启用了昔日那台蒸汽机车。1886年,唐胥铁路又从胥各庄延伸到了芦台庄,长度也达到了30千米,被命名为唐芦铁路。次年,唐芦铁路又延伸至天津,长度增加到80千米,改称津沽铁路。

晚清时期,线路最长、最受屈辱的铁路,当数以哈尔滨为中心,西至满洲里,东达绥芬河,南到大连的中东铁路,俄方傲慢地称之为满洲铁路。原来,沙俄一直把吞并中国东北作为它的既定国策,从19世纪80年代起,就开始酝酿建设一条穿过中国东北地区的铁路,以便把远东重镇海参崴与其境内的西伯利亚铁路东段连接在一起,实现"直接与人口稠密的中国内地各省通商"的战略目标。

1895年秋,沙俄未经中国政府同意,就派人到东北进行勘查。清政府提出交涉后,俄驻华使馆则答称,俄国兴造西伯利亚铁路,将来可能与在东北新建的各铁路相接,所以"自应将满洲铁道所能经过各地情节数端,预先勘查",并要求清政府训令地方当局"放行无阻",并"量力照料"。

在甲午战争失败后,清政府被迫向日本赔付巨额款项。由于清政府财政拮据,沙俄便乘人之危,与清政府签订《中俄四厘借款合同》,以提供贷款为诱饵,实现控制中国的战略。后来,俄法成立由俄国控制的华俄道胜银行,规定该银行拥有特权,可以在中国修铁路、开矿山、设工厂、代收税款等。该银行后来就成了沙俄借地筑路的工具。

1896年4月18日,沙俄正式要求清政府把昔日遭到清政府明确拒绝的"满洲铁路"的干线及支线租借权交给俄国公司,且不能让别国参与。1897年8月,沙俄单方面举行了隆重的"满洲铁路"开工仪式。1903年7月14日,"满洲铁路"全线通车,并开始正式营业。可仅仅几个月后,沙俄在日俄战争中惨败,于是,沙俄便把"满洲铁路"的长春至大连段转让给了日本。

真正值得中国人骄傲的第一条铁路是京张铁路,它连接北京丰台区,途经八达岭、居庸关、沙城、宣化等地至河北张家口,全长约200千米。京张铁路是清政府不顾英俄等列强的极力阻挠,不使用外国资金及人员,由中国人自行设计、施工、运行和维护的第一条全资干线铁路,从此打破了外国人垄断中国铁路修建的局面。京张铁路总投资约700万两白银,于1905年9月开工,1909年建成,同年10月2日通车。

作为朝廷委派的总工程师,詹天佑在建设京张铁路期间经历了重重困难。首先他得解决铁路选线、设计和施工等方面的技术难题,其次还得千方百计节约本来就很吃紧的经费,更难的是,他还得应对沿途居民的各种落后观念。比如,当铁路修到某个小山包前时,突然冲出一大群人闹事,要求立即停止施工。原来,这个小山包是某皇室亲戚的祖坟。对方动用了朝野各种势力,既公开要求改道,又私下许以重金贿赂,致使工程进展受到严重影响。后来,詹天佑忍辱负重,花费了许多精力与各方权贵巧妙周旋,总算让铁路从墓墙外通过。幸运的是,京张铁路最终按时完工了!

清朝的相机故事

与清政府的无能形成鲜明对比的是,在清朝存续期间,我国民间出现过两位奇人:一位是本小节的主人翁邹伯奇,另一位是下一小节将要介绍的郑复光。他们的通信成果与当时的国际领先水平旗鼓相当,比如,本小节介绍的相机,其发明时间只比全球首台相机稍晚5年,这在中国科技与西方科技存在天壤之别的当时,绝对属于凤毛麟角。可惜,后来该相机不但未被普及,其研制者还差点被淹没在历史的长河中。

众所周知,相机已成为图像和视频通信系统的重要组成部分,但许多人可能并不知道中国的"相机之父"是谁。告诉你吧,他的名字叫邹伯奇,幼名汝昌。邹伯奇研制的相机在当时到底有多先进呢?为了回答这个问题,我们先来简要回顾一下全球的相机发展史。

早在公元前450年左右,墨子就记载了针孔成像原理,因此,只要将合适的感光材料放置在针孔的颠倒成像处,就能得到相应的照片,从而完成摄影过程,即每个带针孔的黑箱子其实就是一台"相机"。不过,这种暗箱太古老、太粗糙,成像也太模糊,不能算作真正的相机。14世纪中叶,元代科学家赵友钦又对小孔成像进行了更详细的研究,不过此时仍没考虑其应用。

16世纪文艺复兴时期,欧洲人将针孔替换成合适的凸透镜,让箱外的景物之像投射到暗箱里的平板纸面上,然后再手动描绘出纸面上的投影,如此绘出的"照片"最早出现在公元1550年。当然,准确地说,这样的绘画暗箱也不能称之为相机。

人类的首张实景照片出现在1826年。摄影师将感光板置于暗箱的成像处,再经长达8小时的曝光后,最终目标影像会成形在白锡感光板上。但此时也还没出现相机。

史上公认的首台相机诞生于1839年,它是由法国画家达盖尔制作的。达盖尔把涂有特殊感光材料的玻璃板置于焦距可调整的伸缩风箱式木箱中,它能拍出清晰的照片。不过,这种相机的曝光时间长达半小时,而且相机的重要组成部分——可伸缩木箱,其不仅形态笨重,而且结构复杂。

1840年,全球首个专业照相馆在伦敦开业,相机的曝光时间为1~4分钟。同年,美国光学设计师沃柯特造出了一台使用凹面镜成像的照相机,它的曝光时间已缩短至90秒之内。1841年,光学家沃哥兰德发明了第一台全金属机身的照相机并在当年上市销售,其曝光时间更短,甚至能拍摄某些缓慢运动的物体。

在全球竞争如此激烈的情况下,本小节的主角邹伯奇竟然孤军奋战,用凸透镜加暗箱,在1844年研制出了中国首台照相机,并用它拍摄了多张清晰的照片。可惜,邹伯奇未做相关商业化推广,仅仅在两年后,西方照相机产品就进入中国。

其实,早在16岁时邹伯奇就已开始研究相机,而其灵感则来自他在用透镜取火时突然被烫的事故。不过,他的目标是研究相关几何光学理论,而相机只是其副产品而已,所以他在研制出相机后的第二年,就撰写了《摄影之器记》。接着,他就转向了摄影术的应用研究,特别是用摄影术来绘制地图。

至于邹伯奇当初到底是如何研制照相机的,目前已成了一个谜。这主要归咎于邹伯奇的一个缺点,它也是中国古代许多学者的共同缺点,那就是未详细记录各种实验数据及相关成败过程,让别人很难重复或验证。难怪史书上说他"好覃思而懒著述",故他留下的成书寥寥,大量遗稿只是为了备忘而记,很不系统,这可能与他生前并不富裕、没钱出书有关。比如,邹伯奇的感光材料配方是什么?各相关化学原料的比例是多少?这些配料中哪些是在市场上购买的,哪些是自己研发的?这些都不知道!毕竟,当时配制感光材料所需的硝酸、盐酸、醋酸等,其实都可在他家乡附近的澳门购买,无须邹伯奇自行研制。不过,邹伯奇在其感光材料配方中,仍有独到之处,那就是运用了鸡蛋清。他将玻璃板浸泡在鸡蛋清等化学原料均匀搅拌后的液体中,然后捞出便制成了"感光底片",并用这样的"胶片"拍摄了许多好玩的保存至今的照片。比如,在一张清晰的自拍坐像中,他头戴瓜皮帽,右手持书卷,左手握烟杆,深邃的目光平视远方。在该照片下方,他还风趣地留下了一首自我介绍的素描诗:"平常容貌古,通套布衣新。自照原无意,呼之如有神。均瞻留地步,觉处悟天真。樵占鳌峰侧,渔居泌水滨。行年将五十,乐道识纤尘。"从该诗中"行年将五十"一句可知,这张照片是他在研制出相机约二十年后的作品。

在照相术的应用方面,邹伯奇非常看好自己的发明,坚信它"变而通之,其用不穷"。他的最成功应用案例是将摄影术与当时国际最先进的地球经纬线表示法相结合,研制出了一种全新的地图绘制法,从而也使他成了我国现代地图绘制的先驱。他先后用该法改绘了当时十分权威的66幅全国地图《皇舆全览图》,还率领众弟子绘制了家乡地图《广东省地图》和《南海县地图》等。难怪民国初年由北洋政府编修的《清史稿》中是这样评价邹伯奇的,说他"能荟萃中西之说而贯通之,静极生明,多具神解"。梁启超在其著作《中国近三百年学术史》中,亦称邹伯奇为"豪杰之士"。

那么,这位邹伯奇到底是什么人呢?他于1819年生于佛山市南海区,逝于1869年,享年50岁。若用史学家的话来说,邹伯奇几乎刚好生活在可悲的清朝"嘉道中衰"期间。就在他出生前二十年,长期把持皇位且自我感觉特好的乾隆才去世,嘉庆总算得以亲政,此时的清朝早已开始衰落,嘉庆只能任其继续下滑。

邹伯奇1岁时,道光继位,此君更无进取之心,掌政风格日趋保守和僵化。官场中,结党营私、相互倾轧、卖官鬻(yù)爵、贿赂成风;军队里,装备陈旧、操练不勤、营务废弛、纪律败坏;财政上,国库亏空、入不敷出。国内矛盾激化,民变四起,吏治腐败,海关走私严重,鸦片贸易猖獗。

邹伯奇21岁那年,也就是在他研制出中国首台照相机的前四年,鸦片战争终于爆发,清朝大败,被迫签订丧权辱国的《南京条约》。邹伯奇32岁那年,洪秀全领导太平军在广西起义,两年后攻陷江宁并定都于此,改称"天京",随后开始北伐和西征,并一度打到天津附近,直逼北京清廷老巢。邹伯奇37岁时,爆发第二次鸦片战争,4年后英法联军相继强迫清政府签订《天津条约》和《北京条约》。邹伯奇去世前8年,同治继位,随后才总算有人开始吸取两次鸦片战争的教训,呼吁开展"师夷长技以制夷"的洋务运动。可惜,此时对邹伯奇本人来说已太晚了。

总之,若对照国际和国内大形势,邹伯奇生活的年代,其实是中国最不适合产生科学家的年代,也是中西科技差距极大的年代之一。然而,出乎意料的是,这时却偏偏产生了邹伯奇这样的伟大科学家,且还是一位全才式的科学家。

清朝的"法拉第"——郑复光

众所周知,法拉第的电磁理论已成为现代通信的重要基础。但许多人也许不知道,清朝也出现过一位奇人——郑复光,他几乎与英国著名物理学家法拉第同时提出了"磁力线"理论,只是名称各不相同而已。实际上,郑复光也发现了罗盘磁铁偏转的事实,提出了"罗针偏东乃因地脉"的"地脉说",即发现了地球磁力线。当然,郑复光的科学成就还有很多,涉及天文、气象、化学、物理等领域。比如,他撰写了中国古代首部几何光学专著《镜镜詅(líng)痴》,制造出我国首台天文望远镜,还用它观察月亮,甚至看见了环形山等。但非常意外的是,如此才智卓越且勤奋刻苦的科学家,其人生竟是一场悲剧。

在科举场上,郑复光的经历当然是悲剧。他只在年轻时考取过"监生",即有资格进入最高学府国子监读书,但最终他没有取得功名。即使他取得了杰出的科学成就,也得不到社会尊重,毕竟民间早已认定"万般皆下品,唯有读书高"。科举悲剧也许是郑复光此后人生遭遇的其他悲剧之源,但换个角度看,他若醉心科举,也许就不会取得那些科学成就了。

在官场上,郑复光的经历也是悲剧。他从未有过一官半职,这意味着他的科研很难获得官方支持,只能自力更生,在荆棘丛中艰苦跋涉。这也意味即使他取得了科研成果,也很难获得官方认可。后来的事实也证明确实如此,比如,在激烈的鸦片战争中,英军曾用先进的望远镜把大清阵地和舰船看得一清二楚,可当有人将郑复光的望远镜极力推荐给主持战局的政府官员时,对方明知其重要价值,却仍然置之不理。又比如,在晚年时,郑复光又迷上了国外蒸汽机动力理论,并致力战船设计和模型制造。这些科研方向和课题的成果,本可以成为政府对付西方列强的有力武器,哪怕郑复光的方案还有缺陷,至少值得看一眼。但无论郑复光怎么努力自荐,最终都因人微言轻而被官方忽略。

在鸦片战争之前,郑复光的成果与"四书五经"无关,属于不入流的旁门左道,因此不会被重视。在鸦片战争之后,郑复光的成果又迅速淹没在被西方坚船利炮打开国门后的"第二次西学东渐"浪潮中,因为与当时的同类西方成果相比,郑复光的水平确实差了一大截。而此时的郑复光已是74岁的古稀老人,当然不可能再有精力"站在巨人的肩膀上"。紧接着就兴起了洋务运动,国内学术界的眼光自然都投向了西方科学书籍,关注的学术重点也聚焦于当时发展已很成熟的西方科学理论,郑复光的科研领域和成果就这样被遗忘了,甚至他本人也很快被遗忘了,以致现在都说不清他到底是何时去世的。有的说他享年74岁,去世于1853年;但有的说1853年时,他还游历过北京且身体很硬朗;还有的说他享年至少83岁,可能去世于1862年,因为当年"京师同文馆"成立时,还聘请他去讲授算学,只是因病他才未能就职等。

在个人生活方面,郑复光的经历仍是悲剧。他性格沉默,不善言谈,与当时许多学术"怪人"一样,终身的饭碗都只是当家教或做幕僚,八方游荡,四海为家,哪里有人聘请就去哪里。一会儿给小孩讲课,一会儿又帮大官避祸。为此,他居无定所,遍游广东、云南、山西、甘肃、江苏、北京等地。好在,他终生都爱好物理、数学,尤其喜欢研究仪器制造,每到一处都努力结识当地专家,或请教学问,或收集相关科研信息。因此,他结交了一大批朋友,向朋友们宣传自己的学术成果。经过数十年的口口相传,郑复光终于在学术圈有了一定影响。此外,由于他是歙县人,而当时的歙县正在井喷式地产生一大批著名科学家,所以郑复光与同是歙县人的汪莱等当时国内顶级数学家成为知己,并在后者的指导下完成了《割圆弧积表》等著作。有了汪莱等老乡的赞扬和推荐,郑复光自然也就成了安徽名人。于是,在他去世十几年后的1877年,在重修《安徽通志》时,郑复光也终于进入了该地方志。

在学术研究方面,郑复光的经历仍是悲剧,甚至可能是最大的悲剧。在某种程度上,该悲剧也造成了国家的悲剧和民族的悲剧。学术悲剧之源非常清楚,那就是明清以来的闭关锁国政策。其实,郑复光既拥有聪明的大脑,又具有坚忍不拔的毅力,完全有能力站上巨人之肩,从而使自己站得更高,看得更远。可惜,落后的闭关锁国政策却将所有科学巨人挡在了国外,逼得郑复光之类的天才只能坐井观天,从而造成了整个民族人才的极大浪费。

实际上,从学术基础上看,郑复光与法拉第相比还略胜一筹,毕竟法拉第只上过小学。从经济状况上看,郑复光也略有优势,毕竟法拉第只是贫苦铁匠之子。从聪明和勤奋程度上看,他俩可能难分伯仲。但是,法拉第的最大优势在于,他生活在巨人圈中,他是英国著名化学家戴维的助手,他有机会直接面见数学家柯西、高斯、拉普拉斯,直接请教物理学家欧姆、安培、道尔顿,特别是有机会聆听电流磁效应发现者奥斯特的报告等。此外,法拉第更有机会通过学术书籍接触更多早期的科学巨人,比如欧拉、富兰克林、莱布尼茨、牛顿、惠更斯、笛卡尔、开普勒、伽利略等文艺复兴后的著名科学家。但反观可怜的郑复光,他几乎孤立无援,周围除了诗人就是儒生;所能读到的书籍,除了"四书"就是"五经",至少在自然科学方面,完全没有任何巨人的肩膀可攀。

于是,在与法拉第的竞争中,郑复光自然惨败,甚至默默无闻地死去,直到数百年后才被史学家们发现。而法拉第却成了世界著名科学家,被公认为"电学之父"和"交流电之父"等。接着,在法拉第成了巨人后,又有麦克斯韦等爬上法拉第的肩膀;再接着,更多的人爬上了巨人麦克斯韦的肩膀。如此良性循环,自然就使得西方科学界的巨人越来越多,站得也越来越高。

必须指出,郑复光其实并未输在起跑线上,虽不知他的"地脉说"到底提出于何时,但法拉第在1831年提出"磁力线假说"时,郑复光刚好51岁,且将在

9年后正式出版其论及"地脉说"的学术专著《费隐与知录》。因此，至少可以说，他俩几乎同时发现了磁力线。但由于郑复光没巨人之肩可攀，所以如今回头再看时，不难发现，郑复光的科研之路走偏了，因为他将"地脉"与同样看不见、摸不着的人体"经络"和玄幻的"元气"等联系在一起，犯了中国古代科研的常见错误，即在科研中过度拟人化。这也是古代中国未能诞生现代科学的主要原因之一。

第二部分
近现代通信

以下故事发生在清朝灭亡后的1911年至今的百余年间。无论是从管理体制还是从技术发展角度看,这段时间的变化节奏都明显加快,甚至已到了"三日不见,当刮目相看"的程度,而且国内外的相关事物联系得越来越紧密,以致很难将其中的中国元素单独剥离出来描述。同时,通信技术已经与信息技术完全融为一体,并已几乎深入生产和生活的各个方面,甚至让年轻人对它的依恋已达到了"魂牵梦萦,一刻也离不开"的程度。因此,以下内容将重点突出中国特色而不刻意追求技术的先进性,将重点突出故事性而不刻意追求体系性,将重点突出趣味性而不刻意追求全面性,毕竟本书只是科普型的中国通信史话,而不是史籍,更不是学术专著。

第八章
邮电春秋

分久必合，合久必分

真正服务于普罗大众的中国邮政诞生于1896年3月20日。当天，经由北洋政府总理大臣李鸿章奏请光绪皇帝批准，在北京正式成立了由英国人督办的大清邮政。可直到8年后的1904年，大大小小的邮政局才在各地纷纷亮相，这才初步形成了全国性的邮政网络。

真正服务于普罗大众的中国电信业务起始于1912年。当年，丹麦人架设了天津至北京的电报线，首次使用莫尔斯人工电报机成功拍发了商务电报。4年后，仍然是丹麦人通过电报线在国内首次实现了电话通信。当时所用的电话机还是古老的磁石电话机，又称手摇电话机。它自备两节干电池，不用外接电源，主要由电铃、送话器、受话器和磁石式手摇发电机等部分组成。打电话前，必须先摇动电话机的把柄以接通后台接线员，然后向对方说明自己要找的通话对象是谁，接着接线员会将双方的电话线连接起来，这样双方就可以通话了。

在国民政府期间，电信和邮政这两种业务归属于不同部门。

邮政归属于国民政府直属的"中华邮政",而电信则归属于国民政府的交通部。新中国成立后,中央政府于1949年11月1日,在长安街紧邻天安门广场的中心位置设立了邮电部。在两年后又将邮政和电信业务一起合并到邮电部,统称为邮电业务,从而首次实现了邮与电的"分久必合"。1958年,县级以下的邮电业务全部划归地方政府的交通运输部门,首次实现了通信与交通的"分久必合"。

9年后,"合久必分"的程序开始启动。首先,邮政与电信在1967年分家,其中邮政继续由交通运输部门管理,电信则划归到当地军分区。两年后,甚至连邮电部也被撤销,邮政和电信的业务分别归入新成立的邮政总局和电信总局。电信业进入首个发展小高潮,微波和电缆成为无线和有线通信工程的重点。

1973年6月,4年前刚刚被撤销的邮电部得以恢复,邮政业务和电信业务第二次实现合并,且被统一划归到邮电部管理。此时的电信基础设施非常落后,邮电部门的管理也问题重重,电话费用更是贵得出奇。普通人家根本甭想用上电话,只有极少数人能幸运地引进一部看起来相当丑陋的带有一个拨号盘的电话机。那时,为了拨通一个电话号码,你得让这个拨号盘旋转若干圈。不过,大家都不嫌转盘太慢,更不嫌转动拨号盘的声音刺耳,反而将其当作天籁之音,毕竟那是身份的象征。

改革开放后,通信事业终于开始走上快速发展的轨道了。1993年9月19日,我国首个数字移动电话通信网在浙江省嘉兴市开通。那时的手机简直就像一块砖头,既大又重,而且贵得离谱,每部手机要价数万元,话费也昂贵得令人咋舌。由于大老板们对这种手机趋之若鹜,都喜欢拿着它招摇过市,更喜欢在人群中大呼小叫地用手机交谈,所以大家就把这种手机戏称为"大哥大"。

1994年,外形像眼镜盒的GSM手机在国内首次亮相。同年,第二次"合久必分"也开始启动。1月,与邮电部并列的电子部成立了一个全新的通信公司——中国吉通通信有限责任公司(吉通),其股东均为非通信类的大型国有企业。仅仅半年后,经国务院批准,电子部、电力部和铁道部等又共同成立了另一家更大的通信公司——中国联合通信有限公司(联通),它的成立显然意在引发国内电信业的良性竞争。果然,联通公司很快就获得了基础电信业务特许经营权,从而成为除电信总局之外的第二家基础电信运营商。又过了半年,在电信总局的政府职能被转移到邮电部的其他司局后,电信总局自己也被改造成了一家企业,从而走上了政企分开的道路。

至此,第二次"合久必分"当然还没结束,更大的拆分即将开始。1997年1月,邮电部在全国实施"邮电分营"措施,致使邮政和电信再次分离。同年,北京电信长城移动通信有限责任公司(简称"长城公司")成立。1998年3月,邮电部被拆分,其主要职能并入新成立的信息产业部。仅仅一年后,信息产业部又决定再次拆分中国电信,将其寻呼、卫星和移动业务分别剥离到后来成立的国信寻呼、中国卫通和中国移动公司。至此,第二次"合久必分"告一段落。

不过,第三次"分久必合",准确地说应该是"刚分就合"。刚刚被剥离出来的国信寻呼公司,竟在半年多以后的1999年5月20日,就带着比联通公司多出两倍的净资产和一大批经验丰富的管理和技术人员,以非市场的方式,并入了刚刚在1个月前才吞并了长城公司的联通公司,宛若"七仙女下嫁了董永"。当然,这位"董永"也拥有自己的无价宝,那就是由中央政府颁发的数据和长话等基础业务的营业牌照。后来的事实也证明,"七仙女"还真是嫁对了,因为合并了国信公司和长城公司后的联通公司,后来在香港成功上市,丑小鸭一夜之间就变成了白天鹅。

1999年10月22日,由中国科学院、广电总局、铁道部和上海市政府共同出资,成立了一家互联网公司(俗称"小网通"),其主要业务是在全国17个城市开通高速计算机网络。紧接着,又经过了一番令人眼花缭乱的组合拳后,中国通信界的"战国七雄"终于出现了,它们分别是负责移动通信业务的中国移动、负责固网业务的中国电信和中国联通,以及卫通、小网通、吉通和铁通。特别是随着联通于2002年1月8日正式开通了CDMA业务,中国移动和中国联通两家巨无霸公司在移动通信领域的激烈竞争就正式开始了。

同时,新一轮"合久必分"与"分久必合"又同步开始了。仍然是在2002年,中国电信公司被拆分为南、北两部分。其中,北方部分在吞并了小网通和吉通后,形成中国网通;南方部分仍保留中国电信之名。于是,七家公司转眼间就变成了六家,分别是联通、移动、卫通、铁通、网通、电信。

中国通信界的"分合行动"结束了吗?当然没有!仅仅在6年之后的2008年,规模更大、级别更高的分合行动又拉开序幕。3月,信息产业部更替为工业和信息化部。6月,中国电信收购中国联通的CDMA业务;同一天,中国联通与中国网通合并。2009年,铁通并入移动,卫通并入中国电信。至此,中国通信界由六家公司变成了三家公司,中国电信、中国联通和中国移动三家公司终于笑到现在,而且还都分别于2009年1月7日、2013年12月4日和2018年12月6日,拿到了移动通信的3G、4G和5G牌照。

三分天注定,七分靠打拼

伙计,你若要寄信,请来邮局,或将信件就近放入路边邮筒。哦,差点忘了,自从电话普及后,你就很少写信了;自从网络普及后,你就几乎不再提笔了。

伙计,你若要汇款,请来邮局。哦,差点忘了,自从网银开通后,一般汇款只需在电脑或手机上就能搞定了;自从微信支付普及后,小额汇款只需发个红包或扫扫二维码就行了。

伙计,你若要订购报刊,请来邮局。哦,差点忘了,自从进入自媒体时代后,你就几乎不再看报,也很少读书了,反正网上的消息应有尽有。

伙计,你若要集邮,请来邮局。哦,差点忘了,邮局主要负责按官方定价出售纪念邮票,而真正的集邮迷们往往另有市场。况且由于寄信越来越少,邮票的魅力变得越来越小,集邮甚至终将变成极少数人的特殊爱好。

伙计,你若要邮寄包裹或快件,请来邮局。哦,差点忘了,你刚一下单,多家民营快递公司的小哥就已恭候在你家门口了。反正,快捷又方便,还能送海鲜,物流遍神州。

伙计,你若逛街累了,请来就近处的邮局,喝上一杯价廉味美的咖啡吧。哈哈,这回你不能拒绝了吧,毕竟邮局早已遍布大街小巷,某些城市的邮局甚至推出了快餐服务,把邮局的存量优势发挥到了极致。其实,邮政系统的业务早已不限于邮递等交通运输了,至少还包括租赁商务、批发零售、文化体育和住宿餐饮等"普遍服务+业务叠加"的邮政综合服务,未来更会以"叠加叠加再叠加,代理代理再代理"为核心,推出以"智慧药房"等为代表的多种邮政网点转型服务。

伙计,上面并不是在讲笑话,而是在严肃地陈述一个事实,那就是在经历充分的市场竞争后,昔日邮局的许多优势都正在迅速消失。

其实,邮局曾经叫邮电局,其主要业务除了"邮"之外,还有"电"。那时,你若想发电报,就必须去邮局而且还是大型邮局排队,一般小邮局根本没发报机,而且电报内容还得精打细算,毕竟电报是按字数收费的,标点符号也得算钱。你若想打电话,也必须去邮局排队,还得心惊肉跳地体验一把啥叫"时间就是金钱",谁也不敢"煲电话粥",毕竟话费是以秒论价的。后来,电话进入了千家万户,人们才很少去邮局触"电"了。特别是邮电部在1998年实行邮电分营后,邮电局便与"电"脱钩,终于回归其邮政局的本来面目。

许多人也许并未注意到邮政局中的那个"政"字的深刻含义,其实它是邮政局高贵血统的历史见证,代表着昔日的政府职能。"中国邮政"先是隶属于1949年成立的邮电部,后来又隶属于1950年成立的国家邮政总局,直到2005年政企分离后,中国邮政才终于在2007年成为一个庞大的独资国有企业,但仍然肩负着机要通信等不可替代的重任,比如,每年的高考试卷和录取通知书等的邮递任务就非它莫属。特别是2009年《中华人民共和国邮政法》修订之后,民营快递终于合法化,我国的邮政领域也形成了国有、民营、合资、外资同台竞技的良好局面。

更多的人也许并未注意到邮政局中的"邮"字的深厚历史底蕴,其实在过去几千年来,"邮"就始终代表着至高无上的皇权。除非你是杨贵妃,否则就无权享受各级邮驿提供的鲜荔枝速递服务;除非你是朱元璋,否则就无权任意调遣邮驿系统的资源。哪怕你是朱元璋的驸马爷,也不敢擅自动用邮驿来运输私货,否则,轻者被贬,重者丧命。直到清朝灭亡前,历朝历代的邮驿系统都主要服务于军政部门。可见,肩负着沉重历史包袱的邮政系统,能够放下架子进入市场打拼,这本身就是社会的重大进步。特别是中国邮政在过去七十余年的表现,更值得衷心赞扬。君若不信,有下面的事实为证。

自从1998年邮电分营后,中国邮政就勇敢面对市场,坚持科技兴邮,推行专业化经营和多元化发展的政策。中国邮政的业务规模不断扩大,经济效益持续提高,竞争实力日益增强,服务质量不断提升,品牌形象逐渐彰显,甚至还成为稳居第74位的世界500强企业。中国邮政不但重视经济效益,更重视社会责任,服务人口不断增加,覆盖地域持续扩展,已全面实现"乡乡设所、村村通邮"。

中华人民共和国刚成立时,邮递员投信很"费嘴",因为收信者没信箱,邮递员得手持信件,沿街大叫收信者的姓名,直到对方或其朋友应答为止。那时的邮递员投信更"费腿",因为主要依靠步行和骑马来送信,最先进的交通工具便是难得一见的自行车,以致全国邮政系统拥有的各种车辆仅427辆。难怪北京邮电大学校园内至今还流传着这样一个真实的笑话:"据说,一位新生收到录取通知书后,他爷爷却对四年学制感到十分不解——难道学骑自行车就需要这么长的时间吗?原来,他以为到邮电大学就是学骑自行车送信。"如今,中国邮政早已今非昔比,还在1996年成立了自己的航空公司,在1997年开通了"天津—上海—厦门"首条自办航空邮路。从每天的凌晨2点起,中国邮政的数十架飞机都会在3个小时内,完成130余座城市的物流骨干运输任务,邮政航空邮路总里程已近700万千米。

由于历史的原因,许多人都忽略了邮政业务的高科技含量。其实,诸如大数据、物联网、云计算和移动互联网等新技术,都已深深融入了今天的现代邮政业务,人工智能等技术在这里将受到更大的挑战,毕竟无论从大小、形状、质地和收发地址等方面来看,各种邮包的分辨、分拣和路径优化等都很难。幸好,早在20世纪70年代,中国邮政就自行研制了首套包裹分拣设备;1993年又引进了首套信函分拣机,当时基于先进人工智能的邮政信函和包裹分拣机已达300套。

中国邮政虽在大城市里很难与众多民营快递公司相抗衡,但在广大的农村,它正在成为电商主力,毕竟它不但拥有物流优势,还拥有基于中国邮政储蓄银行和中邮人寿保险股份有限公司的资金流优势。实际上,中国邮政储蓄银行自2007年成立以来,就一直在全面发展。如今,其拥有的自助设备总量已位居银行业的前四位,基本普及了智能柜员机和超级柜员机,实现了ATM刷脸取款和二维码取款等功能,大规模推广了无纸化交易,使金融服务更加便捷。

此外,各种主题邮局已在全国各地开花结果,邮票的"国家名片"功能得以充分发挥。1949年以来,中国邮政已发行邮票1300多套,共计4500多枚。它们及时反映了时代的发展脉络,展现了国家富强、民族振兴、人民幸福的生动画卷。其中,自1980年开始发行的生肖系列邮票最具影响力,它们已将中华文化传播到世界各地。

生的光荣,死的伟大

电信的老祖宗当然是电报,因为它是最早用电波传送信息的远程即时通信。电报自19世纪30年代投入使用以来,就对人类文明的进程产生了重大推动作用,所以完全可用"生的光荣"来形容电报的诞生。

特别是当电报于19世纪70年代传入中国后,它更是不停地在军政商学等各界掀起滔天巨浪。早年间,凡遇重大事件,各界要人都会通过私密电报在第一时间与其伙伴沟通,商量对策;或用公开电报的方式通电全国,与报纸的宣传相结合,制造对自己有利的舆情。许多本来不大的琐事,经过一番通电后竟然就成了重大历史事件。许多小人物也因电报在一夜之间成为万众瞩目的焦点。当时,清政府与列强间的外交离不开电报,名人之间的争斗离不开电报,事关国运盛衰的大事更是离不开电报。比如,清政府之所以会在中日甲午战争中十分被动,主要就是因为日本截听了李鸿章回传给北京的电报内容,从而得知清廷赔款求和的底牌。反正,当时达官贵人对电报的关心程度,一点也不亚于今天网友对自媒体的依恋程度,而且电报的影响力也远远大于今天的帖子。

比如,1898年的维新变法失败后,慈禧太后对光绪皇帝极为不满,意欲另立新君,逼迫光绪退位。慑于慈禧太后的淫威,当时的王公大臣谁也不敢提出异议。怎么办,束手就擒吗?当然要反抗!这时,一个小人物(上海电报局负责人元善)就果断出手了。只见他串联商界名流与新党要员上千人,在大家凑足了电报费之后(可见这笔费用不小),就以上海电报总办的名义,代表上海人民,公开向全国发出了一封电报,呼吁光绪皇帝"勿存退位之思,上以慰皇太后之忧勤,下以弭中外之反侧",同时也要求慈禧太后收回成命。其言之凿凿,发自肺腑,感人至深,在国内外引起了巨大反响,被誉为"飞电阻谏,电动全球"。此次通电虽然最终未能阻止我行我素的慈禧太后,甚至给电报署名者惹来大祸,但它充分显示了电报的巨大威力。

到了民国后,基于电报的舆论战(称为"通电")更是热闹非凡。那时,上台要通电,下野要通电,嘉奖要通电,谴责要通电,和谈要通电,讨伐更是要通电,甚至大学老师被政府欠薪后,也要理直气壮地通电一番。据不完全统计,仅仅是1912年这一年,有案可查的著名通电事件就达33次,这个数字在之后几年还在不断攀升。

特别是在直奉战争之前,张作霖发表了一篇通电来臭骂吴佩孚,其题头就写了整整一大段,不但涉及大总统,还涉及当时军政商农工教等各领域的各级人物,还涉及各大报馆等。可惜,被通电的吴佩孚也不是善茬,因为他是一位秀才,还特别精通舆论操纵,所以只是经过简单反击后,张作霖就在舆论场上败下阵来。看来,在电报战中,当"秀才"遇到"兵"时,"有理也说不清"的那一方,通常不是"秀才"而是"兵"。

有关电报的趣事还有很多。据说,经费拮据的孙中山发动革命时,曾结交过一位热心革命的富家子弟,刚一见面他就很爽快地捐出一笔巨款。他还向孙中山承诺,今后若再需革命经费,只需给他发一份电报就行了。而且他们还约定,电报内容只需一个字母,分别用A、B、C、D、E代表一万、二万、三万、四万、五万银圆。果然,后来孙中山在不同时期分别给他发过两份电报,内容分别是"A"和"C",结果,同盟会真的很快就收到了1万银圆和3万银圆,及时解决了革命经费的燃眉之急。

电报虽然很重要,但发报价格太贵,特别是其按字数收费的商业模式,更让用户在起草电文时不得不仔细斟酌电文内容。这又引出了若干趣闻轶事。据说,胡适在北大任教时,常常大夸白话文如何如何完美无缺。这就惹得一位不服气的学生走上讲台叫板,声称白话文太啰唆,若要发电报,就必须使用言简意赅的文言文。可哪知,胡适立马就讲出一个真实故事:"前几天有位朋友来电报,请我去政府部门工作,我决定不去,就回电拒绝了。"然后,胡教授要求这位学生用文言文尽量简单地起草一份回绝电报。经过一番深思熟虑后,学生提炼出了12个字的电报:"才疏学浅,恐难胜任,不堪从命。"胡适一看就摇头,嫌字数太多,因为他的白话文回复仅仅只有5个字:"干不了,谢谢!"从此,学生们对白话文就口服心服了。

另一份既省钱又风趣,更有奇效的真实电报,出自著名语言学家周有光的夫人张允和。该电报的正文内容竟然没有一个字。整个电报中,只有收报人的基本信息"山东青岛大学沈从文"和发报人的简称"允"。原来,在1933年初,当时在山东青岛大学任教的沈从文正与张兆和热恋。为了探明对方家长的意见,沈从文洋洋洒洒地写了一封长信给未来的岳父和岳母,结果让二老高兴得合不拢嘴。二老便委托张兆和的姐姐张允和,赶紧回复一封电报,欢迎这位未来的女婿。于是,这封电报就这样产生了,其全文是"山东青岛大学沈从文允"。最后那个"允"字,既可以是张允和的简称,也可以是"允许"之意。果然,沈从文很快又收到了张兆和的暗语电报"乡下人喝杯甜酒兆"。沈从文这下子心里才踏实了。

中华人民共和国成立后,电报的新闻效益虽然大幅减少,但它对国民经济的促进作用非常大,也受到普通民众欢迎,还更受政府重视。对此最具说服力的事实便是,在北京西长安街上曾经最抢眼的那座大厦,竟然就是天安门旁的电报大楼!这里是当时新中国电报通信的总枢纽,楼内安装了最早一批面向普通用户的电报机,每天都有源源不断的民众来此排队发报,每天都会从该大厦的钟楼传出响彻云霄的整点报时声,国家邮政局还专门发行了一套邮票来纪念电报大楼的落成。

1969年,中文电报译码机问世,它可以把电码自动译成汉字,从而大大减轻了接收电报的工作量,其译码速度更可高达每分钟2800个汉字。到了20世纪80年代初,中文电传打字机问世,从而大大减少了发电报的工作量。至此,中文电报的收发基本实现自动化,电报业务的发展达到巅峰。比如,1985年时,仅仅是北京电报局的公众电报业务量就达每月300万份。可惜,仅仅几年后,由于电话和传真机的迅速普及,电报业务量很快就出现断崖式衰减。待到20世纪90年代时,北京的公众电报就已减少到每月40万份了。

2017年6月15日,北京电报大楼营业厅宣布正式停业。作为电信老祖宗的电报,终于完成了它的历史使命。实际上,在此之前,荷兰的电报服务已在2004年宣布停业,美国、泰国和印度的电报业务也分别在2006年、2008年和2013年宣布停业。

当然，从技术上看，我们完全可以说电报"死的伟大"。但更准确地说，电报其实是"虽死未亡"，因为，它的"魂（数字编码规则）"已被互联网等数字通信继承，它的"魄"也已转基因给了传真机等新型通信工具。

邮电曾一家，七个葫芦娃

我国的邮电学校成立之早，一定出乎许多人意料。

早在约150年前的1875年，当时的福建巡抚丁日昌就创办了我国第一所电报学堂——福建电报学堂，专门培训电报技术员。仅仅两年后，该学堂的两名毕业生就派上了大用场。他俩竟然只用了区区两个月，就自行设计和修建了我国首条电报线路，实现了从高雄到台南全长约50千米的电报通信，开创了中国电信新篇章。可惜，该电报学堂后来销声匿迹。幸好，到了百余年后的改革开放初期，又是该学堂的所在地福建省，带头从国外引进了我国第一台万门程控交换机，从而拉开了我国电信事业飞速发展的序幕。中华人民共和国成立后，中央政府在北京、南京、重庆、西安、武汉、长春和石家庄等重要城市创建了7所邮电高等院校。

这7所邮电高等院校就像是一根藤上的葫芦娃，虽然大家天各一方，但彼此间亲如一家，甚至整个邮电系统也都亲如一家，不但有求必应，还经常主动伸出援手。比如，那时出差住旅馆很难，稍不注意就可能露宿街头，一般人都得提前联系目的地的亲朋好友，在确保住宿问题解决后，才敢动身出发。但是，邮电院校的老师们没有这种后顾之忧，因为各大城市都有邮电招待所，只要亮明身份，哪怕并不认识所在地邮电院校的老师，对方也会马上行动，不解决好住宿问题就决不罢休。

7个"葫芦娃"为什么会如此相亲相爱呢？原来，它们都有一个共同的"葫芦爷爷",它们都隶属于邮电部。正是在这位"葫芦爷爷"数十年如一日的精心照料下,"葫芦娃"们不但健康快乐地成长,还分别练就了"绝世神功",并共同为我国通信事业做出了不可替代的突出贡献,国内通信界的大部分栋梁之材都主要毕业于这7所邮电院校。虽然后来邮电部被撤并入其他部委,"葫芦娃"们的归属更是完全不同,有的被划归到教育部,有的成了地方政府新宠,还有的干脆被合并到其他高校甚至被改造成了研究院,但大家仍在继续为我国的信息产业做贡献,仍是通信界的主力军。但愿"葫芦娃"们之间的友谊能代代相传,但愿"葫芦娃"们的本领会越来越大。

"大娃"名叫北京邮电大学,简称北邮。它生来就是大力士,至今也是中国通信界最有实力的高校,具有举足轻重的地位。与《葫芦娃》电影中的老大类似,"大娃"绝对是名副其实的"红娃"。当年,周总理在"大娃"的出生证上的定位批示,就是要使其成为"全国邮电通信的最高学府",所以北邮的首任校长竟是当时在任的邮电部副部长。换句话说,北邮从1955年7月20日成立那天起,就是后来众多高校求之不得的"副部级学校"了。

"大娃"的基因也很高贵,是组建而成的。当时北邮共设有3个系,分别是有线系、无线系和工程经济系。北邮首次招生就来迎来了开门红,500多名新生欢聚一堂,让开学典礼格外喜气洋洋。

1959年,北京电信学院并入北邮,一年后邮电科技大学也并入北邮。于是,如虎添翼的北邮,早在1960年就成为当时全国64所重点大学之一。待到1965年10岁生日时,"大娃"已成为拥有7个专业和近4000名在校生的著名高校。

1977年,中断10年的高考终于恢复,伤痕累累的北邮也重新招生,招收了671位年龄悬殊的大学生。次年,研究生招生也恢复了。如今,北邮已成为备受青睐的著名大学,甚至被家长赞誉为"小清华",用人单位对其毕业生更是交口称誉。

"二娃"全名南京邮电大学,简称南邮。南邮虽为老二,但其前身可追溯到

1942年抗战时的邮务干部训练班。像电影《葫芦娃》中的二娃那样,南邮也早在二战期间,就练成了对付"蛇精(日本)"的"千里眼"和"顺风耳"。后来,该训练班几经易名,数度辗转于山东省的鲁南、临沂、五莲、青州和济南等地,并在1949年迁入南京,次年扩展成专科学校。接着又经过一系列改名、升格、合并和更换隶属关系等,终于在1958年成为本科院校。在熬过了那十年的艰难岁月后,南邮分别在1978年和1998年获得了硕士和博士研究生招生资格。

"三娃"名叫重庆邮电大学,简称重邮。虽然"三娃"的起点低、底子薄,但就像电影《葫芦娃》中的老三那样,在风景如画的重庆南山练就了金刚不坏之身。任凭外界风雨变幻,不管别人把他打造成何种形态,他都始终刀枪不入,勇往直前。你看,1950年时,重邮还只是邮政培训班,次年被改造成邮电学校,1970年又被改造成电信工厂,1973年再被改造成研究所,1979年终于恢复本尊,成为本科院校,接着便开始招收研究生。

"四娃"名叫西安邮电大学,简称西邮。电影《葫芦娃》中的老四张嘴就能喷火,实际上无论是招生还是就业,西邮也一直都很火。"四娃"相当低调,永远任劳任怨。上级需要他改名他就改名,需要他合并他就合并,需要他撤销他就撤销。你看,1950年时,"四娃"还只是一个邮电训练班,次年被改造成学校。接着就是若干次眼花缭乱的更名,一会儿是邮电学校,一会儿是报务学校,1955年被并为中专,1959年又被并为本科,1963年被撤销,1965年再度恢复成邮电学校,4年后再次被撤销,最后在1985年被恢复并升格为本科院校。

"五娃"本该叫武汉邮电学院,本该简称为武邮,本该像电影《葫芦娃》中的老五那样是水娃,毕竟武邮位于长江边。但是,今天的"五娃"早已摇身一变成了邮科院,即烽火科技集团。武邮筹备于1951年,直到两年后才以中专身份正式招生,1959年升格为本科。武邮也曾经辉煌过,1951年兼并湖北邮电学院,1963年兼并西邮本科部,从而实力大增,成为当时邮电人才重要培养基地。可惜,1969年武邮惨遭撤销,成为邮电部的一家工厂。从1974年起,该工厂又摇身一变,成为今天的武汉邮科院。

"六娃"本该叫长春邮电学院,简称长邮。现在它却像电影《葫芦娃》中的老六那样,修炼成了隐身术并彻底隐身,于2000年并入吉林大学通信工程学院。长邮诞生于战争时期的佳木斯,1947年迁入哈尔滨,1948年又迁入长春,1949年再迁到沈阳。经过一番魔术般的分合与改名后,"六娃"于1950年再次迁回长春。1953年长邮划归邮电部,1960年升格为本科,1963年降格为中专,1977年再恢复为本科。其实,在隐身之前,长邮是一所相当不错的高校,仅次于北邮和南邮。

最后是"七娃",名叫石家庄邮电学院,简称石邮。与电影《葫芦娃》中的老七类似,"七娃"与哥哥们生来就大不相同。哥哥们都是以"电"为主,"七娃"则是以"邮"为主,至今仍是中国邮政集团的主要培训基地。从1956年起,石邮始终不改初衷,一成不变地为邮政服务。若非要找出其变化的话,那就是石邮一会儿叫作学院,一会儿又叫作学校;一会儿定为专科,一会儿又改为职校;一会儿被合并,一会儿又被拆分;一会儿属于省级邮管局,一会儿属于邮电部,一会儿又属于国家邮政局,最终在2007年被划归到中国邮政集团。

"葫芦娃"的故事当然还没完,但愿后面更精彩。

往事如烟,茶余笑谈

邮递员

伙计,不知你对骑着摩托在大街小巷飞奔的快递小哥有啥感觉,但在摇柄电话都还很稀罕的早年,人们对邮递员的感情之深可就相当真实了。那时,哪怕是烈日炎炎的夏天,每当邮递员在巷口大喊一声"张老三家有信",瞬间就会从各个窗口和门缝中挤出一堆脑袋,甚至还有热心邻居赶紧帮忙重复:"张老三家来信啦,张老三家来信啦!"

再看张老三家,早已有人一个箭步冲到邮递员跟前,点头哈腰,抓起信封就一溜烟消失在众人羡慕的目光中,因为他得赶紧去找秀才帮忙读信。如果张老三本人就能认识几个字的话,那当然就是另一番景象了。这时,他将迫不及待地在众目睽睽之下,赶紧撕开信封,先睹为快地享受一番,然后才再次谢过邮递员,心满意足地回家与家人们字斟句酌地细读来信。

张老三走后,人们对邮递员的关注度并不会立即消失。如果他手上还有信件的话,肯定早有大爷、大妈和小孩把他围得水泄不通了。大家绝不会七嘴八舌,而是只问同一个问题:"有我家的信吗?"有信的家庭自然兴高采烈,家里的小孩子也会得意扬扬,顿时觉得好不自豪。没信的家庭虽感遗憾,小孩也会失望,但妈妈通常都会喃喃道:"没事,爸爸的信也许明天就到了。"这既是一种自我打气,也算是对小孩的安慰吧。

即使是已经送完信件的邮递员,有时也会被热情的人家请进院子,或献上一杯清茶休息休息,或送上一把瓜子,一边聊天,一边拉关系,以便下次家里有信时,邮递员能优先登门。待到邮递员的身影远远消失在街道尽头时,小巷才会慢慢恢复之前的安静。

如果邻居中有一位邮递员,那肯定是大家的福分,因为这不仅意味着街坊们能在第一时间收到来信,也意味着可以沾到其他光。比如,当时的自行车绝对是凤毛麟角,别说普通人家买不起,就算是拿出多年积蓄,勉强凑足经费后,你也未必能买到自行车。难怪,当时能娶到漂亮媳妇的必备条件竟是"三转一响",自行车便是"三转"中最重要的那一转,另外"两转"分别是缝纫机和手表,那"一响"便是收音机。那时,全国自行车最多的单位便是各地邮局,有些邮递员甚至可以骑着自行车上下班。因此,只要你能与邮递员邻居成为好友,那就有机会骑着他的自行车到大街上显摆一通。哇,好不威风!

寄信

刚刚恢复高考时,与家里通信的邮费问题就被列入了议事日程。虽然从绝对数量上看，一封信的起价邮资不过8分钱，但从相对数量上看，这也绝不是一笔可以忽略的开销，毕竟那时5分钱就能在食堂吃到一份带油水的小菜。

那时的信件是论重量收费的。本来想给家里说的话就有很多，一封家信通常都是正、反两面书写好几页（当然这也有节约信纸的意图）。再加上为了省掉那8分钱的基础邮资，经常都会把几个老乡的家信塞进同一个信封，再由大家轮流当"信主"，轮流支付邮资。待到信件寄到家里后，再由家人们就近互相传递，权当是亲友串门吧。家人转送信件当然会造成一些时延，不过，经过一番优化算法处理后，穷学生们还是找到了一种办法来适当弥补。原来，邮局的信件分拣时间是固定的，只要卡准寄信时间点，就能确保家信在第一时间登上长途邮车，不至于让信件躺在邮筒中睡大觉。

后来，不知是谁发现了一个省钱妙招。原来，那时寄书非常便宜，哪怕是厚厚一本书，其邮资也少于薄薄的几页信。于是，本来没用的某本书，就成了信件载体，在收发双方之间来回穿梭，邮资压力被大幅度减小了。刚刚高兴没几天，聪明的邮局工作人员就发现了这个漏洞，于是在寄书前又增加了一道新工序，书中夹带的信件都被干净利落地剔除。穷学生们当然不肯轻易认输，寄出的书籍很快就被包上了厚厚的书皮，夹带在书皮中的信件也随之躲过检查。再后来，书皮里的秘密被发现了，于是空白页较多的书又派上了用场，干脆将文字写在空白页上，就算邮局员工有火眼金睛，也不能撕掉写有笔记的空白书页吧。

与邮局斗智斗勇的故事当然还有很多。比如，废旧信封上的邮票也是穷学生们关注的重点。他们会细细检查邮票上的邮戳是否有瑕疵，如果马虎的邮局员工忘了盖邮戳，或是将邮戳盖在了邮票的极边沿处，那么这张邮票便会被小心翼翼地揭下来，并在剪掉邮戳痕迹后，用于支付下一次邮资。当然，穷学生们也有失手的时候，邮票的剪裁痕迹如果太明显，信件将会被退回，这时就只好老老实实地再贴一张新邮票了。

如何才能让邮局员工的邮戳产生瑕疵呢？这时，黑客心理学就派上了用场,只需故意将邮票贴在意外处,如果邮局员工稍一马虎,他的邮戳就会盖在信封的常规处,从而使得邮票逃过一劫,邮资对抗又胜一局。

省掉邮资的其他有效办法还有很多。一种是在信封背面也写满内容,既省纸又省邮资。另一种就是委托"免费邮差",于是所有来校探望小孩的家长、假期回家的同学或在他乡遇到的任何故人,都会被当成免费邮差,而且还是自觉自愿的邮差。即使来不及写封书信,带句口信也行呀。

标准信封与邮政编码

细心的朋友不难发现,无论是大小或形状,现在的信封都很标准,特别是信封的左上角还清晰地印着六个空格,用于填写收信方的邮政编码,有些信封还在右上角很明白地标出了贴邮票处。

简简单单一个信封,为什么要搞得这么标准、规定得这么仔细呢?从正面看,这是为了使邮局的信函自动分拣机能高效工作,从而使得信件能够迅速、准确、安全、方便地传递到千家万户。从反面看,这也是邮局被逼出来的无奈之举,其中又少不了包括穷学生在内的调皮鬼的"贡献"。

原来,在几乎没电话的改革开放初期,随着各地间人员流动更加频繁,邮寄信函的需求也随之大涨。虽然邮局也会出售各种信封,但因大家实在太穷,许多学生除了刚入学时的头几封信会刻意采用带有大学徽章的信封外,随后的信封就都会因陋就简了。比如,那时大家对书本的感情很深,每本书都得用牛皮纸包上封皮,于是这些牛皮纸的边角废料,或破损的图书封皮,或旧信封拆出来的纸张等都会被用来制成信封反复使用。吃剩的饭粒或面条,便是制作信封所需的糨糊。那时,每个自制信封的形状、大小和纸质各不相同,信封上的字迹大多很不标准甚至很潦草,别说自动化分拣机寸步难行,就算是瞪大眼睛的人工分拣也会差错不断。再加上我国相同或相似的地名太多,信件经常被错投或误投,不但浪费了时间,也大大降低了效率。

怎么办呢?经反复调研,邮政部门决定按国际惯例,制定并推行邮政编码和标准信封。哪知,这件看似简单的小事,在真正执行时却十分困难。

为了实现信封的标准化,国家标准局可谓是伤透了脑筋,不但推出了正式标准,还在短时间内进行了至少三次修订,最后才在平衡各方利益后得到大家的拥护。其实,这还得在很大程度上归功于当时国家经济形势的整体好转,毕竟大家经济水平提高了之后,很少有人愿意再自制信封了。

至于邮政编码的推广过程,那就更曲折了。实际上,我国早在1974年就开始研制邮政编码,经过多年认真准备,总算拿出了试行方案,并于1978年在辽宁、江苏和上海等地试行,然后从1980年起开始在全国大规模推行。可哪知老百姓不买账,大家仍然我行我素。终于,迫于舆论压力,邮电部决定暂缓推行邮政编码。直到6年后的1986年,改良后的邮政编码才重新登上历史舞台,并被使用至今。

据说,为了适应当前快递业的迅速发展,我国将再次推出新型邮政编码,它将由两部分组成:一部分是标明地理位置的唯一地址码,另一部分是方便记忆的短码。但愿新型邮政编码的推广会一帆风顺。

第九章
固网通信

三十年河东,四十年河西

伙计,当你每时每刻都与手机腻在一起时,请别忘了,在这个世界上,除了手机能打电话外,还有另一种东西也能打电话,而且其主要功能就是打电话。

对,它就是固定电话——曾经标志着家庭权势的电话,曾经每家每户都望眼欲穿的电话,曾经象征着高贵生活品质的电话,曾经人人追求的"楼上楼下,电灯电话"中的电话。

实际上,在移动电话发明前相当长的一段时期内,"电话"一词压根儿就只是固定电话的专指。但是请问,如今,当你搬进新家时,你会首先想到在家里安装一部固定电话吗?你家里现在还保留着固定电话吗,在最近一年或更长的时间内,你使用过固定电话吗?相信绝大部分人对上述问题的回答,都是"不!",甚至,你的办公桌上明明摆着固定电话,当你准备对外联系时,你可能也不会使用固定电话,除非你对对方的号码倒背如流,而这又几乎是不可能的事情。

难道固定电话真的没价值了吗?当然不是,它其实是人类历史上伟大的发明之一。自从1793年固定电话在法国被正式商用以来,它就被傲慢的清政府挡在门外近百年之久。直到1881年,才有一位英国人以玩具的形式,在上海架设了一对相邻的露天电话,这便是中国的第一部公用电话。

又经过了半个多世纪,1949年,全国的电话普及率也仅为万分之五,电话用户总数只有26万。

1950年,从北京到莫斯科的首条有线国际电话电路开通了,同年北京电信局也开办了传呼公用电话的业务。可是,又经过了近30年的发展,直到1978年改革开放前,全国电话普及率仍然仅为0.38%,不及当时世界水平的十分之一。电话机总数不到世界电话机总数的1%,其中许多电话仍是古董式的"摇把子"磁石电话,电话的自动交换率更是低得出奇。当时的长途电话传输主要依靠落后的明线和模拟微波,话音质量很难保证,只能依靠耳朵的天然分辨能力来降噪。哪怕是在首都北京,电话接通率也低于20%,北京至乌鲁木齐的长途电话接通率更是不足3%。若想打电话,你就必须早早地前往很少的几个指定的地点排队。即使经过漫长排队后你已抓起了电话,抱歉,你仍有可能再等上1小时,以便接通对方的电话。据说,一早去北京电报大楼打电话的人,一般都要自带午饭,否则就会饿肚子。国际电话就更落后了,有些外商宁愿先坐飞机到香港,然后在那里完成国际联络。当时的中国,被许多外商戏称为"没有电话的国家"。

直到20世纪80年代,中国才开始大力发展电信基础设施。1982年,国内首批投币电话才出现在北京街头。同年年底,福州电信局从日本大胆引进了我国首个万门程控市话交换系统,建成首个程控电话局。到了20世纪80年代中晚期,随着国内通信体制机制的调整及程控交换机等新技术的大量引进,固定电话才得以迅速发展,甚至少量的公用电话开始走进居民小区。当时,每部公用电话都有专人昼夜看管,你若想给朋友打电话,就得到小区门口耐心排队。若三更半夜有朋友打电话找你,那就更热闹了。看管电话的大爷或大妈将手持喇叭,冲着你家里连声高喊:"张老三接电话!"于是,你就得连滚带爬赶来抢电话,毕竟从喇叭喊话那一刻起,电话费就已开始在按秒计算了。接完电话后,你还得灰溜溜回家,并记住第二天向左邻右舍道歉,毕竟那刺耳的喇叭声也许打扰了他们的美梦。当然,如果你不想打扰邻居的话,也可以与看管电话的人提前约好报酬,他便可以将对方的电话号码抄下来供你适时回话,或直接将对方的留言转告你,这也算是另一种口信吧。

拨打公用电话最热闹的地方,肯定是火车站或长途汽车站等人流量最大的地方。为了多挣钱,看管电话的大爷大妈们通常都会想尽各种办法,找关系从邮局多申请几部电话放在自己桌前同时看管。于是,由旅客排成的数条长龙,便醒目地盘踞在站前广场上,每条长龙不但蜿蜒十余米,还拥有多个龙头。每个龙头就是一部电话,每部电话后面排着神态各异的旅客。他们有的在与情敌斗嘴,有的在与爱人说悄悄话;有的在哭,有的在笑;有的在听,有的在吵;有的直立,有的弯腰;有的训人,有的撒娇。再加上为了便于大爷大妈看管,这些电话线通常都很短,打电话的旅客们只好围在同一张桌前,形成一幅十分滑稽的画面,让本来就嘈杂的车站变得更加混乱。

到了20世纪90年代初,个别有条件的家庭开始装电话了,瞬间他家地位更高了,左邻右舍对他也更恭敬了,毕竟大家都想巴结他,以便需要借用他家电话时不会被拒绝。幸好,电话的装机容量在不断扩大,国家的经济形势也在迅速好转,先富起来的一批人终于可以先装上家用电话了,其前提就是,得先缴纳一大笔从几千元到上万元不等的初装费(这相当于普通工薪阶层几个月到一年的工资),然后再耐心等待安装。后来,电话越来越多,初装费越来越少,装机等待时间越来越短,直到最终初装费被取消,电话装机随叫随到。比如,1992年时,全国电话用户已超过1000万。1995年时,经济最发达的珠江三角洲地区的固定电话已基本实现全民普及。在经历了年均增长率超过43%的十年高速发展后,终于在1999年,在全国范围内每百人拥有的电话数超过了13部。

2003年3月，全国固定电话用户数达到2.25亿，固定电话开始大规模走进普通百姓家，电话装机不再是难题。但是，由于电话费，特别是长途电话费还相当昂贵，许多家庭为了防止小孩意外拨通长途电话，要么将电话锁进专用箱子，要么干脆不开通电话的长途电话功能，只能拨打市内电话。若实在需要打长途电话时，再去街边的公用电话应急。那时，街边的无人值守自动公用电话已很普及，结账也很方便，只需插入一种专用磁卡就行了。当时很多人都随身携带着面额不同的磁卡，美其名曰：一卡在手，打遍神州。

2004年，我国固定电话总数首次高居全球第一，普及率为20.8%。同年，手机普及率达到20.5%，这也是这两个普及率最接近的一次。从此以后，固定电话的普及率就再也没赶上手机了。

我国固定电话普及率的高峰出现在2006年到2008年之间，全国的固定电话用户数曾高达3.5亿。接着，在移动电话的强力冲击下，在座机费和来电显示费等"不合算费用"的刺激下，固定电话终于从2012年开始走下坡路。待到2015年第二季度，固定电话的普及率已经远低于手机，甚至不足后者的一半。仅仅是2017年这一年，固定电话用户就流失2437万户，只剩下约2亿用户仍在勉强使用固定电话，其中还有很多是办公电话，家庭电话也大多成为摆设，而同期手机用户数则高达13.2亿。待到2019年时，全国固定电话用户数又减少到1.8亿，而同期手机用户数则猛增至15.2亿。现在，固定电话的使用率就更低了，而手机的使用率则更高了。

面对固定电话衰退的局势，相关运营商也没闲着，纷纷关停程控电话，并将它们融入移动和数据网，开始推进光纤入户工程。可是，这又进一步降低了大家安装或使用固定电话的意愿，甚至促使众多老用户最终放弃家中的固定电话，毕竟固定电话的功能已被手机和宽带网代替了。

不过，固定电话在短期内不会消失。一是因为在可见的将来，办公电话肯定仍以固定电话为主；二是因为许多老年人已习惯了固定电话，不愿意轻易改用操作复杂的智能手机；三是因为固定电话保留着许多美好回忆，在经济压力不大的情况下，许多人都愿意睹物思情。

程控交换机，来去皆奇迹

"悄悄的我走了，正如我悄悄的来；我挥一挥衣袖，不带走一片云彩。"对普通人来说，徐志摩的这首著名诗歌，也许最适合用来描述中国的电话交换机。

是呀，对一般用户来说，固定电话不就是摆在桌上的那台能通话的机器嘛。对再细心一点的人来说，他也许还会注意到电话机连接着一根通往走廊的电线。自从人工交换机下岗后，无论电线后面的交换机发生什么翻天覆地的变化，对普通用户来说，他也许根本就不会有什么明显的感觉。因此，交换机既可轻轻地来，也可悄悄地走。不过，虽然交换机没带走一片云彩，却留下了若干精彩。

对通信行家来说，固定电话最重要的心脏，压根儿就不是办公桌上的那部电话机，而是隐藏在遥远后台机房里的交换机。更准确地说，没有交换机就没有纵横交错的固定电话网。交换机的先进性决定了固定电话网络的先进性，交换机的成本决定了固定电话的成本，交换机的容量决定了固定电话网可支撑的用户数量。到目前为止，我国的电话交换机已走过了三个历史阶段，即人工交换阶段、机电制自动交换阶段（步进制与纵横制）和程控交换阶段，同时也留下了若干精彩和遗憾。

中国启用人工交换机的时间其实并不晚，早在人工交换机刚被发明后的第四年，即1882年，我国的第一部磁石电话交换机就在上海开通。1904年，第一个官办电话局也在北京东单开通，当时是100门人工交换机，可支撑100个用户同时通话。当张三想与李四通话时，他得先呼叫人工交换机旁的接线员，然后再由该接线员将他的电线连接上李四，通话才能正式开始。如果接线员正忙于服务其他用户,或李四正在与其他人通话,那么张三就得耐心等待。

1924年3月29日,中国最早的自动电话交换机出现在上海租界。1937年七七事变后,日军攻入北京。出于统治需要,日伪政府新建了大量的步进制自动交换机,替换了落后的人工交换机。到1949年,我国的电话普及率仅为万分之五,全国电话总用户数也只有区区26万。

中华人民共和国成立初期,电话交换机的发展非常缓慢,仍以原始的人工交换机为主、落后的步进制交换机为辅,当时相对先进的纵横制交换机,则压根儿就没影儿。直到1960年,我国才自行研制出首套1000门纵横制自动电话交换机。后来,我国经济进入了长达10年的漫漫休眠期,交换机的水平自然也是原地踏步,与飞速发展的国际先进水平差得越来越远。哪怕是纵横制或步进制这种当时在国际上已较落后的交换机,在国内也是不多见的先进产品,百年前的古董式人工交换机仍是主流,许多地区仍在使用原始的手摇话机。

直到1978年改革开放初期,国内电话交换机的总量也不足400万门,每百人拥有的电话不足半部,大约相当于当时非洲平均普及率的三分之一、亚洲平均普及率的七分之一、世界平均普及率的十分之一。当时的固定电话不但数量少,交换机的水平更是十分落后,三分之一的市话、绝大部分长话及大部分县级以下地区仍是使用人工交换机。即使是那些拥有自动交换机的城市,使用的也是当时已落后国际水平至少40年的步进制或纵横制交换机。

落后的交换机,当然不可能支撑海量用户的需求,于是就出现了在今天看来完全不可思议的怪事——用户为了安装一部电话,不但要预付天价初装费,还要出具合法证明,更要再耐心等待好几个月,甚至更长时间。即使装上了电话机,名目繁多的各种费用也让用户小心翼翼,甚至不得不将电话机锁进箱子,以防他人乱用。

在一没技术、二没资金、三没人才、四没基础的情况下,如何才能让我国的交换机尽快跟上时代步伐呢?这是一个摆在国内通信领域全体人员面前的问题。幸好,借助改革开放的春风,我国通信人终于交出了一份完美的答卷,仅用三十多年的时间就创造了另一个世界奇迹。

该奇迹始于正确制定了交换机的跳跃式发展战略。当时西方发达国家早已用上了先进的程控交换机,而此前它们也都已按部就班经历了从纵横制到准电子,再到程控交换的完整演进过程。当时我国刚刚掌握了纵横制交换技术,并且即将产业化。于是进退两难的问题就来了:若大力发展纵横制,虽避免了前期投入的浪费,也掌握了自主权,但与程控交换技术相比,纵横制实在太落后,根本满足不了全社会对电话的井喷式需求;若跨过纵横制直接引进程控交换技术,其优点是先进,其缺点却是太先进,毕竟那时我国对程控交换技术一无所知,更谈不上掌握自主权。技术风险如何避免?如何经营管理?高昂的引进费用从哪来?长期封闭后的我们,该如何与外商打交道?幸好,在当时良好的国内环境支持下,相关领导果断决定:直接跃入程控交换机时代!

一场轰轰烈烈的"借鸡生蛋,卖蛋还钱"运动,就这样在中国通信界开始了。1982年,改革开放的前沿城市福州,大胆吃下了第一只螃蟹,带头引进并开通了日本的万门程控交换机,并要求日方提供免费的人员培训和基础技术支撑。一夜之间,不但福州的电话实现了历史性跨越,全国各地,尤其是沿海开放城市,更掀起了引进程控交换机的热潮。仅仅是广州市,就在1985年引进了2.6万门程控交换机,次年又引进1.4万门,并在随后的数年间先后引进达25万门,最终进入了"筹资—建设—生产—再投资"的良性循环阶段。

"引进"只是手段而非目的。1984年,我国成立了首个研制程控电话交换机的合资企业。这主要是由于当时美苏冷战尚未结束,包括先进程控交换机在内的通信技术都受到西方封锁,只好通过合资企业在国内生产,以刺激竞争、降低成本。后来,国内外形势越来越好,待到1985年时,全球著名通信设备厂商都争相来到国内寻求发展。于是,我国很快就进入了交换机的"七国八制"竞争阶段,来自七个国家的八种制式的程控交换机,争相在中国抢占市场。

客观说来,"七国八制"的竞争局面,促进了我国自主通信产业的崛起。比如,通过消化和学习外国先进设备,涌现出越来越多的国内技术人员。这些技术人员又支撑了越来越多的国内通信企业发展。20世纪80年代中后期,国内通信设备制造企业如雨后春笋般涌现出来,其中就包括后来发展成巨头的华为和中兴。起初,国内企业主要研制技术含量较低的小型交换机,因为它们刚好是我国农村迫切需要的产品,但其也是外商不屑一顾的市场,毕竟农村市场条件差、利润薄嘛。

总之,在各方的共同努力下,我国程控交换机迅猛发展,固定电话快速进入千家万户。1997年8月26日上午,四川凉山彝族自治州普格县正式开通程控交换机。至此,中国县级以上城市全部实现程控化,电话交换机总容量突破1亿门,中国建成了世界第二大固定电话网。5年后的2002年,中国固定电话用户数超过两亿,稳居世界第一。

进入新世纪后,通信业务发展更加迅猛,这使刚刚流行没几年的程控交换机开始显得力不从心了。中国电信和中国联通不得不于2014年和2016年,分别启动大规模的程控交换机退网行动,并最终在2017年让程控交换机光荣退休。至此,程控交换机只能发挥余热,其全国的年产量也持续下滑,2015年尚有1880万线;待到2021年时,早已跌至区区699万线了。

程控交换机虽已完成其历史使命,退休时也没带走一片云彩,甚至是在绝大多数用户完全没有任何感觉的情况下,非常低调地悄悄离开,但它确实给我们留下了许多值得怀念的精彩。如今,我国已揭开了全光网络的新篇章,程控交换机的继承者们必将创造更多的精彩。

八纵穿东西,八横贯南北

对普通人来说,固网通信除了看得见的电话机和看不见的交换机之外,还有一种介于看得见和看不见之间的东西,那就是组成骨干网和市话网的各类通信传输线路。之所以说它看得见,是因为很多人都有过这样的尴尬经历:家门口的马路,今天被A单位挖开埋根线,明天又被B单位挖开埋根线,后天再由C单位挖开修理曾经埋下的那根线,如此反复数次,以致相声大师建议"干脆给马路装根拉链"。至于旧楼外围密如蛛网的市话电线嘛,你不想看见它都不行。之所以又说它看不见,是因为长途干线通常都深埋在荒野中,除地面偶有"小心光缆"之类的提示之外,普通人很少会接触到它。对通信行家来说,看得见的通常都是市话线,它们的技术含量有限,此处不再赘述;看不见的通常是主干线,是长途电话的基础。

中国最早的长途传输线,是清朝福建巡抚丁日昌于1877年在台湾主持修建的长约50千米的电报线路。两年后,李鸿章又架设了中国大陆的首条电报线,它从天津到大沽口和北塘。中国第一条长途电话线建成于1931年,它是从广州到香港的全长160千米的埋地电缆。到1949年时,我国已拥有2800多条长途线路,总长约8万千米。后来又经30年的缓慢发展,到改革开放时,我国的长途电话虽比新中国成立前增长了10余倍,但横向一比,与世界的差距反而更大了。

改革开放后,通过大量引进程控交换机,市话的紧张局面虽然暂时得到缓解,但长途电话变得越来越紧张。这既是因为我国的长途线路基础太差,也是因为市话的发展又极大地刺激了长途电话需求。为了缓解长途电话供需矛盾,本来已被淘汰的无线电报竟然又起死回生,以致在邮局门口又排起了拍发长途电报的队伍。

如何才能缓解长途电话的供需矛盾呢?当然只能赶紧建设全国性的长途干线传输网。但此事谈何容易,面临的困难多如牛毛。首先让人头痛的就是干线的选材问题,到底是用铜缆还是光纤呢?

若选用铜缆,其优点是当时国内已有一定基础,无论从技术、设备、人才和施工经验等方面来看,都较有把握。早在1981年,邮电部门就基于铜缆规划了一个"二纵二横"的"井"字形全国通信干线网。但铜缆的缺点也很明显,它太落后,即将被淘汰。

光纤则代表了未来方向,但是当时我国的光纤基础太差,若依靠进口,一来价格奇高,二来当时光纤仍是巴黎统筹委员会(以下简称"巴统")对华禁售的高科技产品。幸好,早在1979年,武汉邮科院(前面刚刚介绍过的五娃)就研制出了我国第一根具有实用价值的光纤,三年后又自力更生在武汉开通了首个实用化的光缆市话网。再加上当时国际环境不断好转,"巴统"的限制也已明显松动。于是,在1985年,国务院批准了宁汉光缆的建设方案。1987年,使用国产光纤的宁汉光缆工程汉荆沙段正式开工试建。我国的这一举动终于打破"巴统"的光纤禁令,毕竟中国的光纤市场太大,国际竞争又太激烈,国外厂商谁也不愿错失良机。1989年10月,宁汉光缆全线开工,并在仅仅两年零三个月后就顺利完工。从此,中国的大规模光纤骨干网建设工程正式拉开序幕。

首先登场的是"南沿海光缆"工程。它像一条金项链,自南京出发,跨越苏、沪、浙、闽、粤五省市,最终由潮州与汕头相连,从惠州与深圳接通,将长江三角洲、珠江三角洲、闽南三角地带、深圳、汕头、厦门和上海等地串联起来。该"金项链"全长2800余千米,途经59个县市,投资近4亿元。从1991年10月开始,只经过了区区13个月,规模空前的南沿海光缆就顺利开通,创造了施工组织、资金使用及技术标准等多个"中国之最"。"金项链"刚刚启用,就大大缓解了沿线各地长途电话需求紧张的局势,提供了8万多条长途线路,扩容后总容量又进一步翻番。

南沿海光缆首战告捷后,邮电部于1994年提出了著名的"八纵八横"工程,宣布到20世纪末,我国将以"八纵八横"方式,建成覆盖全国省会城市和重点地区的连通世界的光缆传输骨干网。

熟悉中国地理和气候情况的人都会想到,以埋光纤为主的"八纵八横"工程的难点显然不在东部而在西部,不在南方而在北方,而且各处的难点互不相同,有的地方天寒地冻,有的地方山高路陡;有的地方缺氧,有的地方多风。

果然,面对"八纵八横"西侧从西安到成都的全长约1000千米的西成光缆,施工队就遇到难题了。首先,秦岭沿途是地势险峻的千山万壑,坚石地段超过60%,不仅迫使光缆翻越大巴山等数座海拔超过2000米的大山,还要让光缆跨越涪江和渭水等数十条大河。施工队一撸袖子,于1993年2月24日跟这段地质构造极其复杂、施工条件极其险恶、工程难度极其罕见的工程较上了劲,且没让秦岭占到半分便宜。

施工队好不容易克服了秦岭地区地势险峻的困难,哪知又遇到另一重阻碍——凶猛无比的蚊子。原来,光纤的焊接是比穿针引线还难的精细活,若不能保持超级平静的心态,谁也无法在内径9微米的光纤上切出一个误差小于0.04微米的平面。心无旁骛的技术员们竟然用自己的鲜血,活活撑死了饥饿的蚊子。

除此之外,恶劣的天气也让施工队的脚步频频受阻。1993年6月23日,秦岭地区刮起了12级狂风,并裹挟着暴雨。一时间飞沙走石,遮天蔽日。施工队不顾风暴肆虐,竟在昏天黑地中昼夜奋战,并在次日让光缆顺利越过秦岭,只留下一连串庆功的鞭炮声。

西成光缆胜利建成后,"八纵八横"东北侧的全长为4700千米的光缆攻坚战,又于1993年9月打响。"东北虎"哪肯轻易让路,赶紧使出最拿手的"冷兵器",于1993年11月,早早下起了当年的首场大雪,让本该埋光缆的深沟积满冻冰,瞬间就把工程难度提高到了前所未有的程度。哪知,施工队二话不说,抡起铁锹就清雪,接着又清冰,然后再清土埋光缆,最终如期完成了任务。不肯罢休的"东北虎"眼见光缆要过河,一着急就使出撒手锏,让浅水结冰,让深水刺骨;让水中人员摸不清深浅,冷得浑身发抖;让岸边人员挖不开冻土,热得满头大汗。可哪知,冷热不惧的施工队仅靠几瓶二锅头,就按时保质保量地完成任务,从东北战场凯旋。

书说简短,在接下来的数年中,"八纵八横"逢山开路、遇水搭桥,向千里戈壁挺进,向世界屋脊挑战。在乌鲁木齐至兰州的长达2240千米乌兰光缆工程中,大漠戈壁占总长度的70%,风力高达12级,沙石漫天,10米开外不见人影。结果,施工队只用区区120天就贯通了全线,创造了我国光缆施工速度的新纪录。

在"八纵八横"工程中,难度最大的当数兰州经西宁至拉萨的全长2754千米的兰西拉光缆工程。为了跨过青藏高原,光缆不但要穿越千里戈壁,还要翻过昆仑山和唐古拉山,经可可西里无人区,沿途90%以上路段都属高海拔,其中超过4500米"雪线"的路段就有800多千米,更有海拔高达5231米的死亡地带和生命禁区。结果,施工队仅用85天,就在世界屋脊再创奇迹。

1998年12月31日,随着广北昆成光缆干线的全线贯通,历时8年的"八纵八横"建设终于画上句号,总长超过7万千米、覆盖神州大地的光缆干线网络提前两年建成!中国通信的发展,从此走上了信息高速公路。

信息高速路,网络冲浪酷

伙计,如今在网上冲浪到底有多酷,恐怕这不需要我来描述吧。只需点一点鼠标,你就可以想玩游戏玩游戏,想看电影看电影,想听音乐听音乐,想搞直播搞直播。莫非这网络天生就如此听话,如此好使唤?非也!你若想了解当初父兄们到底是如何被那龟速的互联网气得死去活来的话,那就请你继续阅读下文吧。

话说,1987年9月14日21时07分,一位毕业于清华大学无线电专业的教授钱天白,从北京发出了一封电子邮件,其内容是"越过长城,走向世界",收信方是德国的某位教授。可哪知,本该几秒钟就到达的邮件,却因交换技术的原因,竟在路上摇摇晃晃走了6天,最终才以"一日千里"的速度,在当年的9月20日抵达德国。对方秒回:"祝贺!"后来,国际互联网界的许多专家和美国科学基金会等,在得知这一消息后,也纷纷给钱教授发来贺信。

伙计,千万别小看了这封邮件,因为它是中国历史上的首封电子邮件,代表着中国互联网零的突破。当时,中国还没加入国际互联网组织,所以能发出电子邮件的人绝对不一般。

后来,钱教授再接再厉,开始大力推进中国的互联网事业。1990年11月28日,他代表中国在国际互联网信息中心正式登记注册了我国的顶级域名CN。1994年5月21日,在钱教授等的协助下,经美国科学基金会同意,中国科学院终于完成了我国顶级域名服务器的设置,改变了中国顶级域名服务器一直存放在国外的历史。从此,我国正式接入国际互联网。虽然当时中国只是通过一条带宽仅为64K的专线与国际互联,但它开启了一个伟大的时代——中国互联网时代。同年,中国大陆的首个网络论坛开始运行,民众上网热情大涨。由于这些重要事件都发生在1994年,所以这一年也被称为"中国互联网元年"。

1995年,我国首家互联网服务供应商瀛海威向国内用户开通了个人上网服务。那时上网之麻烦,在今天看来简直不可思议。首先,你得有钱,得花费上千元(相当于当时普通人几个月的工资)购买一种名叫"调制解调器"的专用设备(老百姓称之为"猫"),将它的一端连上电话线,另一端连上笨重的台式电脑主机箱。其次,你得有技术,精通如何用磁盘安装专用软件,学会让"猫"与"鼠"和平共处,即让鼠标通过"猫"来拨通专用电话号码。难怪中国的首批互联网用户主要是高校教授。再次,你得有耐心,毕竟想要拨通专用上网电话并不容易,因为想上网的人太多,能拨通的号码太少,甚至像北京邮电大学这样的近水楼台先得月的单位,也只有3个上网号码。就算好不容易拨通了电话,你又得再次耐心等待后台服务器的龟速响应。就算后台开始响应了,此时若有朋友打来电话,你又得重复一次联网过程,因为电话的优先级高于上网,一旦外部有来电,系统就会自动切断网络服务,就像现在的电话会切断微信通话一样。那时大家都尽量在夜间上网,亲朋好友之间也要约好时间,争取错峰上网。最后,你还得有事做,毕竟当时上网既不能玩游戏,也不能通语音,主要是收发电子邮件或彼此传递数据文件等。

大约从1996年起,中国的互联网开始由教授们进行科研的工具演变成老百姓通信和获取信息的工具。那时候,网站少得可怜,门户网站几乎只有网易一家,能浏览的网页不但数量少,风格还很简单。个人电子邮箱在当时更稀罕,若某人拥有自己的电子邮箱,那绝对是值得好好显摆的资本,必须将它醒目地印在名片上、写在同学录上,以此彰显自己的时髦形象。

大约从1997年起,中文网站的内容开始爆炸式增长,各种网络论坛开始兴盛,连中央新闻机构也开始"触网",比如,严肃的《人民日报》也开办了"人民网",以扩大自己的影响力。丰富的网络内容吸引了更多网民,特别是随着网络游戏的出现,上网成为普通人的刚需,大街小巷的网吧都是24小时不停业。从1998年起,中国的网民数量开始呈几何级数增长。网民的增长又对网络带宽提出了更高要求。幸好,这时经国家批准,中国开始大规模建设国家级宽带网。至此,中国互联网事业好像进入了良性循环:丰富的互联网内容吸引了更多网民,更多网民产生了更大的带宽需求,更大的带宽又可支撑更丰富的互联网内容。

但是,这种表面的繁荣却掩盖了一个世界性的重大危机,那就是互联网泡沫危机,它必将对中国互联网产生不可估量的影响。一方面,在国内外资本的疯狂追逐下,中国在1999年前后迎来了前所未有的互联网企业爆发期。如今耳熟能详的互联网企业,比如网易、搜狐、京东、新浪、腾讯和阿里巴巴等,几乎都是在此期间成立或赢得巨额资本投资的。当时给人的错觉好像是,资本拥有无限实力,市场拥有花不完的钱,只要是互联网企业就能轻易获得资本青睐。另一方面,也许是融资太过容易,以致互联网企业都养成了"烧钱"的习惯,网民则养成了享受免费的习惯。比如,瀛海威就迫不及待地鲸吞全国市场,仅仅在3

个月内，便投巨资在北京、上海、广州、福州、深圳、西安、沈阳、哈尔滨8个城市同时攻城略地，成为当时中国最早也是最大的民营互联网企业。可惜，由于持续"烧钱"造成资金链断裂，本来是中国互联网先锋的瀛海威，却最终遗憾地倒在了曙光将现的黎明。

在互联网泡沫破裂引发的寒冬里，像瀛海威这样的企业多如牛毛。当然，也有个别幸存者。比如，腾讯在1999年推出的我国首款聊天软件——QQ最终熬过了冬天，更于2005年进入全盛期，成为当时年轻人的必备通信工具。比腾讯更幸运的互联网企业，比如新浪、搜狐和网易，都在2000年完成了鲤鱼跳龙门，先后在美国纳斯达克成功上市。

熬过互联网冬天后，以2002年第二季度搜狐率先宣布盈利为标志，中国终于迎来了互联网的春天。从此以后，中国互联网的发展呈现出万马奔腾的局面。概括说来，此后中国互联网的发展，可以分为如下三个阶段：

一是2008年之前以吸引用户为主的社交与电商阶段，俗称"互联网1.0版本"。这也是中国互联网应用和网民数量野蛮增长的阶段。随着低带宽网络与个人电脑的普及，互联网逐渐融入大众生活，社交工具与电子商务开始改变人们的生活习惯，线下零售业受到电子商务的严重冲击等。

二是从2009年到2014年以满足需求为主的移动互联网阶段，俗称"互联网2.0版本"。这是中国互联网百花齐放的阶段。此时随着智能手机的普及，互联网的终端开始从固定的电脑转向能移动的手机等设备。

三是从2015年至今以争取流量为主的自媒体阶段，俗称"互联网3.0版本"。这是中国互联网硕果累累的阶段。"互联网+"战略为传统行业带来新的商业模式与盈利增长点。信息爆炸式增长所带来的巨大流量成为时代风向标，也是资本的重点追逐对象。各种自媒体、网红直播、视频博主等席卷全网，用户对互联网的依恋也达到了前所未有的程度。

电话替电报,终端归电脑

既然本章的主题是中国的固网通信,我们就不能忽略固网通信系统的终端,毕竟对普通人来说,终端才是最直观的部分。

中国最早的固网通信终端,当然是各种电报机,准确地说,是1871年出现在上海的电磁电报机。1873年,华侨王承荣从法国归来后,与福州的王斌合作研制出了我国第一台电报机,并呈请政府自办电报,可惜被清政府断然拒绝。起初,电报机的外形像订书机,发报过程就像是在不停地快速装订书页,并发出长短不一的"嘀嗒"声,译报则主要靠耳朵来分辨声音的长短。大约在1953年的一次从归绥发至北京的电报中,"订书机"被机械键盘替代,发报过程被简化为打字,这便是惠斯登电报机。大约在1957年的一次从呼和浩特发至北京的电报中,国产机械式电传电报机首次亮相,译报过程被大幅简化。1968年,国产的机电式自动发报机诞生,发报过程从此可由机器自动完成。1983年,国产集成电路电传机诞生,发报过程和译报过程均可实现电子化。1987年,电报收发终于实现汉字化。可惜,仅仅过了3年,历史悠久的有线电报机就在1990年被台式电脑取代了。再后来,电报业务被淘汰了。

资历之老能与电报机相媲美的固网通信终端,当然要数曾经大放光彩的固定电话。1889年,彭名保制成了我国第一部电话机,它的通话距离可远达150千米。与电报机不同的是,电话机的断代非常混乱,当你家的电话机早已多次升级后,没准隔壁邻居家的电话机还很古老呢。不过,从纯技术角度看,从清末到民国再到改革开放初期,我国境内都曾有人使用过带手摇柄的古老磁石电话机,它必须自带干电池和发电机。大约从1910年起,北京的长途电话开始使用共电式电话机,从此,打电话的用户就不用再自己手摇发电了。改革开放后,在我国大中城市流行的电话机主要有两类:一是带有旋转拨号盘的自动电话机,它可由旋转产生的直流脉冲来控制自动交换机,从而接通被叫方;二是按键式全电子电话机,其拨号速度明显快于旋转拨号盘。到20世纪90年代时,国内开始普及基于集成电路的多功能电话机,比如,传真与电话集成、语音拨号与通话集成、来电显示与录音集成等。总的来说,与电报机的电脑化类似,电话机也逐渐电脑化。

待到电信网络被互联网、物联网等信息通信网络取代后,固网通信的终端就只能是各种电脑了(当然是小型或微型电脑,而非超级计算机),所以下面就来谈谈我国的计算机。

其实,很多人对我国的计算机有过许多误会,甚至是出乎意料的误会。比如,计算机在我国的起步之早,可能会出乎许多人的意料。当人类首台电子计算机于1946年问世后,仅仅过了6年,我国著名的数学家华罗庚就在1952年组建了电子计算机科研小组。该小组不仅在当年就完成了电脑的科研规划,还在1953年4月提出了制造一台电子管串行计算机的设想,并在当年12月就取得了若干阶段性成果——比如,实现了存储功能,完成了运算器和控制器的设计工作,还编写了我国第一本电子计算机原理讲义等。1956年,周恩来总理亲自制定了《1956—1967年科学技术发展远景规划》,将计算机的研制作为四项紧急措施之一,中国计算机事业也由此起步。

计算机的研制在我国受重视的程度,可能也会出乎许多人意料。就在周总理将计算机的研制作为国家紧急措施的同一年,国家批准成立中国科学院计算技术研究所,确定了立足国内"先仿制,后自行设计"的技术路线,引进了苏联的两台计算机和相应图纸,并以此作为仿制对象。在组织建设方面,国家还提出了"先集中,后分散"原则,决定以中国科学院为主,集中电子部、总参三部、航天部和多所高等院校的科技力量,通过大协作展开计算机的研制工作。在人才培养方面,从1957年起,清华大学、北京大学、哈尔滨工业大学和中国科学技术大学等高校都先后开设了电子计算机相关专业。

第一代电子管计算机在我国的进展之快,可能也会出乎许多人意料。原来,仅仅通过一年多的合作攻关,我国就于1957年研制出第一台模拟计算机,于1958年研制出第一台小型电子管计算机,于1959年研制出第一台大型通用电子管计算机(104机),其运算速度达到1万次每秒。1960年,中国第一台大型通用电子计算机研制成功。1964年,运算速度达到5万次每秒的大型数字计算机(119机)问世。作为第一代计算机的典型代表,以上各型计算机为我国国防事业做出了突出贡献。比如,其中的104机和119机就分别在原子弹和氢弹的研制中发挥了重要作用。

第二代晶体管计算机的研制在我国之难,可能同样出乎许多人意料。原来,在20世纪60年代初,一方面由于中苏关系的紧张和最终破裂,我国再也得不到相关技术支持,只能完全自力更生。另一方面,由于连续三年粮食歉收,国家经济受到全面重创,计算机的研制工作自然也会受阻。除此之外,当时我国的半导体元件制备水平较低,晶体管的寿命和稳定性都很差。幸好,国防科技大学在1962年基本解决了晶体管的稳定性问题,这才为第二代计算机的研制提供了条件。果然,两年后,我国就研制出了使用国产半导体元件的中国第一台晶体管通用电子计算机。1965年,中国科学院又研制出了晶体管大型通用数字计算机,其运算速度最高可达10万次每秒,器件损坏率高和耗电量高的状况得到明显改善,平均连续稳定运行时间也有所延长。两年后,一台专为"两弹一星"服务的计算机(109丙机)问世,它为我国多种撒手锏武器的设计和定型提供了重要数据和决策依据。109丙机的服役期长达15年,如今已成为博物馆的"功勋计算机"了。

第三代集成电路计算机的发展在我国之曲折、兴衰情节之跌宕起伏,可能更加出乎许多人的意料。首先,从科研角度看,我国科学家在极端艰苦的条件下,仍取得了可歌可泣的成就。比如,早在1971年,我国就研制出了第一台小规模集成电路通用数字电子计算机,1973年又研制出速度超过100万次每秒的集成电路计算机,后来更将速度提高到500万次每秒。这些第三代计算机曾为我国的石油勘探、气象预报、军事研究和科学计算等做出了重大贡献,比如,完成了我国首次洲际导弹飞行的测量任务等。其次,从成果转化角度看,我国研制的计算机几乎都没能实现大规模商业化。大型机基本上都是为具体任务量身打造的,如果说这还情有可原,那么中型机也无法形成量产,这可能就是机制问题了。此外,小型机在市场上的竞争力也不大,这可能就得从技术方案上找原因了。虽然我国也曾研制过多款微型机,但在激烈的国际竞争中,它们都很快败下阵来,以致最终被赶出民用市场。最后,从计算机产业角度看,非常不可思议的是,在计算机科研和成果转化均未能领先的情况下,全球最大的个人电脑企业竟然出现在中国。真是有心栽花花不开,无心插柳柳成荫。

第四代超级计算机的研制在我国之奇,可能仍会出乎许多人意料。大约从1980年起,我国才开始研制超级计算机,而此时已比国际起步时间晚了近20年。但中国的进步之神速,又让人大吃一惊。仅仅三年后的1983年,我国就制成了计算速度达1000万次每秒的大型向量机和速度达1亿次每秒的银河I号巨型计算机,使我国成为当时世界上为数不多的拥有超级计算机的国家之一。随后中国超级计算机的业绩更是难以置信,比如,"天河"超级计算机从2010年至2015年连续六年排名全球第一;接着,"神威"超级计算机的排名又分别在2016年和2017年位居全球第一。

总之,有关我国计算机的出乎意料之事太多,相信未来我国计算机发展越来越好。

铜缆替铁线,未来归光纤

固网通信与移动通信的最大区别在于,其终端与后台的交换机等各种设备都是用不同的导线连接起来的,信息始终都在导线中传输。形象地说,固网通信的最大特点就是它拥有各种各样看得见、摸得着的通信线缆。

在中国境内最早出现的电缆,是1871年英国大东公司违规秘密铺设的一条从上海到日本长崎的海底电报电缆。中国自建的首条海底电报电缆是1887年由台湾巡抚刘铭传主持建设的,从福州至台湾的总长超过200千米的电报水线,所用的海缆还是相当先进且昂贵的橡皮绝缘电缆,它能有效隔绝海水对电报线的干扰。中国自建的首条陆上电报电缆是1877年由福建巡抚丁日昌在台湾建成的总长不足50千米的电报线,不过,所用的电缆是用最简陋的裸线铁丝制成的。实际上,在相当长的时间内,甚至直到改革开放前,我国广大农村的架空电话线仍然用裸线铁丝制成,其通话质量会因风雨和铁锈等原因受到严重影响。

后来,电缆的材料从铁丝变成铜线或铝线,再后来裸线外面又包上了绝缘层,制成绝缘电线。接着,多条绝缘电线又以各种方式被包裹于共同的绝缘外套中,这不仅提高了布线效率,还增大了通信容量。通信电缆的演变时间相当零碎,使用年限更是千差万别,甚至有些古董电缆至今都还在使用。不过,资料显示,我国自行研制或生产通信电缆的重要时间节点大约如下:1949年制成低绝缘铅套市话通信电缆;1957年生产37路以下的星绞低频长途对称电缆和7路以下的高频长途对称电缆;1961年制成四管中同轴电缆;1963年试制出能传输120路载波的绝缘铅套电缆;1966年制成300路小同轴电缆;1974年制成8管综合同轴电缆。特别是1983年,研制出10800路干线用中同轴电缆和3600路小同轴电缆。可惜,该干线同轴电缆还没来得及施展本领,就被刚刚诞生的光缆给淘汰了,以致在我国的"八纵八横"骨干网中,甚至都找不到同轴电缆的影子了。

顾名思义,所谓"光缆"就是基于光纤的通信电缆,其核心显然是光纤。光纤的理论概念由外籍华人高锟教授在1966年的一篇论文中提出,为此,高教授又被誉为"光纤之父"。当时高教授认为,若将光学玻璃拉成纤维状的空心细丝后,便可用于通信信号的传输。但是绝大多数人对此都持怀疑态度。1970年,美国康宁玻璃公司花费3000万美元,终于研制出3根长约30米的光纤,并以事实证明了高教授论断的正确性。虽然直到2009年,高教授才因其光纤成果而获得诺贝尔物理学奖,但世界第一条民用光纤通信线路却早在1976年就从华盛顿铺到了亚特兰大。从此,人类进入了光纤通信时代。

中国的光纤通信故事最早可追溯到1969年的武汉邮科院(前述七个葫芦娃中的水娃,或简称武邮)。当年,武邮承担了一个国家科研项目,试图利用大气中的激光来传输信息。可一年多过去了,由于缺少平行光管等设备,项目始终没有实质性进展。情急之下,上级只好临阵换将,让当时还很年轻(现在已是院士,并被誉为"中国光纤之父")的赵梓森担任项目负责人。果然,新官上任三把火,赵梓森灵感一现就找到了远在天边、近在眼前的平行光管,它就是晴天到处可见的太阳光,其平行性显然好于任何人造光线。于是,传输距离远达10千米的大气传输激光通信实验在1971年就成功了。不过,若遇大雾或雨雪等不良天气,这种大气激光通信就会"歇菜"。

如何才能人为营造一个永远晴朗的大气环境,以确保激光通信随时都能传输信息呢? 1972年,赵梓森偶然知道了国外的光纤通信概念。这真是踏破铁鞋无觅处,得来全不费工夫! 光纤中的空心管道,不正是那令人朝思暮想的人造晴空吗? 于是,赵梓森赶紧向领导建议开展光纤研制工作。只是当时我国正值史无前例的特殊时期,大家哪有心思做科研,更不可能花费好几千万去拉玻璃丝"玩"。幸好,武邮的一位科技处处长大方地伸出了援手,于是赵梓森便与几位志愿者在厕所水房里做起了化学试验。

一次,由于年轻同事配合不当,化学药剂突然沸腾并产生大量有毒氯气。药剂喷入赵梓森右眼,剧痛加吸入氯气使他当场晕倒,吓得大家赶紧送他到医院。幸好,沿途的新鲜空气让赵梓森慢慢苏醒,但医生却不知该如何抢救他的眼睛。"用蒸馏水冲洗,然后打吊针。"赵梓森忍着剧痛,镇定地指挥着医生。果然，两小时后，赵梓森恢复正常，又赶回去继续做实验了。

赵梓森等志愿者对科研的执着追求感动了更多领导。1973年，武邮同意将光纤通信确立为正式科研项目，并提供力所能及的支持。1974年，经邮电部批准，武邮成立了光通信研究室，并配备了必要的设备。这标志着武邮光通信研究的组织架构基本成形，相关基础研究即将走上正轨。果然，经过大家的共同努力，武邮总算在1976年研制出了可供试验用的石英光纤，并用它成功传送了一路黑白电视信号。1977年，武邮又研制出长度超过1000米的低损耗石英光纤，并用它成功传送了彩色电视节目。

在那史无前例的十年中，像武邮这样的志愿者科研团队还有很多，清华大学、北京大学和中国科学院等高校的不少教授也都在默默无闻地从事着光纤研究。

终于，改革开放后，中国科技事业开始全面复苏，迎来了"科学的春天"。特别是在1978年的全国科学技术大会上，光纤通信被列为首要发展的高科技方向，这意味着发展光纤已成国家战略。全国多家单位不仅及时推出自己的光纤成果，上海还研制出了单模光纤，武邮更开始了多模光纤的试生产，京津沪和武汉也都建成了市内电话光缆试验网。

从1982年起，中国的光纤通信开始进入核心技术攻关与初步实用化阶段。武汉率先建成国内第一条实用化市话光纤网络，并在1985年对该网络进行了扩容。几乎在同一时期，邮电部也在广州、石家庄和哈尔滨等地建成了市话中继光缆或短程实用光缆，还在华南、华中、华北和东北四大区域建成实用化的长途光缆。1987年，武邮光纤生产线和邮电部侯马光缆生产线通过国家验收，这标志着我国已形成了规模化的光缆生产能力。

从1988年起，中国光纤进入全面发展的高峰期，其动力主要来自三个方面：

其一，是旺盛的需求。原来，为了配合国家改革开放的大好形势，通信网络建设必须超常规发展。由于当时光缆已代替同轴电缆成为我国骨干网的唯一选择,光纤的市场需求自然出现井喷。比如,早在1988年,我国就完成了第一条国产设备长途直埋光缆工程——兰州至武威光缆工程。特别是邮电部随后启动的总长度达70000千米的"八纵八横"光缆工程,更将光缆的国内需求量提升到了前所未有的水平。

其二,是共赢的理念。原来,为了满足旺盛的市场需求,社会各界必须精诚团结、各尽所能地发展光纤通信;国际国内必须优势互补,合作共赢。为此,一大批合资或独资、国有或民营的光纤相关企业纷纷在武汉、杭州、南京、成都和上海等地成立,武汉甚至设立了以光纤为主题的超大型科技园。

其三,是雄厚的底蕴。原来,与许多产业发展的道路类似,中国的光纤也采取了"先依靠引进消化,再自力更生稳步发展"的策略。果然,如今中国的光纤通信产量和市场占有率均稳居世界第一,中国也已成为光纤通信方面技术最先进的国家之一。

谢谢你,勤劳而智慧的中国光纤人!

第十章
移动通信

仗剑"大哥大",潇洒闯天下

所谓"大哥大",其实就是第一代移动通信的中文俗称,其学名是蜂窝移动电话,也有人形象地称其为手提电话,或将其简称为1G手机。顾名思义,移动电话就是可以随身携带、边走边聊的电话,这也是它与固定电话的最大区别。

全球第一部"大哥大",于1973年4月3日诞生在曼哈顿的摩托罗拉实验室,并于1983年6月13日正式进入市场。当时一部"大哥大"重约800克,形如半块又窄又长的小砖头,"小砖头"一侧有按键,按键上方有一个单色屏幕,它可双行显示短信和电话号码。"大哥大"的电池持续通话时间不足半小时,但充电时间却长达10小时。若从今天的角度看,"大哥大"几乎浑身都是毛病,比如:频谱利用率低,不能全球漫游,只能传语音,通话质量差,信号不稳定,涵盖范围小,保密性差,易受干扰等。更麻烦的是,1G系统的容量还很小。

"大哥大"虽然具有上述众多缺点,但当它于1987年11月18日在广东第六届全运会(以下简称"六运会")上开通并正式商用后,很快就成了"高富帅"的代名词,并将中国推入了一个崭新的移动通信时代,准确地说是1G时代。

我国的首批1G用户其实只有700个,其中第一个用户名叫徐峰。刚开始创业的他,可能做梦也没有想到,自己会因为赶时髦而被载入史册。原来,徐峰通过内部消息得知,六运会上开通的那100台试用手机可能很快就会投入市场。听罢此消息,徐峰转身就直奔目标营业厅,经过一番争取,甚至惊动了营业厅的上级领导,他最终才在交齐了2万元的手机费和6000元的入网费后,买到了第一部手机,其号码还是非常吉祥的901088,其时正值1987年11月21日。买到"大哥大"后,年仅23岁的徐峰实在忍不住内心激动,立即找到最近的公用电话,拨通自己的手机,抢先享受了左右耳朵间的自我通话,哪顾得上当时昂贵的双重电话费(公用电话费+手机通话费)。

至于1G手机传到中国后,为什么会被戏称为"大哥大",其原因目前已无法精确考证,比较流行的解释主要有如下三种:

其一,"大哥大"本来是粤港百姓称呼帮会头目的谐语,特别是在香港警匪片中,黑社会老大一般都被称为"大哥",比"大哥"还大的人物就是"大哥大"。自从1G手机出现后,影视作品中大老板的标准形象,基本上都是昂首挺胸,手提一部厚重的1G手机。在现实生活中,成功人士也经常手机不离身,显得格外威风凛凛。久而久之,人们就以人代物,把"大哥大"随身携带的1G手机也叫作"大哥大"了。

其二,"大哥大"本来是香港著名演员洪金宝的特称,他又是香港最早使用1G手机的极少数用户之一。于是,价格昂贵的1G手机和非常抢眼的"大哥大"洪金宝之间,便建立了紧密的关联。久而久之,人们干脆将1G手机等同于洪金宝,再等同于"大哥大"。至于洪金宝为什么被称为"大哥大",这又有两种说法:一种说法是,在当时香港影视圈,特别是在武戏圈中,洪金宝是红得发紫的功夫演员,地位非常高,被圈内人尊称为"大哥大";另一种说法是,成龙在香港被尊为"大哥",而洪金宝是成龙的大师兄,两人又经常一起出现,为了便于区分他俩,大家就称洪金宝为"大哥大",仍称成龙为"大哥"。

其三,"大哥大"本来是一个贬义词,意指黑社会中的大龙头,而小龙头则只称为"大哥"。也许是因为早期1G用户中的某些暴发户太过张扬,打电话时的神态简直就像黑社会大龙头;也许是早期的1G手机音质太差,以致用户不得不大声喊叫,让旁人误以为他们目中无人;也许是因为1G手机太大、太显眼,又太贵,在一定程度上刺激了个别人的仇富情绪,总之,人们起初只将个别1G用户贬称为"大哥大"。可哪知,在1993年北京举行的十大流行语评选中,"大哥大"竟高居排行榜的第四位。

无论1G手机被称为"大哥大"的原因是什么,都有这样一个不争的事实,那就是当时的1G手机非常贵而且还是一机难求,以致一部手机甚至被炒到5万多元,至于手机的个别吉祥号码更是"黄金有价号无价"。比如,1994年,在深圳的某次拍卖会上,"大哥大"吉祥号码9088888的成交价竟然超过了65万元的天价。即使能买到一部"大哥大",昂贵的使用费也让不少用户望而却步。比如,每个月150元(相当于普通人月薪)的租金必不可少;每分钟超过1元钱的话费也没商量,而且还是双向收费,即无论是接电话还是打电话都得付费;若是在异地用电话,那还得再额外支付按分钟计价的漫游费。总之,各种费用加在一起,"大哥大"用户每月话费都会接近2000元,有时甚至高达3000元。

也许因为"大哥大"又贵又大,它竟成了成功人士的标配,更是许多人互相攀比的对象,甚至是社交场合的道具。比如,谈判前,若"咣当"一声将"大哥大"砸在桌上,瞬间就觉得自己好像已胜券在握;与朋友聊天时,若在不经意间掏出"大哥大"接个电话,随后的话题肯定会转到手机上来;即使是在陌生场合,适当炫耀一下自己的"大哥大",也能引来一些羡慕或嫉妒,其效果甚至好于私家车,因为那时普通人只知有公车,不知私家车为何物。就算是再低调的人,他也很难隐藏自己是手机用户的身份,因为"大哥大"实在太大,必须装进专用老板包,再将该包夹在腋下,或提在手中。

可惜,仅仅过了14年,曾经耀武扬威的"大哥大",却在2001年12月31日突然集体惨遭淘汰。而淘汰"大哥大"的正是跟在它屁股后面的众多小弟,俗称"二哥大"。

"大哥大"到底死得有多惨?这样说吧,全国的"大哥大"用户数共计660万。由于1G与当时更先进的2G互不兼容,运营商只好以高价回收所有"大哥大"。常规的回收条件是每部1G手机可换得一部内含1万元预充话费的2G手机。但即使如此,个别1G用户也因各种原因坚决不愿退网。据说,有的1G用户最终获得了上百万元的退网补偿金。原来,只要有一个用户不退网,全国的1G网络就得为他提供服务。至于"二哥大"们到底是如何淘汰"大哥大"的,答案请见下节内容。

"二哥大"混战,"大哥大"惨败

与"大哥大"特指笨重的1G手机不同,"二哥大"其实并不特指某类手机,而是民间为了与"大哥大"相区分,对1G手机之后、3G手机之前的若干种移动电话的非标准统称,其中既包括出身高贵的2G手机(专业名称为"GSM数字蜂窝移动电话"),也包括洋为中用的手提电话(专业名称为"大功率无绳电话机",市场名称为"天地通"),还包括生不逢时的无线市话(专业名称为"低功率移动电话",市场名称为"小灵通")等。

不同的"二哥大"有不同的原理和功能,但与"大哥大"相比,它们都有许多共同特点,比如,体积更小、重量更轻、价格更便宜,只是它们的知名度不可与曾经的"大哥大"同日而语。但是,这些看似不起眼的"二哥大"弟兄们竟在短短几年内,就将曾经不可一世的"大哥大"赶下了历史舞台。

首先亮相的是一种形似火柴盒的带有小屏幕的通信辅助工具。由于最初它在显示对方电话号码时总会发出"BP"的声音,所以大家干脆就将它称为"BP机"。每个BP机都会像电话那样,有一个唯一的身份号码。后来,随着技术的进步,"BP"声逐步改进为10秒的语音,使机主一听就知道对方的电话号码。BP机的来电显示也改进为产生振动或发出声响,并显示数字代码,使机主通过查阅随身携带的"数字代码专用字典"就能知晓对方的电话号码或传来的消息内容。之后,BP机的来电显示又改进为直接显示字母和数字,从而淘汰了"数字代码专用字典",使机主能直接阅读对方发来的电话号码或英文内容。渐渐地,显示内容再改进为汉字、字母和数字,让中外人士都能轻松使用。当然,显示内容不同的BP机,其购机难度和价格也各不相同。人们起初不但要排队购买,还得先支付约2000元购机费,这相当于当时普通人一年的工资,后来才不断降价。

在那个甚至连固定电话都十分罕见的年代里,当你想与某位拥有BP机的朋友通话但又不知他在何处时,你可以给特定的客服打电话,客服就会呼叫你朋友的BP机,然后你朋友再给客服去电话询问你的呼叫号码,最后再与你取得联系。后来,BP机又得到不断改进。当你给特定客服打去电话后,对方便会通过人工或机器,将你的电话号码或简单消息发送到你朋友的BP机上。于是,你朋友便可以及时接收到并马上就近寻找一个电话与你联系。当然,BP机用户需要每月支付约50元的客服费,不过后来客服费也降价了。

严格说来,并不是BP机想主动挑战"大哥大"的权威地位,毕竟BP机于1983年在上海亮相,4年之后"大哥大"才姗姗来迟,于1987年在广州出现。反而是"大哥大"以高出BP机至少10倍的昂贵价格故意耍酷,才引起电话用户的"公愤"。"大哥大"的市场到底是如何被BP机蚕食的呢?道理很简单,与今天随处都能听到手机铃声的情况类似,当时BP机的声音也是昼夜不停地响彻神州大地。可惜,苦于电话太少,给呼叫方回电不容易,所以经常会见到有人在大街小巷伴着"BP"之声狂奔,四处寻找公用电话;也会见到有人在公用电话前的长龙中伴着"BP"之声抓耳挠腮,恨不能马上让前面的队伍消失。如果此时你不但拥有BP机还有"大哥大"的话,那么你就可以在看过BP机后,从容地给朋友回电话,既省掉了接电话的费用,也没耽误及时回信,只是减少了电信运营商的收入而已。即使你的朋友没有"大哥大",你也可以用你的"大哥大"与他随时挂在腰间的BP机联系。总之,无论是否拥有"大哥大",你若再配上一台BP机,都可以既方便自己,也方便他人,这就在无形中降低了"大哥大"的重要性。

BP机曾是年轻人的最爱,联系业务少不了它,朋友约会也离不开它。年轻人恨不能让全世界都知道自己的BP机号,甚至"有事呼我"已成了见面问候语。据不完全统计,中国BP机用户数在2002年(BP机配合其他"二哥大"消灭了"大哥大"之后的第二年)达到2500万的最高峰。可惜,紧接着它就开始了断崖式衰退,并在仅仅3年后的2005年,终于被其他"二哥大"给消灭了。

真正让"大哥大"首次感到压力的"二哥大",是前面提到过的外形与"大哥大"最接近、重量却轻得多的天地通。它的最大优点是便宜,甚至比BP机还便宜,所以早在1990年,它就小规模地出现在上海了。但"天地通"有三个致命的缺点:一是服务范围很有限,常常只能在方圆几千米,至多十几千米的范围内使用。二是它只能呼出不能呼入,所以只能与BP机配合使用,省去满大街寻找公用电话的麻烦。难怪当公用电话越来越多后,"天地通"就不再受宠了。三是它的容量很小,子机若太多,母机就会崩溃。比如,深圳早在1992年就率先公开向社会提供"天地通"服务,但它的用户数直到1995年的最高峰时也不足15万,以致最终在1999年关闭。实际上,"天地通"这位"二哥大"只是把"大哥大"吓了一跳,且比"大哥大""死"得更快,因为它本来只是固定电话的延伸设备,只是在中国特殊历史条件下的过渡性产品。

在群殴"大哥大"的混战中,比天地通更厉害的"二哥大"是小灵通,无论是体积还是重量,它都比天地通这位名副其实的"二哥大"缩小了至少一半,其大小和外形都很像一根巧克力冰棍,其天线就像是偏移后的冰棍之柄。所以若只看体量的话,小灵通确实配不上"二哥大"之称,但在当时,它的本领并不输"大哥大",甚至在某些方面还更强。比如:待机时间长,充电一次可用10天;在网络覆盖范围内,其通话质量更好;不但能接打电话,还能收发短信,甚至后期还能玩游戏和上网;资费特低,月租仅20元,每分钟话费只需2毛钱,并且只会单向收费。当然,小灵通也有不如"大哥大"之处,比如,它几乎只能在市区使用,没有漫游功能,只是固定电话的补充和延伸等。

由于政策方面的原因,小灵通于1998年才在浙江低调亮相。但当它的合法性于2000年被认可后,它就与其他伙伴一起,仅仅在一年后就灭掉了"大哥大"。接着,它又与2G手机一起,于2005年轻松灭掉了BP机,其间还顺便过关斩将,攻占全国市场,大有气吞山河之势。在技术方面,它也不断改进,2004年实现与手机互通短信,2005年实现机卡分离。在用户数方面,它更是节节攀升,2005年超过8000万,2006年突破1亿大关,达到最高峰。

可惜,由于技术和政策等原因,小灵通很快就从巅峰直接跌入低谷。仅仅是在2007年的前十个月,其用户数就减少了250多万。随后,用户数更是一再减少,一发而不可收拾:2008年跌破8000万,2009年跌破7000万。最后,小灵通在2014年底停止了所有服务。不过,仍有部分铁杆用户不愿放弃小灵通,他们甚至诉诸法律,控告相关机构强行关闭小灵通的做法"涉嫌垄断",从而引发了我国移动通信界的首例反垄断诉讼案。

到底是谁淘汰了小灵通呢?从市场上看,当然主要是前面提到的那位名叫2G的"二哥大";从技术上看,小灵通则主要是被3G淘汰的。总之,2G手机是所有"二哥大"中唯一笑到最后的胜利者,它在秋风扫落叶般地淘汰了天地通(1999年)、"大哥大"(2001年)、BP机(2005年)和小灵通(2014年)后,自己也很快失宠了。这到底是怎么回事儿呢?欲知详情,请读下文。

2G手机失宠，如何善始善终

2G的中文全称是"第二代数字移动通信系统"，它主要有两种制式：一是GSM（Global System for Mobile Communications），即全球移动通信系统；二是CDMA（Code Division Multiple Access），即码分多址。其中，GSM是一种欧洲标准，其核心主要是"时分多址复用"技术。CDMA则是一种美国标准，其核心主要是"频分多址复用"技术。该技术源于好莱坞巨星拉玛在二战期间弹钢琴时的一次突发灵感，她的本意是想实现一种名叫"跳频通信"的保密手段，约半个世纪后该技术被用于数字移动通信。

2G手机之所以能在短期内把1G手机淘汰出局，主要原因有三。第一，从功能上看，2G能以更好的性能完全代替1G"大哥大"，此外它还具有收发短信和传递日期等实用新功能。特别是经过改进后，2G手机又增加了若干功能，比如，读报、收发彩信、玩游戏、听音乐和收发电子邮件等。第二，从价格上看，2G手机更便宜，普通人都能承受。第三，从技术上看，2G系统具有更大的容量，可以支持更多用户同时入网，从而能够充分发挥网络的边际效益，降低每个用户的平均摊销成本。

总之，2G淘汰1G是没有任何悬念的事情，这就像是热兵器淘汰冷兵器一样自然。实际上，2G在淘汰1G的过程中，也顺便让固定电话"躺枪"，使后者进入了不可逆转的边缘化进程。有关2G，真正存在悬念的事情，其实是在已进入5G的今天，我们该如何让劳苦功高的2G手机安享晚年？是该像当年关闭1G和小灵通等那样快刀斩乱麻，还是要给2G一个漫长的发挥余热的过程？这不仅是中国移动通信界面临的问题，也是全球移动通信界所面临的共同问题。

早在20世纪80年代末，正当处于改革开放初期的中国需要大力发展移动通信时，欧洲有GSM，美国则有CDMA。我们该怎么办？到底是选择欧洲标准还是选择美国标准？由于当时欧洲标准相对较成熟，特别是它具有更好的兼容性，能适应欧洲各国不同制式的通信状态，这一点很像当时我国的"七国八制"通信状态，所以我们自然就选择了GSM。为保险起见，我国还于1992年，在浙江嘉兴悄悄建了一个GSM试验网，以全面测试其综合性能，结果基本满意。

1993年9月19日，我国第一个2G通信网在嘉兴开通。为了吸取程控交换机"七国八制"的教训，邮电部曾希望将GSM作为我国唯一的2G标准，所以无论是1994年成立并获得2G牌照的联通公司，还是在2000年才成立的中国移动公司，它们所经营的2G网络都只是GSM。可是，待到中美进行入世谈判时，美国竟强烈要求中国引进其CDMA网络，否则就拒绝在谈判中让步。为了顾全大局，联通公司不得不遵照上级指示，投巨资于2002年建成了我国第二个2G网络——CDMA网。2008年，中国电信以1100亿元的高价，从联通手中购得CDMA网，从此形成我国2G网络三足鼎立的局面：中国移动和中国联通都经营GSM，中国电信则经营CDMA。

从表面上看，2G网络好像从此以后就该走上前途无量的康庄大道了。可哪知，仅仅过了几个月，我国就于2009年1月正式发放了3张3G牌照，分别是中国移动经营国产标准TD-SCDMA、中国电信经营美国标准CDMA2000、中国联通经营欧洲标准WCDMA。这既意味着我国3G时代的来临，也意味着2G不再是独宠对象了。又过了4年，我国于2013年发放了3张4G牌照，分别是中国移动经营TD-LTE标准、中国联通和中国电信都经营FDD-LTE标准。这既意味着我国进入4G时代，也意味着2G基本失宠。终于，又过了6年，我国在2019年6月6日，分别向中国电信、中国移动、中国联通和中国广电颁发了4张5G商用牌照——至此，中国进入5G时代，启用近30年的2G也被彻底打入冷宫。也正是在2019年，中国的2G用户数竟达到了2.5亿的巅峰。虽然随后2G用户数开始急剧下滑，但直到2022年时，国内仍有约1亿2G用户。于是问题就来了，到底该如何对待这些2G手机的铁粉用户呢？

从技术角度看，2G手机确实已不够先进。但是，与当年1G手机被淘汰的情形不同，毕竟"大哥大"既贵又重，在2G面前，谁也不愿意成为1G的铁粉；也与当年小灵通被淘汰的情形不同，毕竟小灵通的既有用户都很年轻，富有学习能力且愿意接触新鲜事物，所以小灵通用户的退网问题主要就是经济问题；还与当年BP机、天地通等被淘汰的情形不同，毕竟它们确实太落后，压根已成为无用的负担，恨不能早日弃之。但是，对现在的许多2G铁粉来说，2G的主要优点正是它的落后性，5G手机的缺点也正是它的先进性！想想看，如今的2G铁粉基本上都是当年的社会精英，那时他们正值青春，现在则已步入晚年。请问，你能指望年迈的他们去网上购物吗？你能指望他们轻松操作复杂的智能手机吗？对那些只把手机当作通话工具的2G铁粉，我们有什么权利要求他们放弃成熟稳定的2G系统，同时要求他们必须去掌握陌生的新技术呢？

从经济角度看，一方面，许多老年人对价格很敏感，我们有什么权利要求他们放弃廉价的2G服务，购买更贵的先进服务呢？另一方面，在我国的许多边疆和偏远地区，至今都还只有2G网络，如果停止2G服务，将严重影响地方经济的发展，我们又有什么权利让这些地区退回无网年代呢？然而，为了维护2G系统，运营商必须花费大量成本，且随着技术的进步，越老的系统就需要越高的维护成本，我们又有什么权利要求一个企业不惜成本地维护落后技术呢？总之，关闭2G网络的问题，既不仅仅是钱的问题，又确实是与钱相关的问题。

从信号覆盖面来看，2G网络具有更好的覆盖性。这既是因为2G具有悠久的历史，曾经的信号盲区早已被覆盖；也是因为2G的频率较低，而低频信号具有更强的穿透性。所以，在地下室或郊野等地，就算没有5G、4G或3G信号，也经常能收到2G信号。此时此地虽不能上网，但仍可用2G打电话。从这个角度看，2G发挥着不可替代的作用。此外，更麻烦的是，由于打电话的人越来越少，有些4G标准（比如4G LTE）甚至不再支持电话功能了。若强行关闭2G或3G等相对落后的系统，那在真正需要打电话时，就只能干着急了。换句话说，此时利益受损的就不仅是2G铁粉,甚至包括所有移动用户了。对了,同样是因为看重2G的良好覆盖性,当前许多物联网终端(比如水表、电表、路灯、共享单车、儿童定位装置和街边低端POS机等)都离不开GSM,若突然关闭2G,肯定会引起混乱。

总之,如何妥善关闭2G或3G等相对落后的移动通信系统,已成为全球移动通信领域必须认真对待的事情。为此,美国国际电话电报公司(AT&T)已在2016年年底关闭了2G网络,并将相关频谱转移到4G网络。英国政府也在2021年12月8日表示,将在2033年前逐步淘汰2G和3G,将市场让给5G和未来的6G。日本、韩国、芬兰、新加坡、加拿大和澳大利亚等移动通信大国,也已纷纷完全关闭或部分关闭了2G网络。中国联通已从2018年起,逐渐清退2G的GSM频段,并逐步向3G或4G迁移。中国移动则计划首先清退3G网络,并在保留2G网络覆盖面的同时,开始向4G迁移。中国电信也正在积极制定2G的退网计划。即使如此,据相关机构估计,待到2025年时,中国的2G用户数也将仍有5000万左右。

但愿中国的2G铁粉和运营商都能皆大欢喜,但愿2G手机能善始善终。

3G标准大战,结果真不简单

都说"外行看热闹,内行看门道"。那么,中国3G到底有哪些"热闹"可看?

先来看3G手机的外形。许多3G手机都是先进的触摸式,而非此前的按键式。难怪当时许多人都喜欢将3G手机尊称为"个人通信终端",生怕与2G手机混淆,更想突出3G手机的高贵电脑血统。确实,3G首次实现了手机与电脑的融合,用户可以破天荒地直接在手机触摸屏上写写画画,还能将屏幕上的内容即时传给另一台手机或电脑。最奇妙的是,用户甚至可用3G手机直接上网,轻松查看邮件。特别是某些高级的3G手机还自带摄像头。当时许多人都认为这种摄像头只是摆设,结果后来的事实却表明,正是这些摄像头竟意外取代了历史悠久的照相机。

再来看3G手机的通信功能。自从我国在2009年正式进入3G时代后,一夜之间仿佛世界都变小了,人与人之间的交流也更畅通了。曾经,昂贵的1G手机只能打电话,2G手机也只是增加了数据收发功能,而3G手机不但能更快地传输声音和数据,还能更好地实现无线漫游,更流畅地处理图像、音乐、视频等多媒体数据,让用户充分享受网上冲浪、电话会议和电子商务等服务。

除上述"热闹"外,3G的"门道"是什么呢?答案只有两个字:标准!

是的,一流企业做标准,二流企业做品牌,三流企业做产品。只有那些能做标准的企业,才能成为行业标杆,才能充当引领者,也才能获得最丰厚的利润,毕竟其标准规定的技术参数和质量要求等都将成为行业模板,成为其他企业的指南。而那些做品牌的企业,则必须基于他人标准,努力打造特色品牌,在确保质量的前提下,以品牌优势打败竞争者。至于那些只是埋头做产品的企业,它们除了必须遵从别人的标准向一流企业让利,有时还得被迫在自己的优质产品上贴上他人的品牌标签,再次向二流企业让利。

作为全球用户数最多的中国移动通信界,我们在标准方面的表现到底如何呢?对此,根据从1G到5G的具体情况,有人风趣地编了一个顺口溜:1G旁观,2G照搬,3G跟跑,4G并跑,5G领跑,6G需三思,千万别胡搞。

原来,在1G和2G时代,我国在标准方面都只交了白卷。而这两张白卷的意义可不一般,毕竟与其他行业不同,通信领域历来都是先入为主,赢者通吃。因此,通信的标准就显得更重要。从行业上看,得标准者得天下;从整体上看,每一个标准背后都代表着一个国家的利益。难怪,曾在相当长的时间内,欧美"七国八制"几乎控制了全球通信市场。难怪,虽然我们在1G和2G时代曾真心希望用市场换技术,但结果只是市场丢了,技术却没能换来。

难道国内真的没人知道移动通信标准的重要性吗?当然不是!比如,早在我国刚刚开通2G时，时任邮电部电信科学技术研究院（以下简称"电信研究院"）副院长李世鹤就从1992年开始全面研究美国2G标准CDMA，并产生了改进CDMA的愿望。1994年6月，李世鹤与当时分别在美国摩托罗拉公司和得州大学工作的陈卫和徐广涵一起，经过三天三夜的头脑风暴，终于发明了一种名叫SCDMA的技术，其频谱利用率好于CDMA且极具潜力。后来，邮电部相关领导和专家经过多次认真考察，高度认可了SCDMA技术，并果断将它引入国内。1995年，电信研究院还专门为SCDMA成立了合资公司。紧接着，SCDMA就被列入国家科技攻关计划，并得到1500万元的资助。

转眼间就来到1997年，当时国际电信联盟开始面向全球公开征集3G标准。中国要不要进军3G国际标准呢？从国家利益角度看，作为全球最大的移动通信系统使用者，中国当然不能放弃国际发言权。但从技术角度看，当时我国的基础确实太差，不但过去从未制定过如此庞大的系统性国际标准，就算是有这样一个现成的标准摆在眼前，我们要想仅凭自己的力量将它从头到尾实施并检验一遍，也得耗费九牛二虎之力。毕竟，我国并不是为了制定标准而制定标准，我国的标准必须要能得到移动通信产业链中相关企业的认可，且要能为这些企业创造价值。

为了慎重起见，1998年1月，邮电部在北京香山专门召开了一个重要会议，鼓励正、反两方面的专家充分发表意见。果然，绝大部分专家都持不同程度的悲观态度，担心万一失败，不但会摧毁我们的信心，甚至可能有损国威。终于，时任邮电部科委主任宋直元顶住多方压力，在会议结束前明确表态：不怕失败，勇往直前。终于，中国决定竞争3G国际标准。

为了提高中国3G标准的成功率，我们也采取了许多灵活措施，甚至欢迎国内外所有企业广泛参与。比如，我国最终提交的候选标准TD-SCDMA实际上是由两部分组成：一部分是自行研制的SCDMA扩展，另一部分则是从西门子那里购得的TD-CDMA。

客观说来,中国的TD-SCDMA(以下简称TD)之所以能在2000年5月被国际电信联盟正式批准为3G国际标准之一,是因为TD背后有中国政府的强力支持。其实,从纯技术角度看,TD与当时国际电信联盟批准的其他两项3G标准(WCDMA和CDMA2000)相比,无论是在成熟度还是在速率等方面都还有一定差距。承认这种差距,丝毫不会影响我们的形象,反而更能激发我们的斗志。

国际电信联盟批准TD成为3G国际标准后,中国的3G标准战略就算胜利了吗?当然不是,甚至这只是万里长征的开始。果然,由于各种原因,当时国际许多通信设备巨头都明确表示,不采用TD标准。这意味着运营商也无法经营TD标准,或者说TD标准将成为摆设。怎么办?于是,TD标准的产业化重任自然就落在了当初提出TD标准草案的电信研究院肩上了。该任务之艰难,出乎所有人的意料。原来,除电信研究院控股的大唐电信科技股份有限公司(以下简称"大唐")能与西门子合作开发TD基站之外,整个TD产业链上的其他环节几乎全是空白,相关企业都在观望,谁也不愿贸然进入TD。若不采取超常规措施,电信研究院就必须唱独角戏,这对全球任何一个企业来说都是不可能完成的任务。幸好,这时政府相关部门又出面了,果断决定成立一个全国TD产业联盟,在自愿的前提下,由通信领域各类企业通力合作,最终建立起一个由国内企业主导的移动通信产业链。

即使有中国政府的大力支持,TD联盟的工作也开展得相当艰难。为了说服相关企业加入TD联盟,筹备组几乎跑断了腿、磨破了嘴,好不容易说服了9家企业作为联盟的发起单位,结果在2002年10月29日联盟成立前夕,一家企业又突然来电退出联盟,让大家措手不及,赶紧修改会议相关资料。至于联盟成立后,作为联盟成员的竞争性企业间的利益纠纷,那就更是多得不计其数。

到2008年时,由近两万个基站组成的基于TD标准的商用试验网终于建成,并在当年奥运会期间进行了成功的试运行。2009年1月7日,工信部正式颁发了3G牌照,中国从此进入3G时代。特别值得肯定的是,工信部指定当时实力最强的中国移动负责运营TD,这又是对TD的一次强力支持。

事实证明,TD并未辜负大家的厚望。在仅仅一年后的2010年年底,在3G标准三足鼎立的国内3G市场上,TD独占了45%的份额。当然,随后的现实也暴露了TD的若干问题,看来中国的TD标准还需更上一层楼。

4G大国博弈,手机演绎传奇

3G标准大战实现零的突破后,中国当然不会立马鸣金收兵,外部环境也没给我们留下半点喘息之机。实际上,4G标准大战的帷幕早已悄悄拉开。

回顾3G大战的结果,国际电信联盟先是在2000年批准了3个3G国际标准,它们分别是欧洲主导的WCDMA、美国主导的CDMA2000和中国主导的TD-SCDMA。猛然一看,这好像是皆大欢喜,毕竟美国、欧洲和中国都各有所获,但仔细一分析,马上就会发现其中的破绽。原来,这3个3G国际标准中都有一个神秘的关键词"CDMA"。细心的读者也许还记得,在仅有的两个2G国际标准中,就有一个标准名叫CDMA,它是由美国高通公司独家制定的。没错,此CDMA正是彼CDMA的核心。换句话说,在轰轰烈烈的3G大战中,真正的赢家其实是闷声发大财的美国高通公司,大家都得老老实实给它支付高额专利使用费。待到2007年时,国际电信联盟又批准了第四个由美国公司主导的3G国际标准WiMAX。一句话,在3G标准大战中,美国才是真正的唯一全胜者。

面对如此不公的3G战果,中国当然不服,欧洲更不服,即使是在美国内部,不服者也大有人在。比如,后来中国政府就对高通公司进行了反垄断调查,要求它降低专利许可费,放弃过期专利费,并对它开出了10亿美元的巨额罚单。于是,在4G标准大战前,《孙子兵法》就实实在在地派上了用场。

中国首先与欧洲组成统一战线,大家既坚守各自的阵地,又通力合作,共同对付"超级大哥"。中国"军团"的主力由华为、中兴和大唐等组成,力推的4G候选标准名叫TDD-LTE(后来改称TD-LTE)。欧洲"军团"的主力由爱立信、诺基亚和朗讯等国际巨头组成,力推的4G候选标准名叫FDD-LTE。细心的读者也许能从这两个候选标准的名称中发现玄机,没错,它俩的名字除了首字母外,其他完全相同。实际上它俩的内容也非常相近,共享了约90%的专利。由此可见,为了打败对手,中欧"军团"真可谓精诚合作。

与中欧的合纵连横相反,美国这边竟然兵分两路实施围追堵截。原来,3G标准的大赢家高通公司信心满满地组成了第一支美国"军团",想再次以CDMA的演进成果横扫千军万马,甚至都不想给美国的其他同行分上一杯羹。以Intel、IBM、北电和摩托罗拉等公司为代表的北美巨无霸,当然不愿向小小的高通公司俯首称臣,于是,振臂一呼便组成了第二支美国"军团",共同注资40亿美元,推出了基于WiMAX的4G候选标准,不但意欲打败中欧,甚至想一举吃掉高通。

"军团"组好了,接下来该如何开战呢？中欧"军团"左右为难,若沿3G思路继续演进CDMA,这无异于主动向美国"军团"投降;若另辟蹊径,全球的电信运营商会买账吗？毕竟从2G开始,全球许多运营商已对CDMA相当依赖。如果运营商不买账,设备制造商自然也不会买账。如果产业链上的骨干企业都不买账,那么中欧"军团"的4G候选标准即使获胜,也会成为无人问津的摆设。幸好,世界头号移动通信运营商——中国移动通信公司在关键时刻拍了拍胸脯,这才让中欧"军团"长舒了一口气,毫无顾忌地向美国"军团"发起了总攻。

中欧候选标准均以一种名叫"正交频分复用"的技术为基础,然后由此演化出大同小异的两个分支:一个分支是由中国"军团"主推的TDD-LTE,另一个是由欧洲"军团"主推的FDD-LTE。但是,这两个候选标准之间也有很重要的区别,比如,欧洲的FDD-LTE是"频分双工",运行时需要两条对称频率,一条用来上传,一条用来下载,否则就不能发挥最大理论速度;而中国的TDD-LTE则是"时分双工",运行时只需要一个频率就能同时完成上传和下载工作。

中国和欧洲的4G候选标准当然也有各自的优缺点,不过,此处就不细述了。总之,经过多方在台上台下的综合博弈,最终,国际电信联盟在2012年1月18日正式宣布:美国第一"军团"和第二"军团"失败,中国和欧洲两个"军团"双双获胜。其实,在国际电信联盟宣布该结果前,美国"军团"就早已崩溃了。原来,在2008年11月14日,高通公司总裁带头自我否定,甚至叛逃到中欧阵营。2011年9月,全球最大的WiMAX服务提供商也转向中国"军团",宣布与中国移动合作,共同推进TD-LTE。日本和韩国也争先恐后地放弃WiMAX转向中国"军团"。

国际电信联盟的喜讯传回北京后,中国政府当然高兴。于是,在2013年12月4日,工信部正式向国内三大运营商同时颁布了4G牌照TD-LTE,从此,中国正式进入4G时代。2015年2月27日,工信部又向中国电信和中国联通各补发了一张FDD-LTE牌照,这也算是对当年欧洲同盟的某种补偿吧。

进入4G时代后,我国移动通信的发展之神速,大家有目共睹。实际上,虽然我国已于2019年6月6日正式颁发了5G牌照,但5G的优势还没能充分发挥,毕竟5G的舞台主要是工控网络而非个人业务。或者说,现在的移动用户其实仍主要是4G用户。

如今,手机,特别是4G手机,已成为工作和生活的重要组成部分。无论你是谁,无论你要干什么,如果你不把未来和手机融合,你将失去未来。手机将随时随地握在你手上,带在你身上,挂在你心上。

5G标准领先,中国任重道远

在移动通信标准的国际竞技场上,我国已走过了"1G旁观,2G照搬,3G跟跑,4G并跑"四个阶段,现在终于又实现了"5G领跑",成为制定5G国际标准的主力军。

4G标准的竞争刚刚在2012年落幕,没过多久,5G标准的国际竞争又开始了。首先发力的是欧盟,它在2013年2月宣布,将拨款5000万欧元加速研发5G。两个月后,中国也成立了5G工作推进组。随后,日本、韩国、英国、美国、加拿大和西班牙等国也都像八仙过海一样,纷纷在5G竞技场上各显神通,取得了各类成果。其间,中国始终咬紧牙关,踏踏实实推进相关工作,至少在制定5G候选标准的时间节点和关键技术等方面没落后。

在时间节点方面,我国从2016年起就有条不紊地分三个阶段(关键技术阶段、方案验证阶段和系统验证阶段)先后完成了5G标准的试验。接着,又在关键的2018年,连续取得多项重大进展:1月正式发布5G技术规范,2月23日完成全球首个5G通话测试,2月27日发布5G商用芯片和终端,4月23日开通重庆5G试验网等。仅仅一个多月后,国际电信联盟就于6月13日正式发布了首个5G国际标准。在该标准中,中国专利数高达30%,超过所有其他国家。而在5G标准的竞争中,专利才是硬道理,专利数的多少决定了话语权的大小。换言之,中国在5G国际标准的制定过程中贡献最大。

在关键技术方面,由于信道编码是5G标准中重要的关键技术之一,所以在5G竞争中,世界各大阵营都想占领该高地,比如,美国就曾极力支持一种名叫LDPC的编码。经过公平的实力比拼,由我国通信企业力推的编码Polar最终在2016年获得头彩。这是我国在信道编码领域的首次突破,它为我国随后在5G标准的竞争中取得了关键的话语权,更表明我国在一定程度上已跻身5G标准的世界前列。

虽然我国在5G标准的竞争中处于领先地位,但现实让我们不敢稍有懈怠。实际上,就在国际电信联盟刚公布5G标准后仅半年,韩国三大电信运营商就一哄而上,抢占了全球先机,于2018年12月1日,在韩国首都等七大城市同步推出5G服务,并计划两年后实现韩国的5G全境覆盖。中国不甘落后,仅仅9天后就高调宣布,向中国三大电信运营商发放5G系统试验频率许可证,这意味着我国进军5G的冲锋号即将吹响。可哪知,随后的国际竞争越来越激烈。2019年4月3日,美国最大的电信运营商宣布,即日起在芝加哥和明尼阿波利斯的核心区部署5G网络。仅仅5天后,瑞士又宣布于4月8日开通5G服务。英国也于5月30日进入5G时代,欧盟和日本等国更是纷纷摩拳擦掌,争分夺秒冲刺5G。正是在这种国际环境下,2019年6月6日,工信部正式向中国电信、中国移动、中国联通和中国广电发放了4张5G牌照,从此中国正式进入5G时代,也挤进了国际5G俱乐部的第一梯队。当年10月,5G基站正式获得入网批准,这标志着5G设备即将在我国大规模商用。

中国5G的发展既取得了不少成绩,也留下了不少需要反思的问题。在成绩方面,截至2022年7月底,我国的5G投资已超过4000亿元,已建成全球最大规模的5G网络;已开通5G基站近200万个,约占全球5G基站总数的60%;已发展5G用户近5亿,约占全球5G用户的70%。总之,我国已形成全球最大、最活跃、最具潜力的数字服务市场,所有地级市县和96%的乡镇均已实现5G覆盖。特别抢眼的是,在2020年,位于珠穆朗玛峰海拔6500米前进营地的全球海拔最高的5G基站投入使用,我国登山队在珠峰之巅,通过5G向全球直播了高清登顶视频。也是在同一年,我国5G深入地下534米的矿井,创造了当时全球最深地下5G网络的纪录。

但是,5G产业是一个庞大的生态系统工程,由4G向5G的迈进,更是以往不曾有过的从量变到质变的飞跃。中国若想取得5G的最终成功,不但要把5G网络建设好——这一点已经实现了——更重要的是,还必须把5G发展好、应用好。为此,必须全力推进5G创新模式,让它更好地服务于现代社会的高质量发展。而在这方面,我国还有大量困难要克服,可以说任重而道远。比如,目前许多5G用户就深感迷茫,既没体验到5G的独特优势,也没明显感到4G与5G的速度差异,更没享受到5G带来的新颖便利,甚至感到自己花高价购买了5G手机后,好像只是话费增加了而已。

普通用户的这些直观感受其实并不完全准确。比如，第三方的客观数据显示：2021年第四季度，中国移动宽带用户访问互联网的综合平均下载速率已达到约60兆每秒，是2017年的3倍，这当然主要归功于5G。

中国若想把5G发展好，关键是要将它应用好，既要以需求为导向，更要以问题为导向。当初设计5G标准时，本来的主要目标用户就不是普通个体，而是物联网、工控网、车联网等领域的相关设备。5G的主要应用场景，应该是智能制造、智慧能源、智慧城市、无线医疗、社交网络、联网无人机、无线家庭娱乐和今后的元宇宙等。从商业模式看，5G应该首先在较为紧凑的特定密闭空间内发挥作用，比如，自动化的码头、高速公路、工业园区、物流运输和大型货物集散地等。一句话，5G成功的关键，是要形成"需求牵引供给，供给创造需求"的高水平良性循环，让5G充分赋能产业数字化发展。

幸好，我国在5G应用创新方面已开始了艰辛探索。比如，2022年4月，全国首个"5G数字移动医院"开始试运行，搭载着CT和彩超等昂贵设备的医疗车，开始为偏远地区的患者提供移动服务。2022年6月，基于5G的首个矿井人员定位系统也开始运行，它能有效提升高危区域的安全管理水平。随着类似创新应用的普及，随着5G赋能千行百业，5G发展必将出现井喷，传统的生产方式、生活方式和治理方式必将跃上新台阶。

细心的读者也许已注意到，与以往只向传统电信运营商发放牌照不同，这次我国的5G牌照竟然多发了一张。以往从未涉足过基础电信服务的中国广电，竟也获得一张5G牌照。此举显然不是鼓励该企业在传统领域与三大电信运营商之间展开低水平竞争，更不是鼓励它去争抢现有的4G用户，毕竟这也不是它的强项；而是希望它另辟蹊径，真正发挥5G赋能万物的优势。比如，充分利用广电特长，让用户真正体会超高清电视带来的智慧广电服务，甚至让用户体会更广泛的基于物联网的社会化智慧城市服务等。

令人非常高兴的是，虽然中国广电的电信基础有限，但经过三年多的努力，中国广电终于在2022年6月27日开始面向社会公开提供5G服务。据说,中国广电的近期目标是通过5G与有线电视的相互赋能,尽快构筑"手机+电视+宽带+语音+X"的全融合业务体系,远期目标则是进军元宇宙。

预祝中国移动、中国电信、中国联通和中国广电的5G业务早日成功,预祝中国的5G事业尽早全面领先,并将这种优势一直保持到未来的6G时代,甚至保持到元宇宙时代。

第十一章 广电通信

广播趣闻秘史

广播者，一点对多点之通信也。当人类还处于进化早期的"通信靠吼，交通靠走"的阶段时，"吼"便是典型的广播。当然，对普通人来说，"广播"一词早已理解为"通过无线或有线方式，传送声音的新闻工具"。既然本书不是学术专著，当然就得遵从民间习惯用法，把通过无线电波传送语音的广播称为"无线电广播"，把通过导线传送语音的广播称为"有线电广播"。

许多人也许以为自己很了解广播，毕竟在日常生活中我们经常聆听各种广播新闻。其实不然，广播的趣闻秘事多着呢！下面就来梳理一些趣闻。

广播与袁世凯的渊源之深，可能出乎许多人意料。原来，早在1905年，当时还是清朝重臣的袁世凯就在天津开办了无线电培训班，同时购买了无线电收发报机，分别安装在北京、天津、保定等处行营及部分军舰上。接着，袁世凯又促成了清朝在1906年成立电政司，规划中国的无线电相关事业。后来，已成为北洋政府首脑的袁世凯，又于1915年4月颁布了《电信条例》，这是我国首部关于无线电的法令,规定无线电器材均属军需品,非经特许不得进口。同时,还明令禁止外国人在中国境内私设电报和电台等。当然,袁世凯与广播的最后关联,是他魂断"皇帝梦"后,被各地电台铺天盖地地臭骂。

广播在我国出现的时间之早,也出乎许多人意料。1920年11月2日,全球首个有正规执照的电台在美国匹兹堡正式开播。仅仅两年之后,1923年1月23日,我国首个外资广播电台就在上海开始播放新闻和自制的音乐节目。仅仅3天后,该电台播放了孙中山先生的著名演讲《和平统一宣言》,深得当时全球进步人士赞赏。据说,首批听众约有700人。可仅仅两个月后,该外资电台就因违反袁世凯的《电信条例》而被迫关闭。但他们很快就在中国境内掀起了一股兴办电台的热潮,英国、美国、法国、意大利等相继在上海开办电台。其中比较著名的外资电台至少有3家,分别诞生于1923年、1924年和1925年。这些电台播放的内容十分广泛,涉及经济、戏曲和音乐等,甚至还打造出了不少深受追捧的节目,曾一度引起轰动。

就在外资电台竞相登陆时,国内的官方电台也纷纷亮相。1926年10月1日,由中国人自办的首家官方广播——哈尔滨广播电台,正式采用汉、藏两种语言同时开播。在随后两年内,天津、北京和沈阳等官办广播电台先后营业。这些官方电台极大地促进了我国广播事业的发展,加快了信息流通,也推动了收音机的迅速普及。据说,当时为了确定是否借用由日文翻译而来的"放送"来代替"广播"一词,国内各学派还发生过激烈争吵。最后总算在时任交通总长、中国早期的文学家和翻译家叶恭绰的极力支持下,才最终采用了"广播"一词。

除官办电台外,国内早期还有很多民办电台。比如,1927年3月18日,我国首家私营商业广播电台便在上海开业,播放的内容既包括戏曲和弹词,又包括各种软广告,主要是推销收音机等无线电器材。总之,20世纪30年代是我国民办广播电台的全盛期,这主要是因为当时政府在1929年2月公布了广播条例,允许并鼓励民间创办广播电台。据不完全统计,在抗日战争爆发前,我国的民办电台至少有70家,仅在上海就有约50家。至于各种业余电台,那就更是难以计数了。这些民办电台良莠不齐,有的是教育台,有的是商业台,还有的是宗教台。可惜,二战爆发后,日本侵入上海,取缔了上海几乎所有的民办电台,或将它们改造成了侵华工具。当时,许多国内电台都迁入云、贵、川等大后方,有力地促进了内地的广播事业发展。

国民党非常重视广播电台,刚刚北伐成功并将首都迁至南京后,就于1928年创办了我国首个党派电台,也是当时亚洲最大的电台——"中国国民党中央执行委员会广播无线电台",简称"中央广播无线电台"。该电台每天播放三小时,主要用广东话、厦门话和马来语向海外华侨传播执政党声音。可惜,该电台在1937年8月24日被侵华日军的飞机炸毁,正在值班的电台工程师也以身殉职。后来,该电台虽经多次恢复,但均遭日军破坏,最终被迫在1937年11月23日停播。

自从国民党执政后,在杭州、北京、广州和上海等地陆续创办了20余家电台,极力传播自己的政治主张。迁都重庆后,国民党又于1939年创办了首个对外广播电台——"中国之声",主要面向全球传播中国的抗日主张、新闻、时评和英语报告等。抗战期间,该电台更是发挥了巨大作用,特别是在"偷袭珍珠港"事件后,远东盟国的电台全都落入日本侵略者手中,于是,"中国之声"便成为盟军唯一可用的远程电台,国外记者也用它来转播相关战况和新闻等。比如,德国对苏宣战的消息,就是通过"中国之声"在1941年6月22日首先播出的;日本偷袭珍珠港的消息,也是"中国之声"在1941年12月8日凌晨2点05分首先播出的;日本投降的消息,仍是"中国之声"在1945年8月10日首先播出的。

我党的广播事业主要起步于1940年。当时,以周恩来为首的广播委员会负责筹建"延安新华广播电台",其设备完全来自苏联。据说,该套设备非常笨重,零部件装满了十几个大木箱,好不容易才从莫斯科运到延安。1940年2月该电台开始试播,10个月后正式开播。可惜,仅仅两年,由于设备破损,该电台就被迫停播。后来,通过各种渠道更换设备后才恢复工作,并逐步发展成今天著名的中央人民广播电台。

中华人民共和国成立后,中央政府也极其重视广播事业。不但将所有广播电台收归国有,还迅速恢复或新建了一大批广播电台,形成了基本覆盖全国的无线电广播网,更在广大农村建立了众多有线广播系统。这样的有线广播系统,至今都还经常在公园、乡村和人流密集处见到。

改革开放后,在对外开放方面,我国于1978年5月1日正式开通了中华人民共和国国际广播电台;在对内改革方面,我国的广播电台终于开始专业化、商业化和数字化,比如,成立了新闻台、音乐台、交通台和体育台等专业电台。广播不再只是枯燥的宣传工具,而是已开始发挥越来越重要的经济作用。特别是进入21世纪后,数字广播、网络广播和手机广播等新型广播迅速兴起,给广播行业注入了新鲜活力。广播传播方式多元化,广播与其他新媒体成功嫁接,各种数字技术、互联网技术和移动通信技术等让广播事业如虎添翼。

广播的明天肯定会越来越美好!

话匣子有话说

上节已说过,所谓"广播"就是一点对多点的通信,其中的"一点"就是刚刚介绍过的各种广播电台,而"多点"则是曾被千家万户视为珍宝的收音机。虽然今天已很难在博物馆之外的场所见到单独的收音机了,但四处都能见到带有收音功能的多媒体设备,且这种收音功能还将永远保留。

在新中国成立初期,收音机还是我国富贵人家的顶级家电之一,其地位完全不亚于今天的豪宅。在当时,收音机不仅地位高,体积也很大。这既是因为技术原因,毕竟在过去的一百多年间,收音机的体积变化经历了从大到小的矿石收音机、电子管收音机、晶体管收音机和集成电路收音机四个阶段;也是因为排场原因，毕竟当年作为家中最值钱的奢侈品，电子管收音机必须体积很大，必须引人注目，否则就难以彰显其至尊之地位。难怪博物馆中的早期落地式收音机，甚至大得像一架钢琴，浑身都充满着高雅和尊贵的气质。

当收音机价格大跳水后，再加上当时没有其他娱乐电器，晶体管收音机便很快普及，成了老百姓喜闻乐见的小玩意儿，被亲切地称为"话匣子"或"戏匣子"，因为从这些匣子里会不停地传出各种故事或戏曲。后来，大家干脆把爱说话的人也戏称为"话匣子"，由此可见收音机对人们的影响之大。收音机曾是我国首个海量电子产品，曾是推动我国电子科技前进的主力，更是我国自主化程度最早、也最完备的电子产品。接下来要介绍的就是收音机的前世今生。

从实物上看，收音机传入中国的时间与广播电台同步，在1923年左右。不过，从文字记载上看，早在1920年，上海《东方杂志》就刊文介绍了刚问世的电子管收音机，说它形似匣中留声机，便于携带和放置，特别是"此器接受中央发音机（电台）所发之声浪而扩大之，使其声自喇叭中传出，以布于全室"。若你对早期的收音机感兴趣，建议前往上海无线电博物馆，参观那里的镇馆之宝——一台美国进口的产于20世纪20年代的板式收音机。

就算我们已不知道进入中国的首批收音机到底是何品牌，但对它们最先播出的内容却相当清楚。1923年1月23日《大陆报》报道，当晚8点，我国首个电台首播了小提琴独奏、四重唱、萨克斯独奏及新闻简报等。之后，该电台每晚播音一小时，节目仍是音乐、唱歌、讲座和新闻等。此事在上海引起了极大反响，某些精明外商迅速进口相关零部件，抢先组装了500多台杂牌收音机，并很快销售一空。

大约就在首家电台开张后不久，由中国人自己组装的第一架矿石收音机也诞生了。组装者名叫苏祖国，1922年高中毕业后，他就一边工作一边在函授学校学习无线电技术。后来，他与几个兄弟一起在家中设立实验室，不但组装了收音机，还收到法国驻军电台的电报信号。苏祖国一家兴奋无比，一边继续组装性能更好的收音机,一边委托电器行以低廉的价格销售,一时间其所组装的收音机呈现供不应求之势。

待到积累了足够经验后,苏氏兄弟便在1924年成立了一家前店后厂式的公司,一边生产国内首批电阻、电容、电感等基础电器元件,一边继续改进收音机的组装方案。因价格优势,苏家的生意越来越红火。1929年,苏氏兄弟又独家编辑发行了《无线电问答汇刊》半月刊,还出版了《业余无线电精华》和《无线电初学阶段》等图书,大大促进了国内无线电技术的普及和发展。同年年底,苏氏兄弟甚至研制出了一套功率为50瓦的小型广播电台。在苏氏兄弟的影响下,国内涌现了大批无线电元件厂,组装了多种型号的颇具市场竞争力的国产收音机。

1937年,国内组装的收音机首次走出国门,打入泰国市场。可惜,随后日本就全面发动侵华战争,直接影响了我国收音机的生产和推广,对我国刚刚领先亚洲的电子管无线电工业造成了第一次重大打击。

抗战期间,收音机扮演了重要角色。那时战况千变万化,纸质报刊等要么更新太慢,要么印刷厂被日军破坏,收音机就成为及时了解时局的最重要的工具。特别是在日占区,秘密电台更是不可替代的抗日利器,收音机则是特工接头和了解情报的法宝。

1949年年底,我国终于研制出首个电子管,从而结束了我国在这方面长期依赖进口的历史。这主要归功于一位天才——1935年毕业于上海交通大学电信系的单宗肃。他在1941年接受政府委托开始研制电子管,后来又被公派到美国进修无线电,并于1945年在美国研制出功率达25千瓦的大型电视发射管。1949年6月,南京刚解放不久,单宗肃便果断回国,在南京筹建了新中国的首个电子管厂。该厂后来发展成为南京电子管厂,它不但是当时我国生产电子管的主力,更为我国的电子产业输送了大批技术和人才。比如,该厂的电子管就支持南京无线电厂,在1953年推出了完全由我国自主生产的红星牌收音机,从而结束了中国收音机依靠进口散件组装的历史。1959年,我国又制造出了集收音机、电唱机和录音机于一体的落地式特级机,每台售价650元,这在当时真可谓是天价呀!

在晶体管时代,我国的晶体管收音机水平仍居亚洲前列。早在1956年11月,中国科学院就研制出我国第一只晶体三极管。紧接着在1958年3月,上海就组装出国内首台半导体晶体管收音机,其能耗大幅减少,仅仅3节干电池就能续航500多个小时。待到1962年9月时,我国首台全部采用国产元器件的半导体晶体管收音机终于试制成功,中国从此进入晶体管收音机时代。为了与过去的电子管收音机相区别,新式收音机被称为"半导体"。原来,与昔日的电子管收音机相比,晶体管收音机耐震动、耗电少、寿命长,所以国产晶体管收音机问世后立即引起全国轰动,甚至畅销东南亚。当时我国的晶体管收音机种类丰富,仅从外形上看,就至少有袖珍式、便携式和台式三大类,而传统的落地式反而少见了,毕竟此时的收音机已不再具有至尊地位了,不需要引人注目了。

改革开放初期,虽然人类已进入集成电路时代,我国却早已落后于世界先进水平。甭说当时先进的集成电路收音机在国内难见踪影,即使是此前十年曾经领先于亚洲的国产晶体管收音机也成了紧俏货。幸好,借助改革开放的东风,我国的集成电路收音机很快就爆发式增长,以致国家相关部委果断下令,从1983年起,淘汰能耗过高的电子管收音机。随后,晶体管收音机也逐渐被市场淘汰。

后来,集成电路收音机迅速走上了袖珍化、组合化和调频化的道路。待到1994年时,收音机已衰落为夕阳产业。如今,作为独立产品的收音机早已在市场上消失,但在某些特殊场合,收音机仍然会偶尔现身发挥作用。特别是在重大灾害导致的断电断网情况下,收音机便发挥着不可替代的作用。比如,2008年5月12日汶川大地震发生后,相关机构就赶紧临时生产并空投了大批收音机,让灾民及时了解信息、增强信心。

总之,收音机确实给数代中国人留下了刻骨铭心的记忆。

电视台悲喜剧

就像广播电台和收音机一起构成"一点对多点"通信系统那样,电视台与电视机也一起构成了另一种"一点对多点"通信系统。只不过前者主要传递声音,后者主要传递视频;前者的起步几乎与世界同步,后者的起步比当时的世界先进水平晚了20余年。

说起国内电视台,许多人马上就会想起高耸入云的电视塔和豪华的电视大楼。是呀,各大城市最高、最抢眼的建筑几乎都是电视塔,广州的"小蛮腰"、上海的东方明珠和北京的中央电视塔等甚至都已成为所在城市的著名景点。电视塔之所以在市区修得那么高,原因就是想让塔顶发出的电视信号尽可能地全面覆盖城区,确保电视节目清晰播放。形象地说,电视塔就像是移动通信中的一个基站,一个能为全城电视机提供信号的特殊基站。当然,今后随着有线电视和数字电视越来越普及,随着5G或未来6G与广电系统融合得越来越紧密,电视塔的重要性将越来越小。甚至可能在不远的将来,电视塔将完全丧失其信号发射功能。

若从纯粹的通信技术角度看,电视系统、广播系统和移动通信系统三者其实大同小异。只不过有的是单向传信,有的是双向传信;有的是"端到端"服务,有的是"一点对多点"服务;有的传输的是模拟信号,有的传输的是数字信号。随着数字化进程的加快,它们将很快融为一体,甚至变得难分彼此。如今的电视台已被重新定义:一种通过无线电、卫星、有线网络或互联网等途径来播放电视节目的媒体机构,或一种制作节目并通过电视或网络播放的媒体机构。形象地说,今后的电视将不再是电视台的电视,今后的电视将不再是需要电视机的电视,今后的电视将完全网络化。但若回顾历史的话,广播、电视和手机却又显得天差地别。

国际上,电视台最早于1929年在英国试播,并于1936年正式开播。二战结束后,电视台很快就在欧美各国普及。

中国的第一座电视台(当时名叫北京电视台,即现在的中央电视台),于1958年5月1日开始试播黑白电视节目。紧接着,同年10月1日和12月20日,上海电视台和哈尔滨电视台先后问世。这既标志着我国终于进入了黑白电视时代,也标志着当时苏联领导的国际大家庭又取得了一项重大成果。原来,我国的首批电视台是完全按照苏联和东欧模式复制的,相关技术骨干也是从当时东欧社会主义阵营国家留学归来的。至于电视节目的制作原则,那就更得与苏联老大哥保持高度一致,即所有节目都要注重思想教育,要以寓教于乐的方式宣传政治、传播知识,充实群众的文化生活等。

1972年2月,尼克松总统成功访华,打开了国内电视业的视野。特别是随访而来的西方记者所携带的卫星通信设备和彩电系统,更让国内同行大开眼界,并直接促成中国的彩电制式与国际接轨。果然,仅仅一年多后,即1973年5月1日,北京电视台就向首都观众正式播出了彩色电视节目;同年8月1日,上海电视台也开始试播彩色电视节目。又过了两年,北京电视台开始向全国播出彩色电视节目,我国从此进入彩色电视时代。

1976年前后,我国电视业水平整体提高,特别是随后改革开放的逐步深入,更为电视业的发展搭建了前所未有的良好舞台。

从1978年开始,中国的电视事业终于迎来了久违的春天。随着当年5月1日西藏电视台的试播及"中央电视台"更名后新北京电视台(现在的北京电视台)的开播,各省都有了自己的电视台。7月,上海和广州等8个地方台的节目成功回传北京,这意味着全国性的电视网络初步形成,我国开始进入网络电视时代。

1979年,中国电视业发生了一件如今看似微不足道,在当时却意义非凡的大事。原来,当年正月初一,上海电视台竟然播出一条长达1.5分钟的广告;接着,当年3月15日晚上,该台又播放了另一条长达1分钟的广告。这可不得了,因为此前中国的电视还从未播放过广告,甚至在潜意识里就十分排斥这种商业行为。如果不是当时正处于改革开放初期,如果不是当时中国电视业正在摸索发展之路,没准这就是一个严重的政治事件。幸好,当年11月,有关部门正式批准新闻单位可以承办广告业务,上海电视台为大家树立了一个好榜样。果然,中国电视从此旧貌换新颜,不但节目内容越来越丰富多彩,还开始采用先进的卫星技术加大国际新闻分量。比如,及时报道了埃及总统萨达特遇刺、印度总理甘地遇刺、美国航天飞机爆炸等突发新闻,事实上促进了中国与世界的融合。

1983年,中国电视事业再上新台阶。原来,兴办电视台的政策大幅放开,不但承认了此前20余个"非正式电视台"的合法性,还允许市县级单位创办电视台。于是,在短短的两年内就涌现了172家市县级电视台。自1985起,我国开始使用通信卫星来传输电视节目,西藏、新疆和海南等地区都能通过卫星接收中央电视台节目。待到1987年年底,已有28个省市电视台可以每天向北京回传节目,至此,我国已基本形成天上卫星、地上微波、地下线缆相互结合的立体电视传播网络。

至此,中国电视事业腾飞的技术准备基本就绪,接下来就该"万事俱备,只欠东风"了,这股东风就是邓小平在1992年发表的南方谈话。果然,中国的电视事业从此真正进入深化改革的转型期。随后所取得的成就有目共睹,不必细述。比如,节目内容的丰富多彩尽人皆知,新闻的时效性、权威性、信息量和可信度等大幅提高,直播、插播、转播等国际通行手法不再被一概禁止,现场字幕和同声翻译成为常态,有线电视和数字电视逐渐成为主流,电视频道大幅度增加,超高清5G远程传输成为现实等,大大促进了我国电视业的繁荣昌盛。

电视机翻身记

伙计,别说你已对电视机了如指掌。若不服,咱就来次模拟开卷考试。

请问,首批看到电视机的中国人是谁?你也许脱口答道:北京观众。抱歉,这只答对了一半。确实,前面刚说过,1958年5月1日,我国第一座电视台在北京试播,若按正常推理,这自然就产生了首批电视观众。但是,若排除无法确认的海外华人或华侨等个人行为,更准确的答案应该是:首批看到电视机的中国人,是由当时政府派出的参加1936年"第11届夏季奥运会"的中国代表团。原来,德国当年在举办奥运会时,既为了炫耀实力,也为了缓解柏林体育场观众席位太少的矛盾,便首次实况转播了奥运会。此次转播采用有线和无线相结合的方式,通过事先安装在赛场周边和市内各大商店的众多电视机,每天8小时转播现场录制的赛场战况。当时,这些公共场所的电视观众每天都超过16万,其中便包含由69名运动员和教练员组成的中国代表团。

另外,据不完全统计,此次奥运会期间德国华侨大约有1000人,他们很可能早已见过电视机了,只是我们无法确认而已。毕竟,在欧美国家,电视机早在1923年就已诞生,在1929年已批量生产。待到1936年时,像柏林和伦敦这样的大都市,电视机也基本上都普及了。比如,伦敦居民的电视机保有量早在1939年时就已接近2万台。

再请问,中国最先拥有电视机的个人是谁?许多人也许又会抢答道:还是那批观看首播的北京观众。猛然一听,这个回答天衣无缝。毕竟,一方面,电视机和电视台得配套使用,否则就只是摆设,谁会在电视台还未运行前,就花大价钱购买电视机呢?另一方面,我国自己组装的首批10台14英寸黑白电视机,也仅仅是在北京电视台首播前一个多月,才在1958年3月18日正式出厂。虽然当时的零部件主要依靠进口,而且当时的机型主要是对苏联产品的模仿,但厂家还是很自豪地给这批电视机取了一个霸气的名字:华夏第一屏!但非常抱歉,虽然上述分析天衣无缝,答案却仍然只对了一半。

实际上,中国最先拥有电视机的个人,很可能是十大元帅之一的彭德怀。原来,早在1957年彭德怀会见苏联代表团时,对方就赠送给他一台既能看电视又能听电台的多功能电视机。后来,苏联和东欧领导人访问中国时,又多次赠送过各种电视机。其实,电视机在当时这些国家中并不稀罕,苏联的保有量已逼近1000万,东欧国家的家庭电视普及率也接近30%。

相比之下,中国电视行业的发展起点却低得惊人,早期发展速度也慢得惊人。比如,1958年国内电视首播时,全国各地从各种渠道获得的电视机总数也不超过50台。观众人数更不会多,毕竟这些电视机的主人绝非普通百姓,他们不可能高调邀请左邻右舍共享这新玩意儿。虽然早在1961年4月9日,我们就转播了新中国的首次国际比赛,虽然早在1970年,我国就组装出了14英寸彩电,虽然早在1973年,我国就开始试播了彩电节目;但直到改革开放前,国内电视机基本上都与老百姓无关。当时的国产电视机,不仅设计落后,产量还很低,价格更是高得吓人。20世纪70年代末,即使是在北京或上海这样的大城市,电视机的家庭普及率也不足1%。

国产电视机量产的拐点出现在1978年。当年,国家正式批准引进了第一条彩电生产线。4年后,该生产线正式运行。不久后,国内出现首个彩色显像管生产厂,这使得我国的彩电生产迅速形成规模。此后,我国电视机的生产速度又快得惊人,比如,到1985年,我国电视机的年产量就超过美国,成为全球第二大电视机产地;1987年,我国电视机年产量再超日本,成为全球老大。

但即使如此,电视机在中国家庭的普及率仍然低得出奇,进口电视机仍在市场上占有绝对优势。许多有实力的大单位为了给员工提供更多福利,通常都会想办法购买一台电视机锁在宽敞大屋里,由专人看管,每天晚上定时开机,供大家娱乐。由于那时信号质量太差,每当节目播到高潮时,电视机却突然满屏

"雪花",急得大家抓耳挠腮,有的在室内拍机箱,有的冲到室外拨弄天线,更多的人则在一旁瞎指挥或瞎抱怨。

那时,普通家庭若想通过正规渠道买到一台电视机到底有多难呢?这样说吧,首先你得想尽办法获得一张电视机票,其难度不亚于今天在北京买车摇号。接着,还要半夜三更到商店门口排长队,抢购那本来就很少的供货。若当天扑空,你也别泄气,干脆就地坐下,接着再排明天的队。如此锲而不舍,总有一天会如愿以偿。当然,还得准备一大沓钞票。直到20世纪80年代,哪怕是一台普通国产彩电,其价格也相当于普通人1年的工资,进口货就更贵且更难买了。即使到了1995年,一台21英寸国产彩电也仍相当于普通人4个月的工资。

难道当时就没办法买到价廉物美的彩电吗?当然不是!如果你刚好是海外华侨,如果你刚好在国外长期留学,那么按当时的优惠政策,你就可以免税买回一台进口彩电。难怪那时回国的华人个个都买电视机,难怪那时谁家若有华侨亲戚,那绝对是众人仰慕的对象。

你若实在买不到电视机,那又如何享受到观看电视机的乐趣呢?嘿嘿,仍有办法,前提就是你必须足够心灵手巧,然后到电子市场购买相关散件,回家组装一台就行了。实际上,那时有许多乡镇小厂就是以组装杂牌电视机为生,这在事实上缓解了电视机的供需矛盾。

彩电真正大规模进入普通家庭,特别是进入农村家庭是在1996年以后。其原因主要有两个:第一,当时我国电视机的进口和自产量都已很大;第二,也是更重要的原因,是国产彩电的老大——四川绵阳长虹,当年率先在全国大降价,最大降幅接近20%。随后,其他厂家也不得不竞相跟进。于是,我国彩电史上规模空前的价格战终于打响了,消费者从中大大受益。此次价格战的厮杀之惨烈、时间之长久、影响之巨大,完全让人出乎意料。进口彩电的昔日优势尽失,国内一大批中小厂家被淘汰出局,彩电行业开始了残酷的大洗牌,直到最终仅存少数几个著名品牌。国产彩电高歌猛进,仅仅半年多,市场份额就飙升到

70%以上。

占据了数量上的绝对优势后,国产电视又开始在质量上下功夫。从此以后,电视机的功能越来越多、屏幕越来越大、厚度越来越薄、重量越来越轻、耗电量越来越少、图像越来越清晰、相对价格越来越便宜。大约从2004年开始,我国又开始大规模生产液晶和等离子显示面板。特别是在2013年,国家相关机构又依法对6家境外大型液晶显示企业的价格垄断行为进行严厉处罚。总之,经过各方共同努力,待到2018年时,我国液晶面板产量已占全球半壁江山,彩屏产量已排全球第一,彩电产量已超过全球的70%,各种先进电视机应有尽有。据官方消息,截至2021年,我国的4K超高清电视产量占电视总量的比例超过80%。换句话说,我国电视机的综合实力已稳居全球第一。

与收音机的结局类似,电视机也会在不远的将来迅速融入多媒体大潮。但不管怎样,电视机确实曾给百姓带来无数欢乐,也留下了许多美好记忆。

影院电影猎奇

除广播和电视之外,与电有关且历史更悠久的"一点对多点"通信还有电影系统。其中,"一点"是放映机和后来演化出的影视内容数据库等,"多点"是电影院和后来演化出的多媒体终端等。在过去一百多年里,中国电影经历了从无声到有声再到立体声,从黑白到彩色再到三维成像,从胶片到磁带再到数字,从窄幕到宽幕再到屏幕,从传统到现代的巨大变革。无论是形式还是内容,中国电影的历史档案都相当丰富。为突出重点,下面只聚焦于我国电影和影院中的一些猎奇故事。

电影传入中国的时间早得出奇。当人类第一部电影《工厂大门》于1895年12月在巴黎一家咖啡馆公开放映仅仅几个月后,电影就被外国人引入中国,只不过当时电影被称为"影戏"而已。准确地说,早在1896年8月,上海徐园的一个娱乐场就率先放映了首部西洋影片。同年,北京的外国人也拍摄了一部有关李鸿章的纪录片。仅仅1年后,上海出版的《游戏报》就于1897年9月发表了国内观众的首篇电影观感。一位中国留学生于1903年从德国带回影片和放映机,并在北京前门茶园里公开放映,一时引起轰动。

国产电影出现的时间也很早。仅仅在人类首部电影放映10年后,即1905年,由中国人独立拍摄的第一部电影《定军山》就在北京拍摄完成。不过,该片还不算严格意义上的电影,它只是对既有戏曲片段的记录而已。1909年,国内出现了首家专门拍摄电影的公司,随后又制作了首部国产故事片《难夫难妻》,该片于1913年在上海首映,其中的"妻"仍是男扮女装。同年,香港故事片《庄子试妻》首次打破了这个持续几千年的传统禁忌,其中的"妻"是由女性饰演的,由此催生了我国首位女演员,这也算是西方影片对中国传统文化的一次重大影响。1926年,我国首部动画片《大闹画室》拍摄完成。须知在没有计算机的情况下,拍摄动画片的技术难度其实远远高于普通电影。

国产电影的出口时间又早得出奇。首先仍是那部《庄子试妻》,它后来竟被出口到美国,成为走出国门的首部中国电影,接着便有更多国产电影走向世界。实际上,从1917年商务印书馆开始介入电影产业后不久,清末民国初的中国便掀起了电影制作的第一个小高潮。在短短几年里,就有多家电影公司规模化地制作了多部古装片、武侠片、神怪片、社会片、伦理片和爱情片等。特别是1921年拍摄的恐怖片《红粉骷髅》,更深受日本、越南和东南亚国家影迷们的喜爱。甚至像梅兰芳等京剧名角,也都纷纷跨界到电影圈。当时,不同的影片有不同的主题,有的想惩恶扬善,有的想为圣人立言,还有的则是注重个性化表达等。不同的电影公司也有不同的理念,有的想美化人生,有的想弘扬艺术,有的则信奉"电影是人类用机械造就的梦想",试图借胶片宣泄对现实世界的各种感情等。

国内专用电影院的建成时间也早得出奇。1905年,国内首个电影院在哈尔滨诞生,可见当时的哈尔滨确实不愧为"东方莫斯科",与世界接轨得很及时。此前,电影的放映地点都是借用茶馆或戏院等娱乐场所。1907年,北京的第一家专业电影院终于建成。随后,国内电影院就更多了,据不完全统计,截至20世纪20年代初,北京、上海和天津等地新建的电影院有200余家,拥有观众席位近7万个。这些电影院不但具有新奇的西式外部建筑风貌,其内部设备也很先进,诸如电扇、电灯、抽风机、抽水马桶等应有尽有,空间设计也非常合理。有的影院还很大,甚至能同时轻松容纳200多人。

早期国内电影界的热闹程度更令人称奇。中国电影的首个黄金期出现在1922年至1937年。此时,在商业方面,由于普遍看好电影的前景,国内外许多民间资本都纷纷涌入电影圈,这就为随后电影的全面发展奠定了坚实的经济基础。在人才方面,过去十余年已涌现各类英才,他们在不同程度上广泛涉及创作、制片、发行和放映等各环节,已成为第一代中国电影人的中坚力量。此外,我国第一所电影学校也于1922年在上海成立,为后续人才培养奠定了基础。在技术方面,虽然初期的摄影技术都得依靠外国人,但这种局面很快就被打破,接着便出现了中资制片公司的爆发性增长。据不完全统计,到1926年时,仅在上海就成立了140余家电影公司。难怪中国电影的若干个"第一"便在此时纷至沓来。比如:1930年出现第一首电影插曲、第一部音乐喜剧片;1931年出现第一部有声电影;1932年首次由政府设立电影奖;1933年产生第一位电影皇后;1934年《渔光曲》成为第一部获得国际荣誉的中国电影等。在市场竞争方面,此阶段的大浪淘沙非常惨烈,先是国内电影公司经过令人眼花缭乱的多轮厮杀后,总算形成了"明星""联华""天一"三足鼎立之势。接着,好莱坞八大电影公司又杀将进来。很快,美国电影就以市场占有率超过80%的绝对优势控制了中国市场。当然,以上所有热闹都归功于国内观众的热情捧场,甚至像鲁迅这样的名人也是当时的铁杆影迷。根据鲁迅日记透露,他在1927年10月到1930年2月之间,至少去过8家电影院,看过21部电影。

国内电影的第一个衰退期来得之突然也令人咋舌。原来，1937年以后，由于抗战全面爆发，中国电影几乎瞬间全军覆灭："明星"消亡，"联华"解体，"天一"被迫南迁，最终逐渐消亡。当日本打响全面侵华战争时，我国电影人在1938年1月抢拍了第一部抗战片《保卫我们的土地》；就在日本刚投降时，我国电影人又在1945年抢拍了一批以《小城之春》为代表的杰作。此外，他们还在1948年拍摄了我国第一部彩色电影。

中国电影最奇特的年代其实是改革开放前的那三十年。其间，我国照搬苏联模式，电影产业全部国有化，多家非商业国营电影制片厂相继成立，进口片则以苏联的配音电影为主。比如，早在1950年，苏联革命片《列宁在十月》就在一夜之间占据了全国各大电影院和露天放映场。

改革开放后，中国电影终于迎来第二个黄金期，准确地说，应该是正常发展期。此时，电影开始回归本来的市场地位。特别是1993年，我国破例从西方引进了10部娱乐片。2001年，我国开始试行"院线制"，即允许电影产业链上的制片、发行和影院等单位相互合作，实行统一品牌、统一排片、统一经营、统一管理。从此，中国电影打破计划体系，国内外民间资本再次携手，电影事业迅速发展，一大批青年导演在国际上崭露头角，一大批优秀电影赢得好评，电影摄制水平更是与日俱增。

如今，中国早已成为电影大国，但愿能早日成为电影强国。

"千里眼"百年功

除了前面介绍的广播电台与收音机、电视台与电视机、电影与影院等以"一点对多点"的通信，还有微波通信、警民多用对讲机、无线电收发报系统等。但是，或因它们太专业（如微波），或因它们不够普及（如对讲机），或因它们的技术核心已在前面介绍过（如电报），所以作为本章最后一节，下面只介绍另一种大家耳熟能详但又了解不多的通信方式——俗称"千里眼"的雷达。雷达的用途不少,既可军用,也可民用。雷达的种类更多,包括预警雷达、炮瞄雷达、测高雷达、机载雷达、气象雷达、指挥雷达、搜索雷达、航管雷达、导航雷达、监视雷达、防撞雷达、遥感雷达、行星观测雷达和敌我识别雷达等。

雷达是英文"Radar"的音译,意为无线电探测和测距,也可称为无线电定位仪。它会像蝙蝠那样向四周广泛发射电磁波,然后接收相关回波,由此判定目标的距离、方位、速度、高度、大小和形状等。雷达探测的目标,既可以是飞机、船舶、汽车和航天器等人造物,也可以是自然界的各种生物。人类首次成功使用雷达的时间是1925年,第一台实用雷达出现的时间是1935年。雷达在二战中曾发挥过巨大作用,特别是英国用它对纳粹飞机进行了有效监测,为最终打败法西斯立下了汗马功劳。

中国开始使用雷达的时间已不可考,毕竟这是当时的最高军事机密,但中国开始研究雷达的时间大约是1946年。原来,抗战胜利后,侵华日军留下了百余部残损雷达,于是国民政府便借助美国提供的部分设备和零件,在南京组建了一个雷达修理所。大约在1948年,该修理所又扩展为雷达研究所,其占地面积达5.3万平方米,而主体建筑则只是一座约1000平方米的小红楼。看来,当时的那些破损雷达,也许像是垃圾那样被堆放在露天野地里。

1949年,解放军攻入南京后,国民政府将该雷达研究所匆匆迁往杭州,并试图将骨干带到台湾。幸好,该所的全体员工坚决反对国民政府的安排,最终所里的雷达、器材、车辆和文件等都被我军顺利接管。中华人民共和国成立后,该所又迁回南京,并在1950年发展到百余人。后来,几经改名和变更隶属关系,该所终于发展成为中国电子科技集团公司第十四研究所(以下简称"中电14所"),这也是中国雷达工业的发祥地。

新中国的雷达发展主要经历了4个阶段:

第一阶段,从中华人民共和国成立后到1953年的修配阶段。此时,我们一边修理美、日的旧雷达,一边培养人才,更开始规划雷达事业的未来蓝图。此阶段的成就主要体现在三方面。一是修理的多部美式雷达在1950年的抗美援朝战争中做出了突出贡献;此外,还修理了多台炮瞄雷达、舰载雷达,后期还修理了若干苏式雷达。二是1952年在张家口原军委通信工程学院(西安电子科技大学前身)开设了我国首个雷达专业;紧接着,又于1953年在北京理工大学开设了雷达专业,从而开始了军地雷达人才的规模化培养工作。三是中电14所在1953年仿制了首台中程警戒雷达,其最大探测距离为125千米。

第二阶段,从1953年到20世纪60年代的仿制阶段。此阶段以建立雷达生产基地和仿制早期苏式雷达为主要任务,同时也开始自行设计地面防空雷达。此时在苏联的援助下,我国新建了多家雷达厂。后来,经苏联同意,我国在1954年仿制了多台苏式中程警戒雷达,1956年又仿制了苏式海上远程警戒雷达;接着,又先后仿制了苏式炮瞄雷达、机载雷达和制导雷达等。可惜,中苏关系破裂后,苏联专家在1960年全部撤离,仿制工作随即被迫暂停。

第三阶段,从20世纪60年代初到20世纪70年代中期的自主设计阶段。此时,我国雷达的主攻方向已相当明确,那就是要为海陆空常规武器配备"千里眼"。特别是在1960年,我国提出了"两弹为主,导弹第一"的方针后,雷达研制工作更成了重中之重,相应成果也值得称颂。此时研制的多款雷达虽然还离国际先进水平尚远,但在随后的若干次重大事件中,却发挥了不可替代的关键作用。

比如,1967年,我国的红旗-2号制导雷达就协助防空系统,首次在有干扰条件下击落了敌方的U-2高空侦察机。又比如,我国的远程预警相控阵雷达在1983年1月的一次重大国际危机中就表现得非常出色。原来,当时的苏联政府向全球告急,宣称自己的一颗核动力侦察卫星失控,不久将坠落地球。消息一经传出,举世震惊。万一该卫星坠入社区,将造成灾难性的核污染后果。若能及时发现其行踪,也许就能将其拦截。但苏联害怕泄密,死活也不肯公布该卫星的轨道参数,再加上卫星早已失控,跟踪它就如大海捞针。然而,我国的雷达却创造了奇迹,不但成功跟踪了目标,还准确算出了它的轨道,更精准地预测了它的坠落时间和地点等。其实,早在此前的1979年7月,我国的雷达还准确预报了美国"天空实验室"的坠落地点,预测的坠落时间与实际坠落时间也仅差4分钟。

第四阶段,从20世纪70年代中期至今的追赶和高速发展阶段。此时,我国的雷达技术不断取得突破,雷达品种增多,军民融合互助,雷达产品开始进入国际市场。雷达设计已基本实现集成化、数字化、自动化和固态化。雷达性能大幅提高,探测距离越来越远,抗干扰性能越来越强,分辨率和可靠性越来越高,与世界先进水平的差距越来越小。另外,雷达探测手段已由过去的单一探测,发展到了红外、紫外、激光及光学探测相结合。特别是在改革开放后,我国的雷达工业终于开始反超世界先进水平。

目前,除了在空间探测方面还有一定差距,我国雷达技术已与世界先进水平接轨,并在部分领域处于领先地位。比如,早在2003年(比欧美国家早4年),我国就成功研制出了基于数字波束成形技术的地面三坐标防空雷达,并在国际市场上受到用户的广泛追捧,打破了欧美长期以来的优势地位。

在军用雷达方面,我国已建成了陆、海、空、天四位一体的防卫体系。

我国陆基雷达的亮点是第四代反隐身雷达。它能有效探测低空且慢速的隐身目标,既适于高原、沙漠、山区等地,也适于强对抗的恶劣环境。

海基雷达曾是我国的短板,以致早期舰艇的警戒雷达和火控雷达都与国外同类产品相差巨大。如今,我国终于研制出了全球领先的有源相控阵雷达,使我国的航母战斗群如虎添翼。难怪,我国雷达总师曾公开表示:中国的舰载多功能相控阵雷达已发展至世界顶尖水平。

我国空基雷达的亮点是自主研制的全球领先数字阵列雷达。比如,我国的空警-500预警雷达就是全球首先采用数字阵列技术的雷达。我国第五代战机歼-20也装备了这种先进雷达,它具有抗干扰、抗隐身和多目标精准跟踪等优势,难怪当年它被国外专家誉为"整整领先世界一代"。

我国天基雷达的亮点是自行研制的多目标精密测量雷达。我国已建成由此种雷达组成的从航天发射场到国内各测量点、从陆地到远洋测量船的航天测控网。该网能在茫茫天宇中,对飞船的发射、运行、回收等进行空中全程跟踪,使飞船状态尽在掌控中。

相信我国的雷达事业会发展得越来越好。

第十二章
卫星通信

通信卫星

通信卫星,就是用作无线信号中转站的人造地球卫星,它通过转发无线电信号,实现包括手机终端在内的卫星地球站之间或地球站与航天器之间的无线通信。通信卫星可以传输电话、电报、传真、数据和电视等信息。

通信卫星的种类有很多。若按轨道的不同,可分为地球静止轨道卫星、大椭圆轨道卫星、中轨道卫星和低轨道卫星;若按服务区域的不同,可分为国际卫星、区域卫星和国内卫星;若按用途的不同,可分为军用卫星、民用卫星和商业卫星;若按通信业务种类的不同,可分为固定通信卫星、移动通信卫星、电视广播卫星、海事通信卫星、跟踪和数据中继卫星;若按用途多少的不同,可分为专用卫星和多用途卫星等。一颗地球静止轨道通信卫星大约能覆盖40%的地球表面,使覆盖区内的任何地面、海上、空中的通信站都能同时相互通信。因此,从理论上看,若不考虑带宽的话,只要在赤道上空等间隔地部署3颗地球静止轨道通信卫星,就能实现除两极之外的全球通信。

人类第一颗试验通信卫星于1958年12月在美国升空；第一次实现卫星通信的时间是1963年，当时美国和日本利用通信卫星实现了横跨太平洋的电视传输。人类第一颗真正的静止通信卫星于1964年8月19日从美国升空，后来，该卫星还成功转播了当年的东京奥运会。

中国的第一颗地球静止轨道试验通信卫星是在1984年4月8日成功发射的"东方红二号"试验通信卫星。它的外形像圆柱体，高3.6米，直径2.1米，质量为441千克，设计寿命为2年，可进行全天候24小时通信，能提供1000路电话服务，也能提供电视和广播等服务。该卫星开启了我国卫星通信新纪元，一举解决了远洋通信和军事通信中的许多"老大难"问题。更关键的是，该卫星拥有2个转发器，即它可同时与两个目标进行通信。原来，卫星上转发器数量的多少，才是评价通信卫星水平的关键指标。但增加卫星上转发器的个数并非易事，难怪，直到1986年我国发射"东方红二号"实用通信卫星时，仍然只是在实用性、可靠性和使用寿命等方面下功夫。终于在1988年3月7日，我国成功发射了"东方红二号"甲卫星，它的使用寿命不但增至4.5年，更重要的是，它的转发器个数增至4个，传输能力增至3000路电话，传输质量超过了当时中国租用的国外卫星。紧接着，我国又在1988年12月和1990年2月相继发射了3颗"东方红二号"甲卫星，使我国真正进入卫星通信的实用化阶段。

到目前为止，我国最先进的通信卫星是2019年12月27日发射的"东方红五号"，准确地说，应该是"东方红五号"卫星平台。所谓卫星平台，可形象理解为能承载多种业务的卫星，就像是能装载多种货物的卡车一样。比如，"东方红五号"卫星平台就可根据需要，搭载通信、遥感、测控等功能模块，从而提供不同的卫星业务。"东方红五号"卫星平台的各项技术指标均属国际领先，它的发射重量为10吨，有效载荷2吨，设计寿命约15年；其外形不再是传统的圆柱状，而是采用了框架式结构，以便按需扩展；此外，它还具有大功率、高散热、智能化和多适应等特点。

"东方红五号"卫星平台首次发射所承载的卫星,其实是"实践二十号"。它是一个重8吨、高约8米、太阳能翼展比波音737飞机还宽10米的庞然大物。它携带了16项颇具前沿性和战略性的科研载荷,其中,多项载荷均为国内或国际首次。仅仅从通信角度来看,它所承载的甚高通量卫星通信系统就能把所有太空信息高速公路拓宽约5倍。它所承载的宽带柔性转发器和跳波束转发器,更将过去很难增加的硬件转发器软件化,让一个硬件转发器完成多个转发器的工作,从而大幅提高通信卫星的转发能力,极大增强了我国在卫星通信领域的国际竞争力。具体说来,"实践二十号"卫星的转发能力,相当于一百多个硬件转发器。"实践二十号"卫星还承载了激光通信模块,这意味着它的星地通信能力将比传统的微波通信呈指数级增长。此外,采用激光通信后,卫星的灵敏度将更高、抗干扰能力将更强、安全性将更好。总之,从各方面指标来看,"东方红五号"卫星平台已是当之无愧的国际顶尖通信卫星平台。

其实,早在1997年左右,我国在发射"东方红三号"系列卫星时就已采用了卫星平台的策略,单星上的转发器个数已增至24个,卫星寿命也增至8年,其性能已达当时国际同类通信卫星的先进水平。从2006年起,我国开始发射"东方红四号"及其增强型系列卫星20余颗,它们的寿命又增至15年,单星上的转发器个数也增至54个。

细心的读者也许已注意到,前面我们热热闹闹地介绍了"东方红二号"及其之后的诸多卫星,可就是没介绍我国升空最早、名气最大、最具里程碑意义的"东方红一号"。这是为什么呢?因为它不是严格意义上的通信卫星。原来,作为我国首颗人造地球卫星,"东方红一号"于1970年4月24日成功发射后,不但使我国成为全球第五个独立研制并发射人造卫星的国家,也使我国成为卫星在轨时间最长的国家,因为"东方红一号"已在太空运行了半个多世纪,且至今仍在太空里。但是,"东方红一号"没有通信转发器,不能转发信息,只具有无线电信号发射功能,而且在发射了28天《东方红》后,就完成了其历史使命。

中国的通信卫星当然不止东方红系列,其实还有另外三大系列,它们分别如下。

鑫诺通信卫星系列。这是我国的商业通信卫星,其中的"鑫诺一号"是由欧洲制造、我国监造的当时世界先进水平的大容量通信卫星,于1998年成功发射。"鑫诺二号"则是我国自行研制的第一颗大型通信卫星,可惜,因为其天线没能展开,首次发射失败。"鑫诺三号"是我国自主研制的广播专用通信卫星,按实际需求,它只带有10个转发器,于2007年6月发射成功。"鑫诺四号"所用的平台是"东方红四号"卫星平台,但其有效载荷则来自国外,可惜,2017年发射时又失败。随后,"鑫诺五号"和"鑫诺六号"都是我国自行研制的大容量、高可靠、长寿命通信卫星,分别于2010年9月和2011年6月成功发射。

中星通信卫星系列。早期的"中星5A"卫星来自美国,于1998年成功发射。随后的"中星6B"卫星则是来自法国的新一代广播电视卫星,于2007年5月成功发射。"中星8号"本该来自美国,但因美国政府以保密为由,一直不肯为该卫星发放出口许可证,以致它始终都没能发射。"中星9号"来自法国,于2008年成功发射。随后的中星系列便开始了逐步国产化进程。比如,"中星10号"的有效载荷虽来自法国,却采用了"东方红四号"卫星平台,并于2011年6月成功发射。从"中星11号"以后,我国真正实现了全部国产化。比如,2013年发射的"中星11号",不但拥有45个转发器,还是当时国内水平最高的通信卫星;2017年发射的"中星16号"则是我国首颗高通量通信卫星,至此,我国通信卫星终于达到国际先进水平。

亚太卫星系列。虽然早期的亚太卫星系列都来自国外,比如:1997年发射的"亚太2R"及2004年发射的"亚太5号",都来自美国;2005年发射的"亚太6号"及2012年发射的"亚太7号"都来自法国。但是,此后的亚太卫星系统就开始迅速国产化了。比如,2018年发射的"亚太6C"就采用了"东方红四号"卫星平台;2020年7月9日发射的国产"亚太6D"不但是当时我国通信容量最大、波束最多、输出功率最大、设计最复杂的商用通信卫星，还是全球首颗高通量宽带通信卫星。至此，我国终于成为国际上能独立研制大容量通信卫星的少数国家之一。

综上可见，从独立自主的东方红系列到广泛取经的鑫诺系列、中星系列和亚太系列，我国的通信卫星事业终于实现了从跟跑到并跑再到领跑的飞跃。

导航卫星

数学家早就知道，桌面上空任意一点的立体位置与该点距桌面上的不在一条直线的三个点之间的距离是相互唯一确定的。再加上卫星可以根据电波往返的时间差，轻易算出任意目标的距离，于是，数学家的上述结论就可理解为：只需三颗位置已知的卫星（对应于桌面的那三个点），就能唯一确定陆地、海上或空中任意目标的位置，从而完成移动目标的导航。

物理学家早就知道，当卫星迎面而来时，卫星信号的频率会增加；而当卫星远离而去时，卫星信号的频率又会减少，这便是著名的多普勒效应。结合数学家的上述结论，多普勒效应就可理解为：只需测定位置已知的三颗（或三颗以上）卫星信号的频率增减情况，就能测定移动目标的位置、速度和方向，而且卫星越多、轨迹相差越大时，测量值就越精准。这就为导航奠定了理论和工程基础，毕竟每颗卫星的位置随时都能被轻松算出。

结合上述数学和物理学结论，我们不难看出，只要目标足够配合（如启用相应的导航模块），就能轻松实现卫星导航。难怪当1957年10月苏联发射了全球首颗人造地球卫星后仅仅两年多，美国就于1960年4月发射了第一颗导航卫星——"子午仪1B"。接着，美国又在1964年建成人类首个卫星导航系统（子午系统），它由6颗卫星构成，起初专用于美军船舶定位，1967年以后才允许民用。

如今大家每天开车所使用的卫星导航系统，主要是美国在1995年4月完成的 GPS。它由 21 颗卫星组成,定时精度为 340 纳秒,定位精度最高为 10 米,标准定位精度为 20 至 30 米。除 GPS 外,国外仍在运行的全球卫星导航系统主要有两个:一是俄罗斯的格拉斯系统,它由 27 颗卫星组成,1996 年 1 月进入工作状态;二是欧洲的伽利略系统,由 24 颗卫星组成,2016 年进入工作状态。此外,日本、印度和尼日利亚等国也都在建设自己的区域性卫星导航系统。

卫星导航系统的用途当然远不止常见的汽车导航,目前已广泛应用于军事、测绘、生活、农林、考古、物联网、资源环境、防灾减灾、电力电信、城市管理、工程建设、机械控制和交通运输等领域。即使是导航,也包括:武器导航,以精确制导各种导弹等;车辆导航,既指引路线,又调度或监控车辆;飞机导航,以控制航线和着陆,提高机场和跑道的利用率;船舶导航,包括远洋导航,即为船舶指引航向,把船舶安全地引进、带出港口。

卫星导航系统还广泛应用于定位。比如,为车辆和手机等移动设备定位,以便野外救险或查看位置;为贵重物品定位,以便防盗;为儿童或老人定位,以防走失;为农田定位,以便监测产量、采集土样、施肥喷药、病虫防治等;为器物定位,以便快速处理诸如火灾、洪灾、意外犯罪、交通事故、交通堵塞等突发事件;为野战部队定位,以便高效调度。此外,卫星导航系统在大地测量、地壳运动、资源勘查等领域也扮演了重要角色,经过适当改进后,其测量精度能高达厘米级。

我国的第一颗导航卫星于 2000 年 10 月 31 日发射。紧接着,我国又陆续发射了另外两颗导航卫星,并在 2003 年 5 月建成了我国首个卫星导航系统。它就是由三颗地球静止轨道卫星组成的"北斗一号",能为国内提供导航服务。这标志着我国成为继美国和苏联之后,第三个拥有卫星导航系统的国家。

"北斗一号"虽然性能还不完善,却拥有一个其他导航系统不曾有过的独家本领,那就是它的终端与终端、终端与中心控制系统间均可实现双向简短数字报文通信。果然,这一绝招在 2008 年汶川大地震救灾中发挥了重要作用。当时,所有通信系统全都瘫痪,救灾部队携带的上千个"北斗一号"终端机却奇迹般地通过各点位间、点位与北京之间的直线联络,不断从前线发回众多灾情报告,为指挥部提供了重要信息支援。比如,5月17日,"北斗一号"就发回了这样一条关键信息:"茶坪镇余震不断,海子水位陡升,随时会发生重大洪灾。灾民已弃家转移,46名重伤员急需救助。"

我国独立开发的第二代卫星导航系统名叫"北斗二号"。它由5颗静止轨道卫星和30颗其他卫星组成,其主体工程完成于2012年。"北斗二号"并非"北斗一号"的简单延伸,而是在多方面进行了实质性改进。它能面向亚太地区提供开放服务和授权服务。其中,前者是在服务区免费提供定位、测速和授时服务,定位精度为10米,授时精度为50纳秒,测速精度为0.2米每秒。后者则是向特殊用户提供更安全的定位、测速、授时和通信服务(比如,授时精度高达20纳秒,定位精度提升为50厘米),同时还能提供系统完好性信息,更能为航天用户提供定位和轨道测定服务,满足武器制导等需求。形象地说,在亚太地区,"北斗二号"已能像GPS那样为海陆空用户提供全天候、实时、快速定位服务,定位精度与GPS的民用精度相当。"北斗二号"的短报文能力也有提高,一次可传送120个汉字。

我国最先进的卫星导航系统是"北斗三号"(以下简称北斗),于2021年3月全面开通。它由30颗卫星组成,其中包括24颗中圆地球轨道卫星、3颗地球静止轨道卫星和3颗倾斜地球同步轨道卫星。即使与美国的GPS等先进导航系统相比,北斗也具有三个明显优点:一是北斗采用了3种轨道卫星组成的混合制,与国外系统相比,它的高轨卫星更多、抗遮挡能力更强,尤其是在低纬度地区,该优势表现更突出;二是北斗能提供多个频点的导航信号,从而可通过多频信号组合等方式提高精度,其定位精度最高为厘米级,授时精度最高为10纳秒;三是北斗融合了导航与通信功能,具有更好的定位导航授时、星基增强、地基增强、精准单点定位、短报文通信和国际搜救等功能。

目前,我国正努力推广北斗产业,争取让它尽快走向社会,服务百姓,尽快在交通运输、农林牧渔、水文监测、气象预报、救灾减灾和电力能源等领域发挥越来越重要的作用。随着5G时代的来临,北斗也开始在区块链、人工智能和元宇宙等方面得到应用。同时,我国还在努力使北斗定位芯片的体积更小、功耗更低、精度更高。

截至2019年年底,北斗已为全国400多座城市提供了导航服务,北斗的导航型芯片模块已售出8000多万片,北斗终端已安装到500多万辆危险品货车、大客车和班车上,以便监控管理它们的运行状态,提高其安全水平。北斗基础产品已出口120余个国家和地区,比如它在科威特的建筑施工、乌干达的国土测试、马尔代夫的海上打桩、泰国的仓储物流、巴基斯坦的机场授时、俄罗斯的电力巡检等方面得到成功应用。截至2022年9月,国内已有128款手机支持北斗导航系统,出货量超过1.32亿部。

北斗的性能和功能将不断提高,规模和范围还将不断扩大。北斗前景可观,北斗加油!

遥感卫星

顾名思义,遥感卫星就是用于遥感的卫星。而所谓遥感,意指非接触的远程探测,重点是对电磁辐射、反射或散射等特性的探测。比如,对电场、磁场、电磁波和地震波进行探测,然后对探测结果进行提取、判定、加工处理和分析应用。遥感设备既可放在地上,比如,车载、船载、手提或置于高台上;也可搭载在气球、航模或飞机等航空器上,更可搭载在卫星、飞船、火箭和空间站等航天器上。当遥感设备搭载在卫星上时,就构成了遥感卫星。可见,对遥感来说,卫星其实只是运输工具而已。

遥感的种类非常多。若按遥测结果的记录方式来分,有成像遥感和非成像遥感；若按产业类型来分，有环境遥感、大气遥感、资源遥感、海洋遥感、地质遥感、军事遥感、农业遥感和林业遥感等；若按遥感设备的探测波段（从小到大）来分，有紫外遥感、可见光遥感、红外遥感和微波遥感等；若按工作方式来分，有主动遥感和被动遥感，前者遥感器会主动发射相关波束，然后根据该波束的反射情况来获得探测结果，后者则只是被动地获取目标发出的电磁信号。

概括说来，当前的遥感已形成从地面到空中再到太空，从信息的收集到处理再到分析应用，从探知到监测再到适当遥控的全球性多层次、多视角、多领域的观测体系，已成为获取资源与环境信息的重要手段。

随着技术的提高，遥感图像的空间分辨率也逐渐改进，从1000米、500米、250米、80米、30米、20米、10米、5米发展到1米，特别是某些军事侦察卫星的空间分辨率甚至能达到15厘米或更小，可轻松辨识面孔。随着热红外成像和高分辨雷达技术的日益成熟，遥感波谱域也从最早的可见光向近红外、短波红外、热红外和微波方向发展，从而更有效地探测各种物质的反射和辐射，整体上提高遥感能力。随着图像处理技术的发展，遥感成像也已从二维平面发展到了三维立体，信息可视化也使遥感结果更加直观、形象。

遥感卫星主要有气象卫星、陆地卫星和海洋卫星三类。

气象卫星相当于一个高悬在太空里的自动化高级气象站。它从太空对地表和大气层进行气象观测，接收并分析目标的可见光、红外、微波辐射及卫星导航系统的反射电磁波，并将它们转换为电信号传给地球站。地球站再将卫星信号复原，绘成各种云层、风速和风向，得出各种气象资料。与地面气象观测相比，气象卫星的优点很明显，比如观测范围广、观测次数多、观测时效快、观测数据质量高、不受自然条件和地域条件限制等。难怪气象卫星所提供的气象信息已广泛应用于气象预报、环境监测、防灾减灾、大气科学、海洋学和水文学等领域。

气象卫星是应用最广的卫星之一，既可军用，也可民用。根据轨道的不同，它可分为太阳同步气象卫星和地球同步气象卫星。前者就是在太阳同步轨道上运行的卫星,飞行高度为600～1500千米,每天在固定时间内2次经过同一地区,因而每隔12小时就可获得一份全球气象资料。后者与地球保持同步运行,其角速度与地球自转角速度相同,飞行高度约35800千米,相对地球而言处于静止状态,观测范围能跨越100个经度和100个纬度,因而只需5颗这样的卫星就能覆盖全球中低纬度地区。

气象卫星云图的拍摄方式主要有两种:一种是借助地上物体对太阳光的反射而拍摄的可见光云图,它只能在白天工作;另一种是借助地表物体和大气层的温度辐射,形成红外云图,它可全天候工作。为了保证云图的图片质量,气象卫星必须具有很高的姿态稳定性。除云图外,气象卫星的观测内容还包括:云顶温度,云顶状况,云量和云内凝结物,地面冰雪和风沙,海面温度、海冰和洋流,大气水汽总量、湿度、降水区和降水量的分布等。

早在1958年,美国发射第一颗人造卫星时就开始携带气象仪了,但第一颗真正的气象卫星却是美国在1960年4月1日发射的。中国的第一颗气象卫星是"风云一号",于1988年9月7日成功发射。它是一颗太阳同步轨道气象卫星,其云图的清晰度堪称世界一流,只可惜由于星上元器件故障,只工作了39天。如今,中国已发射了4颗"风云一号"卫星、7颗"风云二号"卫星、3颗"风云三号"卫星和3颗"风云四号"卫星,其中单号为太阳同步卫星,双号为地球同步卫星,它们在发射时都处于当时的国际先进水平。目前,"风云三号"已全面取代"风云一号","风云二号"正被更先进的"风云四号"取代。风云卫星早已声名在外,不但为全球一百多个国家和地区提供一流气象服务,还成为东半球气象预报的主力。

除风云系列外,我国又新增了捕风系列气象卫星,它们能对海面风场进行地毯式的广域探测。

另一类重要的遥感卫星是陆地卫星,它们是绕地球南北极附近运行的太阳同步卫星，其主要任务是调查地下矿藏、海洋资源和地下水资源，监测和协助管理农业、林业、牧业和水利资源，预报和鉴别农作物的收成，研究自然植物的生长和地貌，考察和预报地震等各种自然灾害，通过拍摄各种目标图像，借以绘制地质图、地貌图、水文图等。人类的第一颗陆地卫星于1972年成功发射。中国的第一颗地球资源卫星是"中巴一号"，于1999年10月14日成功发射。随后，我国又发射了若干地球资源卫星，仅仅是中巴地球资源卫星系列就有5颗。

第三类重要的遥感卫星是海洋卫星，它们以搜集海洋资源及环境信息为主要任务。人类的第一颗海洋卫星于1978年从美国升空，当时它只能鉴别冰雪和海水。中国的第一颗海洋卫星是2002年5月15日发射的"海洋一号"，它的主要任务是探测海洋的水色环境要素，特别是叶绿素浓度、悬浮泥沙含量、可溶性有机物等。此外，它还能探测水温、浅海水深和水下地形等。随后，我国又发射了一系列功能各异的海洋卫星，比如，以三星组网方式形成的探测海面风场、浪场、温度场、海面高度等数据的"海洋二号"，以及对海面目标与环境进行全天时、全天候实时监测的"海洋三号"等。

除气象卫星、地球资源卫星和海洋卫星之外，我国的遥感卫星还有很多，只是由于它们的目标相对分散，难以逐一罗列而已。总之，事实证明，遥感卫星已在汶川大地震等自然灾害救援中发挥了重大作用。中国的遥感卫星整体上已达国际先进水平，目前正在迅速网络化。

探测卫星

探测卫星又称"空间探测卫星"，是空间物理探测卫星和空间环境探测卫星的统一简称，既包括那些探测空间环境的卫星，也包括那些探测空间物理的卫星。这里的空间物理涉及日地空间对人类活动构成影响的所有因素，包括但不限于各种电磁场、地磁场、带电粒子、中性粒子、高能粒子、等离子体、电磁辐射、太阳辐射、微流星体和空间碎片等因素。这里的空间环境既包括卫星、飞船和空间站等航天器的内部环境，也包括导航、定位、通信等卫星业务的外部环境。探测卫星探测的空间范围包括地球高层大气、电离层、磁层、星际空间和太阳活动区域等。人类之所以要全面研究空间环境，是因为其中的多种空间物理效应，比如真空、低温、微重力、原子氧和充放电效应等，会严重威胁在轨航天器的安全及航天员的健康。特别是随着航天器电子器件变得越来越精细，空间物理效应的影响也越来越大。实际上，在过去几十年里，因此而发生的航天器异常事件有数千次，并有不断增长的趋势。

探测卫星可在空间长期运行，不受大气影响。它们既是研究空间物理的主要手段，也是定量获取空间环境数据、改进飞行器设计、发展空间技术的重要手段。探测卫星的种类繁多。若从探测对象来看，可分为带电粒子探测卫星、等离子体探测卫星、中性大气探测卫星、电磁辐射探测卫星、电磁场及其波动探测卫星和空间环境效应探测卫星等；若从探测区域来看，可分为太阳大气活动探测卫星（探测日冕可见光和太阳高能电磁辐射等）、行星际探测卫星（探测太阳风、星际磁场、太阳能粒子、日冕物质抛射等）、磁层探测卫星（探测带电粒子、磁场和电场等）、电离层探测卫星（探测等离子体密度、温度、漂移速度和电子浓度等）、中高层大气探测卫星（探测大气密度、成分、风场和发光现象等）、空间碎片监测卫星（探测太空微小碎片和微流星体等）、空间环境效应探测卫星（探测辐射剂量效应、单粒子效应、充电效应、原子氧剥蚀效应等）。

我国的空间探测最早是从科学试验卫星开始的。早在1971年3月3日，我国就发射了"实践一号"卫星，其任务之一便是探测高能带电粒子、太阳X射线和磁场等。后来，又在1981年发射了综合性空间探测卫星"实践二号"，在1990年发射了探测大气密度及扰动的"大气一号"卫星，在1994年发射了探测空间环境效应的"实践四号"卫星，在1999年发射了探测单粒子效应及防护的"实践五号"卫星。如今，仅仅是实践号系列卫星，就已延续到了2021年发射的"实践二十一号"卫星。另外,"实践二十一号"还在2022年2月做出了一项惊人之举——它竟靠近一颗失效卫星并将后者拖入300千米之外的"坟墓"轨道,以降低正常卫星之间的碰撞风险,之后它又安然回到自己的正常运行轨道上。

当然,国内最著名的探测卫星,当数"探月""探火""探日"工程所涉及的"嫦娥""祝融""羲和""夸父"等系列卫星。

先看"嫦娥"奔月的故事。2007年,"嫦娥一号"顺利进入月球轨道,并传回月球三维影像;2010年,"嫦娥二号"实现探月壮举,准确入轨、直接完成地月转移、成功环月飞行等;2013年,"嫦娥三号"抵达38万千米之外的月球,首次实现我国航天器在地外天体软着陆和巡视勘查;2019年,"嫦娥四号"在全球首次实现航天器在月球背面软着陆和巡视勘查,首次实现月球背面同地球的中继通信;2020年,"嫦娥五号"首次实现我国地外天体采样,顺利带回约2千克月壤。

再看"祝融"探火的故事。祝融在中国传统文化中被尊为最早的火神。2021年5月15日,"天问一号"探测器着陆4亿千米之外的火星,迈出我国星际探测征程的第一步,实现了从地月到行星际的跨越,在火星上首次留下中国印迹,使我国成为第二个成功着陆火星的国家。2021年5月22日,"天问一号"承载的"祝融"火星车成功驶上火星表面,开始巡视探测。2021年6月11日,"祝融"的部分摄影作品公开亮相,火星地形地貌、着陆点全景和中国印迹等影像图让全球人民大开眼界。

接着来看"羲和"观日的故事。羲和是中国上古神话中的太阳女神。2021年10月14日,我国成功发射了首颗太阳探测卫星"羲和号"。它运行于517千米高度太阳同步轨道,其主要载荷是一架光谱仪,可以获得太阳光球层和色球层不同高度处的太阳图像,这相当于给太阳大气做CT扫描。2022年8月,"羲和"的观日成果正式发布,创下了包括"首次对太阳进行氢阿尔法波段光谱扫描""首次在轨验证原子鉴频太阳测速导航仪"等五项国际纪录。

最后再来看"夸父"追日的故事。2022年10月9日,我国成功发射了综合性太阳探测专用卫星"夸父一号",开启了我国对太阳的探测之旅。

"夸父一号"身怀哪些绝技呢?原来,该卫星上搭载了3台既有组合优势又各具特色的先进设备:一是全日面矢量磁像仪,其观测灵敏度和时间分辨率均居国际前列;二是莱曼阿尔法太阳望远镜,它打开了观测太阳的"新窗口",可能带回全新的太阳物理信息;三是太阳硬X射线成像仪,可对能量介于30千~200千电子伏特的X射线成像,其关键指标也属全球最高。希望这3台设备能发挥各自特色和综合优势,希望"夸父一号"能与其前辈"羲和号"圆满合作,在不远的将来带来新的惊喜。

"夸父一号"将发挥哪些作用呢?从科研角度看,它将努力揭示"一磁两暴"之间的关系。这里的"一磁"是指太阳磁场,"两暴"是指太阳上两类最剧烈的爆发现象——太阳耀斑和日冕物质抛射。搞清这三者的关系后,不仅将有助于认识太阳活动的形成和演化规律,也将为空间天气预报奠定重要的物理基础。因此,"夸父一号"有可能为中长期空间天气预报提供若干基础数据。更形象地说,"夸父一号"可以"看见"日冕物质抛射的规模、方向和速度,并提前约40小时对灾害性事件发出预警。

我国为什么要在此时探日呢?原来,太阳活动以11年为周期,上一周期始于2020年下半年,将持续到2031年左右。这一周期内的太阳活动峰值预计出现在2024年下半年到2025年上半年之间,那时太阳爆发现象也将最频繁。因此,2022年发射的"夸父一号"将有机会记录下太阳活动由少变多、逐渐活跃直至达到高潮的全过程,这将有利于捕捉到太阳上更多的剧烈爆发现象。既然太阳是唯一可供人类详细研究的恒星,既然人类对太阳本身的活动情况很不了解,"夸父一号"当然就是人类追日的起点。

"夸父一号"将担任哪些角色呢?第一,它将是空间"警卫员",通过对太阳爆发过程进行连续观测和追踪,及时预报相关空间灾害性天气。第二,它将是磁场"侦探",当太阳活动爆发时,它每18分钟就能对全日面磁场进行1次高精成像。这将有助于全面准确记录太阳磁场变化,进而破解太阳释放能量的奥秘。第三,它将是善于观察的"多面手",可从紫外线、可见光和X射线波段观测太阳,从而看清太阳的真面目。第四,它将是任劳任怨的"劳动标兵"。实际上,位于700多千米高的太阳同步轨道上的"夸父一号",全年有96%以上的时间都处于工作状态,每天的休息时间最长不超过18分钟。第五,它将是吞吐数据的"大胃王",虽然它体重只有800多千克,体形也只属中等身材,但它的数据吞吐量却大得出奇。每天可回传约500千兆字节的数据,相当于向地球发回数万幅高清大图。

卫星太空端

既然本章的题目叫卫星通信,当然就该以通信的眼光去看卫星。前面各节虽介绍了许多令人称奇的卫星,但有一个关键点我们始终没点破,那就是无论它们是何种卫星,无论飞得多高、多远、多快,只要没失控,那就肯定有一根无形的"风筝线"将它们牢牢地拴在地球上。是的,这根风筝线就是由电磁波组成的卫星通信线路,而拽住"风筝"的那只"手"就是卫星地球站。卫星必须随时将自己的情况全面真实地汇报给地球站,同时也要乖乖接受后者的指挥。换句话说,卫星和地球站其实只是卫星通信系统的两个收发信息终端而已。本节将介绍卫星通信系统的天上终端——"卫星太空端",下一节再介绍地面终端——卫星地球站。

卫星是人造地球卫星的简称,它是用火箭等运载工具,以合适的速度发射入预定轨道的特殊人造设备。当卫星相对于地面的速度大于7.9千米每秒时,它将以圆形或椭圆形轨道环绕地球永远运行;当速度大于11.2千米每秒时,卫星将飞离地球,以圆形或椭圆形轨道环绕太阳永远运行;当速度大于16.7千米每秒时,卫星将永远飞离太阳系,成为宇宙孤儿。当然,本节将重点关注那些运载着特殊仪器围绕地球旋转的卫星,它们是数量最多、用途最广、发展最快的无人航天器,其总数超过人造天体的90%。

从功能上看,卫星主要分为科学卫星、技术试验卫星和应用卫星等。

前面几节介绍的通信卫星、导航卫星、遥感卫星和探测卫星都属于应用卫星,从数量上看,它们是卫星的主体。

技术试验卫星是一类过渡型卫星,它们的数量虽少,试验内容却很广。原来,任何应用卫星或科学卫星在定型前都必须进行若干次试验,甚至任何一个重要技术在成熟前也必须经过若干次试验。有些试验可以在地面进行,但有些试验必须在天上进行,这时就必须先造出一颗试验卫星,让它担当"试飞员"。比如,卫星回收技术的最终实现,就少不了试验卫星的献身。因此,从某种意义上说,1957年苏联发射的全球首颗卫星也可看成是一颗试验卫星,我国于1970年4月24日发射的首颗卫星"东方红一号"也可看成是一颗试验卫星。若你足够细心,也可以在许多著名的系列卫星中发现试验卫星的身影。比如,我国的"神舟四号"就是"神舟五号"的试验卫星,其试验目的就是验证载人的风险。实际上,"神舟"系列和"嫦娥"系列的每一个航天器,都可在某种程度上看成是它的后续产品的试验卫星。当某项技术越成熟,所动用的试验卫星就越少。比如,基于登月经验,"天问一号"竟一次性就登上火星,完成了过去由3颗嫦娥卫星才完成的"绕""落""巡"三大任务。

科学卫星就是用于科学研究的卫星。由于研究目标有很多,科学卫星所承载的仪器种类也有很多,包括但不限于望远镜、光谱仪、电离计、磁强计和压力测量仪等。科学卫星的飞行速度约为8千米每秒,高度一般为几百千米,属于低轨道卫星,围绕地球转一圈约需1.5小时。科学卫星研究的对象主要有高层大气、地球辐射带、地球磁层、宇宙射线、各种天体、太阳辐射和极光等,它们还能完成若干种科学实验,如太空育种等。科学卫星是甘于献身的勇士,在完成任务后很少返回地球,因此,它们与地面的通信就显得更为重要。在过去若干年中，借助科学卫星，人类已获得大量太空知识。

科学卫星主要包括空间物理卫星、天文卫星和空间微重力卫星等。

空间物理卫星主要研究空间物理现象，它们在轨道上长期运行。由于它们携带的仪器不受大气层影响，已成为当今空间物理研究的最重要手段。空间物理卫星不但极大地推动了既有学科的发展，甚至催生了一门新兴分支科学——空间物理学。早期的空间物理卫星任务很简单，通常只是进行单项或有限几项任务；后来才逐步复杂化，甚至从单颗卫星发展到多颗卫星的卫星网。我国早期较有代表性的空间物理卫星主要是实践号系列。比如，"实践一号"就装有红外地平仪、太阳角测量仪等，能够获取许多环境数据。

天文卫星是研究各种天体（特别是太阳系外天体）和其他太空物质的专用卫星。天文卫星的轨道通常为圆形或近圆形轨道，高度一般为超过400千米的低轨。这主要是因为，一方面，若飞行高度太低，太空优势得不到发挥，星上仪器将受大气阻挡而影响仪器工作；卫星本身也会因空气阻力太大，难以在空中长期运行。所以，天文卫星不能飞得太低。另一方面，由于太阳系外的天体离地球太远，即使增加卫星轨道的高度，也基本上不能缩短卫星和天体间的距离，更不会因此而改善观测能力，反而会影响卫星与地面间的通信；所以，天文卫星没必要飞得太高。轨道适中的天文卫星能收到天体的辐射波，帮助科学家揭开宇宙奥秘。比如，我国于2017年发射的天文卫星"慧眼"就刷新了直接测量宇宙最强磁场的纪录。

空间微重力卫星主要通过各种太空实验来研究有生命或无生命物体在微重力条件下的行为和特征。这些实验主要涉及材料科学、生命科学和基本物理化学等。一般情况下，借助一颗空间微重力卫星便可进行多项实验。我国的首颗微重力卫星是"实践十号"，发射于2016年，是一颗罕见的返回式科学卫星。

前面从所载仪器角度介绍了卫星，下面再从载体本身的角度（将卫星看成是仪器载体）简单介绍一些卫星知识。此处将回避过于专业的东西，比如忽略卫星的结构系统、电源系统、热控系统、通信系统、天线系统、跟踪系统、姿态控制系统、轨道控制系统、遥测遥控系统、无线测控系统和返回系统等,也忽略名气非常大的发射场系统和运载火箭系统等。但即使如此,卫星的内容仍很丰富,比如,仅看卫星的轨道,就至少有顺行轨道、逆行轨道、赤道轨道和极地轨道等。

顺行轨道。它的轨道平面与地球赤道平面的夹角小于90度。运行在这种轨道上的卫星,其高度一般只有数百千米,故称之为近地轨道卫星。我国的神舟试验飞船和北斗导航试验卫星,当初所采用的就是顺行轨道。

逆行轨道。它的轨道平面与地球赤道平面夹角大于90度。我国的"风云一号"气象卫星和"资源一号"卫星等都采用了这类轨道。

赤道轨道。它的轨道平面与地球赤道平面夹角为0度,即卫星在赤道上空运行。这种轨道虽有很多条,但只有一条最重要,那就是所谓的地球静止轨道,它的高度为35786千米,其上的卫星由西向东以圆形轨道运行1周的时间为23小时56分4秒,恰好等于地球自转一周的时间。因此从地面上看,这样的卫星就好像是静止在赤道上空不动一样。我国的"东方红二号"卫星和"实践四号"卫星等都采用了这类轨道。

极地轨道。它的轨道平面与地球赤道平面夹角刚好等于90度。在这种轨道上运行的卫星可以飞经地球上任何地区的上空。因此,侦察卫星和间谍卫星等就经常采用此类轨道。

总之,从通信角度看,卫星只不过是卫星通信系统的太空终端而已。

卫星地球站

卫星地球站是卫星通信地球站的简称,有时也干脆简称为地球站。它是卫星通信系统中设置在地面、水上或空中的通信终端,是借助电波"拽"住卫星的那只"手"。在地球站与卫星之间形成的网络中,传输的信息主要有电话、电报、传真、电视等数据,因此天上的卫星种类虽多,地球站传递的信号形式却大同小异。难怪,从结构上看,地球站基本上都包括天线系统、电源系统、监控系统、信道终端系统、高功率发射系统和低噪声接收系统等;从工作过程看,地球站只是卫星通信系统中信息接力传输的一个环节,它或者接收卫星传送的信息,或者将地面信息上传至某颗卫星,然后再经该卫星转发给另一个地球站或另一颗卫星。

若只看外形,地球站之间的差异非常大,有的小得可以装进口袋,如低轨道通信卫星的手持终端;有的又大得需要摆满一个巨型广场,如地球同步轨道通信卫星的地球站。这主要是因为地球同步卫星高居3万多千米之外的太空中,电波往返的沿途损失很大,地球站只有采用大口径天线、大功率发射机和高灵敏度低噪声的收发系统,才能确保收发信号的质量。

依据不同的特点,地球站有不同的种类。若从移动性上看,地球站可分为4类:一是固定地球站,其站址固定,不能移动;二是移动地球站,它固定在车船或飞机上,可随载体的移动而移动;三是可拆装地球站,它能按需拆运到目的地,然后迅速安装调整,重新启用;四是手持式或便携式地球站,如海事卫星通信移动终端等。若从用途上看,地球站又可分为军用地球站、民用地球站、气象地球站、通信地球站和广播电视地球站等,当然,这些地球站是可以互相通用的,并无实质性的技术区别。若从所传信息的特性来看,地球站可分为模拟站和数字站,后者将越来越成为主流。若从信息传输的方向来看,绝大多数地球站都能与卫星双向通信,但也有传输广电节目等卫星信息的单向接收地球站,它们不发射只接收信号,也不干扰其他电气,反而有时会受到其他电气的干扰。此外,还有一些只发射不接收信号的地球站,如只通过电视台向卫星上传广电节目等。

除便携式地球站外,绝大部分地球站的招牌造型都是常见的冲天"铁锅"。

它们有的能摇头晃脑,有的则纹丝不动;有的在市区屋顶上孤独地仰望星空,有的则成群结队在野外操场"彩排";有的大似天坛基座,有的则小如餐盘。不过,由于通信系统的标准化很重要,所以除极个别非标准地球站外,绝大部分地球站的建设都遵从既定的国际标准。目前,主流的标准地球站有 A、B、C、D 4 种。其中,C 型标准站的天线口径为 16～20 米,发往卫星的上行电波频率为 14 吉赫,接收来自卫星的下行电波频率为 11 吉赫;而另外 3 种标准地球站的上行电波频率都为 6 吉赫,下行电波频率都为 4 吉赫,但天线口径从大到小分别为 A 型 29～32 米、B 型 11 米、D 型 4.5～5 米。此外,随着卫星通信的日益发达,地球站的种类和数量也越来越多,特别是出现了若干天线直径只有 1 米左右,甚至是只有几十厘米的便于移动和安装的小型地球站。

  细心的读者也许已发现这样一个有趣现象,那就是,地球站的"铁锅"在郊外的比城里的大,在室外的比家里的大。这固然与占地面积有关,但更主要的原因和天上的卫星有关。原来,地球站选址很有讲究,必须充分考虑地理位置、地质条件、交通和天气情况、防干扰和供水供电能力等。比如,天线直径大于 10 米的地球站之所以常出现在人烟稀少的郊区,这是因为:一方面,地球站的大天线会与附近其他电气设备形成严重的干扰,还会产生有害的强辐射,它们必须远离城区;另一方面,地球站的维护管理和后勤保障工作等都不容易,因此它们又不能离城区太远。最理想的站址是背靠大山,与市区有地理屏障,同时天线又能与卫星遥遥相望。对那些可以进城的中小型地球站,只要承重方面没问题,天线也最好安装在高高的屋顶上,这主要是想避免天线被其他建筑物阻挡,确保天线能直接"看见"卫星。

  地球站最早于 20 世纪 60 年代出现在美国和苏联。我国的第一座通信卫星地球站是 1973 年 7 月 4 日从国外引进的"北京 1 号"站。它通过太平洋上空的国际卫星开通了国际通信业务。我国自行研制的第一座通信卫星地球站开通于 1975 年 12 月 24 日,它成功接收了印度洋上空国际卫星发射的电视信号。如今,我国的众多通信卫星地球站已与数十颗国际和区域通信卫星构成了覆盖世界200多个国家和地区的卫星通信网络,其传输系统已全部采用最先进的数字化手段。卫星通信已与海陆光缆等一起构成了高速、立体、多路由的现代化国际国内通信网络。

我国最大的民用地球站是1986年启用的中国遥感卫星地球站,简称"中国遥感站"。它既是我国的重要基础设施,也是国际资源卫星地球站成员,还是全球数据吞吐量巨大的地球站之一。该地球站已分别在密云、喀什、三亚、昆明和北极建有接收站,已具有覆盖国内全境和亚洲70%陆地区域卫星数据的实时接收能力。早在1986年,它就开始接收和处理美国卫星数据;1993年,它开始接收和处理欧洲数据,实现了全天时和全天候的对地观测;1997年,它开始接收和处理加拿大数据,在多模式、全极化、高分辨率等方面占据优势地位;2002年,它开始接收和处理法国数据,以灵活的观测模式和高质量的服务成为国际领先的多业务地球站。

当然,中国遥感站的最主要服务对象是国内的十余颗各类卫星。比如,从1999年开始,我国所发射的一系列对地观测卫星的遥感数据,均由该站负责接收和处理。从2011年开始,该站又对众多近地轨道卫星进行跟踪、接收、记录和传输,将数据接收业务从对地观测拓展到空间科学。特别是在2015年,该站成功接收了我国第一颗暗物质探测卫星的数据。2021年,该站又新增了5颗我国陆地观测和科学卫星的数据接收任务,成功率达到100%。2022年4月,该站成功接收全球分辨率最高的"高分三号"卫星数据。

在中国遥感站的协助下,我国已顺利完成许多关乎国计民生的重大工程。比如:1987年大兴安岭森林火灾的实时监测、灾情分析和灾后植被恢复监测;三江平原数万亩土地利用状况调查;葛洲坝工程环境监测;多个地质矿藏勘探工程的地貌研究;珠江口多项围海造田工程的海水泥沙量分析等。此外,该站还完成了1991年以来的洪涝灾害监测,特别是1998年长江、嫩江和松花江流域的特大洪涝灾害监测;大中城市空间扩展的实时监测;国土使用违法违规瞒报监测;全国荒漠化监测;京津唐沙尘暴调查等。

总之,我国的众多地球站极大地促进了资源调查、环境监测、地质勘绘、城市规划、灾害监测等工作,产生了良好的经济效益和社会效益。

第三部分
未来通信

前面十二章,以史话形式,按照古代通信、近现代通信两个部分,对过去几千年来我国历朝历代的通信概况进行了比较有趣的归纳和总结。在接下来的第三部分,我们将对未来通信进行展望。不过,我们无法确定这些有关未来通信的展望是否会首先发生在中国或者如何发生在中国,也不敢断定何时会成为现实。因此,下面的内容仅供参考,欢迎读者批评指正。

第十三章
展望未来

当前，全球信息领域可谓凯歌高奏，然而，在电子通信的万里晴空中却出现了两朵乌云。其一是香农信道容量极限即将逼近，这意味着当前通信网络传输信息的能力也将抵达"玻璃天花板"，至少可以说，若再无新的理论突破，通信的金矿就会被挖完。其二是摩尔定律也将失效，这意味着信息存储能力的增长速度也将抵达"玻璃天花板"。若不及时驱散这两朵乌云，通信网的全局性智能可能就会大打折扣，毕竟它将受到"记忆力不够"和"反应速度太慢"的双重影响。

如何才能驱散这两朵乌云呢？下面各节希望在"术"方面做一些工作，以此尽量推迟通信领域被乌云笼罩的时间。

6G通信在路上

在未来通信中最没悬念者，当数第六代移动通信——6G。虽然它至今还只是一个概念性的东西，但它的传输能力可能将比5G提升约100倍，网络延迟也可能从毫秒级降到微秒级，从而大大促进物联网发展。6G将是一个地面无线与卫星通信彼此融合的全球性空天地一体化网络，能让偏远乡村享受医疗和教育等远程服务。特别是在各种全球性卫星系统的协助下，6G将能实现精准实时导航,让高速无人汽车和飞机行动自如,甚至感觉不到丝毫时延;6G还能精准定位,室内精度高达10厘米,室外为1米;6G也能准确预测天气,更能快速应对自然灾害等。一句话,6G是实现物理世界与虚拟世界的万物智联手段,它的优势不再限于通信容量和传输速率;它的可靠性也会大幅提高,故障率将小于百万分之一。

早在2018年,我国就已开始研究6G。仅仅一年后,我国就采取了一系列重大行动,比如,由多个部委联合成立了国家6G技术研发推进工作组和国家6G技术研发总体专家组,多家基础电信运营商也积极介入6G标准的研究工作,以北京邮电大学为代表的多家高校和科研院所也启动了诸如6G信道仿真、太赫兹通信、轨道角动量等6G热点攻关活动,甚至发布了全球首份6G白皮书。2020年,6G的国家重点研发计划终于启动,北京邮电大学成为当之无愧的项目负责人。2021年的形势更加喜人,华为宣布将在2030年正式推出6G商用产品,北京市宣布将超前布局6G网络,工信部发布的"十四五"规划更将6G列为重点。截至2021年9月,中国的6G专利申请量超过全球的40%,稳居首位。刚刚进入2022年,我国就在1月4日创造了太赫兹无线通信的最高实时传输纪录;5月,又在6G滤波器方面取得重要进展;8月,华为更与阿联酋电信一起,首次完成了6G频谱试验。此外,社会各界都围绕6G展开了空前频繁的切磋,各方都希望能为6G的早日问世和我国6G登上国际领先地位多做一点贡献。

当中国的6G攻坚战轰轰烈烈展开时,国外同行也没闲着。比如,早在2018年,芬兰就已开始研究6G相关技术。2019年是6G的国际热闹年,美国带头开放太赫兹频谱,为6G通信扫清了频谱障碍;韩国设立了多个6G研究中心,更发布了相关白皮书;俄罗斯等国也开始紧锣密鼓地部署6G,纷纷高调举办6G国际会议。2020年,更多的实质性行动开始在各国落实,甚至取得了若干阶段性成果,比如:日本发布了6G战略目标,追加了6G研发预算,希望在2030年实现6G实用化;俄罗斯研制出从太赫兹到光波段的信号转换器等6G工具。2022年,俄罗斯开启从原型到量产的6G系统工程,抢先考虑相关信息安全问题;韩国成功测试了超过100米的6G太赫兹频段无线信号传输。日本也开始在铁路沿线城市尝试解决6G网络的规划问题。

说罢6G的热闹后,下面就该谈些6G的门道了。华为轮值董事长徐直军在最近的一次6G重要成果发布会结束前,意味深长地总结道:"我们憧憬6G,但不一定有6G!"虽不知这句话的完整含义到底是什么,但它至少提醒我们:面对6G的全球热潮,确实需要保持一定的冷静。

既然6G是一个产业,其市场化、规模化就十分重要。如果"5G+卫星网络"就能在市场上打败未来的6G,这难道不是前述"不一定有6G"的一种解释吗?有人为6G设想了这样的应用场景:若你被困荒岛,你可以掏出6G手机轻松点上一份外卖,然后离你最近(也许是数百千米之外)的无人机就会及时送上一碗热气腾腾的疙瘩汤。猛然一听,这很诱人,但这显然不是6G的独家本领,只要愿意,"5G+卫星网络"也可以在此类事情上做得一样好。还有人为6G设想了在市区充分享受诸如虚拟现实和元宇宙等超高速服务的场景,但这是当前5G的瓶颈吗?是用户的迫切需求吗?难怪邬贺铨院士会反复提醒大家:"要清醒看到6G面临诸多挑战,比如,需求不清、频谱受限、双碳受压、成本高企及生态滞后等;要警惕需求陷阱,毕竟需求并非越高越好,6G不能只服务小众,若无大众刚需的支撑,6G产业就很难成功;要明白预测的难度,若想准确预测未来十年移动通信的需求,其难度并不亚于技术攻关。"

不过,6G有一个绝对优势是"5G+卫星网络"不可比拟的,那就是战场博弈或竞争场景。毕竟"天下武功唯快不破",只要6G比5G快,6G无人机群在战场上就一定能够获胜,由6G控制的攻防系统就一定能够占尽先机,基于6G的股票交易系统就一定会赢。换句话说,普通用户也许不一定需要6G,但特殊用户肯定得有6G。

既然6G是一个高技术活,那么它的关键难点在哪儿呢?北京邮电大学张平院士强调我国6G发展存在四大堵点:一是引领性基础理论欠缺,移动通信未来发展遭遇根本堵点;二是必要支撑环节基础薄弱,移动通信产业直面关键堵点;三是"杀手级"应用平台尚缺,垂直行业应用面临突出堵点;四是开源产业生态尚未完备,未来移动通信可能形成新生堵点。通信专家王晓云也反复提醒,在6G网络架构的演进设计时,一定要注意如下六点:演进和变革需要统一考虑,需要平滑过渡;自身和跨域需要统一考虑,需要一致的体验;集中和分布需要统一考虑,需要泛在自治;内生和简化需要统一考虑,需要快速赋能;本体和孪生需要统一,需要精准运维;信息技术和通信技术需要统一考虑,需要弹性敏捷。

由于上述院士和专家的表述太专业,此处不便详尽解释,但实现6G的技术难点还是有必要予以简述,以使大家能客观了解6G。

6G的最大难点就是太赫兹通信。啥意思呢?这样说吧,从频率由低向高的方向看过去,太赫兹的左右两端分别是微波和红外,国内对微波和红外的相关研究早已相当成熟,但唯独对太赫兹本身的研究几乎仍是空白。这显然不是因为太赫兹没用,而是对它进行研究太难。原来,这太赫兹既不完全服从现有的光学理论,也不完全服从现有的微波理论,更没有自己的专用有效理论。宏观的经典理论对它太"宽泛",微观的量子理论对它又太"狭窄";用电子的能量去类比它嫌太大,用光子的能量去类比它又嫌太小。一句话,人们至今不知该如何研究太赫兹,只知它非常重要,美国将其评为"改变未来世界的十大技术之一",日本将其列为"国家支柱十大重点战略目标之首",甚至全球都掀起了一股研究太赫兹的热潮。而太赫兹通信则是这股热潮中的亮点之一。

退一万步说,就算太赫兹通信问题已解决,这也不等于说6G通信就已完成。原来,频率越高的电信号越容易被障碍物遮挡,信号在空中的损耗也会越大。因此,太赫兹信号的传播距离非常有限,6G通信必须依靠比5G多得多的基站来密集地"接力"太赫兹信号。这可不只是工作量的问题,它将会引发若干个艰难的资源分配理论和工程问题。比如,若某两个基站相距太近,它们就会彼此干扰;若相距太远,又会造成信号盲区。

再退一万步说,就算6G的基站布局问题已圆满解决,但由于太赫兹信号很容易被空中的水分子吸收掉,因此,本来已部署得天衣无缝的基站系统,一旦遇到雨雪天气,可能就会瞬间崩溃。换句话说,在晴天完美无缺的基站方案,也许就是雨雪天的噩梦;对干燥的北方来说天衣无缝的方案,在潮湿的南方也许就会漏洞百出。

总之,即使不考虑芯片等被卡脖子的问题,在6G长征路上,技术拦路虎也层出不穷。这莫非又是前述"我们憧憬6G,但不一定有6G"的另一层含义?

卫星网在天上

传统卫星通信给人的印象是:天上有一颗或很少几颗高轨卫星,地上有若干大型地球站,发信者先将信息传给附近的地球站,该地球站再将信息发给某颗卫星,该卫星再将信息转发给收信者附近的另一个地球站,最后,该地球站再将信息发给收信者。但是,自从特斯拉创始人兼首席执行官马斯克推出"星链"计划后,卫星通信的传统概念就被卫星网给彻底颠覆了。卫星网竟然成了飞在天上的互联网,用户可在全球任何地方,仅凭小巧的终端设备,就能直接入网收发信息。形象地说,在过去的移动通信系统中,本来是基站固定,手机用户移动入网;但在卫星网中,却变成了相反情况,即基站在移动,手机用户却相对固定。毕竟,与天上飞驰的卫星相比,地面手机用户的移动几乎就等于静止。特别是2022年俄乌冲突爆发以后,"星链"的威力就更加展露无遗。本来看似温柔的民用"星链",竟然瞬间变脸,在战场上发挥了巨大作用,完全出乎所有人意料。

面对如此新情况,中国该怎么应对呢?

好消息是，2021年4月26日，经国务院批准，一个特大型的国有独资企业——中国卫星网络集团有限公司在河北省雄安新区高调成立。该公司的业务可简要概括为卫星网的规划、建设、运维、应用和国际合作等。形象地说，该公司的国际对标业务就是马斯克的"星链"。其实，早在该公司成立前，我国相关机构就已开始从事卫星网的研究和小规模试验了。其中，比较有代表性的试验项目至少有两个：一是虹云工程，二是鸿雁星座。

虹云工程是中国航天科工集团有限公司承担的五大商业航天工程之一，它具有通信、导航、遥感、全球覆盖、系统自主可控等特点。这是我国提出的首个基于小卫星的低轨宽带互联网接入系统，它将以极低的通信延时和极高的频率复用率满足互联网欠发达地区的入网需求，同时也满足应急通信、传感器数据采集、物联网及工控网的实时信息交互需求。该工程将在距离地面1000千米的轨道上部署156颗卫星，让它们组网运行，以构建一个星载宽带全球移动互联网，实现无差别的全球网络覆盖。2018年12月22日，虹云工程的首颗试验卫星发射成功，卫星在轨运行状态良好。作为我国首个低轨宽带天基互联网应用示范工程，虹云工程定位的用户群体主要是集群的用户群体，包括飞机、轮船、客货车辆、野外场区、作业团队及一些偏远地区的村庄、岛屿等。

鸿雁星座的全称是鸿雁全球卫星星座通信系统，它是中国航天科技集团规划的一个卫星网，其首颗试验卫星已于2018年12月29日发射成功。原计划该卫星网由300颗低轨道小卫星及全球数据业务处理中心组成，具有全天候、全时段及复杂地形条件下的实时双向通信能力，可为全球用户提供实时图片、音频、视频、短信等多媒体数据和综合信息服务。鸿雁星座集成了多项应用功能，可收集广域信息，传送海洋、气象、交通、环保、地质、防灾和减灾等监测数据，可提供全球性的资产监管、人员定位、应急救援和通信服务，可从外层空间对全球飞行器进行跟踪、监视及调控，还可按需提供移动广播等。

坏消息是，卫星网的建设和运维本来没有6G那样的实质性理论障碍，但因为"星链"的存在,使问题变得相当复杂。实际上,若无"星链"已经或即将部署在低轨道上的那4万多颗卫星,中国卫星网的建设也许就只是经济问题了,最多再有一些技术问题。但现在遇到了额外困难,比如,如何在确保卫星不相撞的前提下,在最佳低轨空间中见缝插针,再挤进中国卫星网的众多卫星呢?实际上,即使是中国卫星网还没启动,太空拥挤的险情就已发生。因此,我国不得不在2021年12月3日照会联合国秘书长,状告"星链"曾于当年7月和10月两次粗暴逼近中国空间站,迫使我们主动紧急避撞。

除了造成轨道空间拥挤,"星链"还将造成近地轨道的频谱拥挤。若"星链"的全部4.2万颗卫星均已上天,它们将占据近地轨道的大量频谱资源。由于国际电信联盟对轨道频谱的使用原则是"先到先得",因此其他国家将不得不避开"星链"已占用的频段,这就在客观上影响了其他国家的太空探索。

就算今后借助我国先进火箭技术建成了中国卫星网,该网又将如何与"星链"在市场上竞争呢?比如,从市场策略上看,中国卫星网是该面向全球服务,还是只限于国内业务呢?若只限于国内业务,中国卫星网靠什么生存,毕竟在5G和传统移动通信地区,卫星网基本没优势,而低轨卫星的维护成本又很高。若提供全球服务,中国特色的信息安全问题又没法解决,毕竟此时的卫星将直接与专用手机通信。从市场推广看,目前由近3000颗卫星组成的"星链",已开始为美国、英国和加拿大等30多个国家的40余万用户提供互联网接入服务。从性能上看,目前"星链"的平均下载速度已接近200兆每秒,已能为海、陆、空等交通工具提供服务。

总之,由于"星链"已占尽先机,中国卫星网的建设将困难重重。不过,无论面临多大的额外困难,我国都得赶紧出发。毕竟,卫星网的国际竞争越来越激烈,法国、英国和韩国等都已开始行动,而起步越晚的国家,将会越被动。

幸好,俄罗斯的做法可为我国提供参考,其经验值得学习,教训更值得吸取。原来,最近俄罗斯的卫星网工程"球体"已经启动,计划部署约600颗卫星。其中的首颗卫星已于2022年10月22日成功发射,该卫星重约200千克,功耗约为250瓦,有效寿命为3年,功能近似于"星链"。

据俄罗斯官方消息,球体工程中的众多卫星将运行在不同高度的轨道上。大部分轨道高度为870千米,高于"星链"卫星的550千米;少量卫星的轨道是3.6万千米的地球静止轨道,还有个别卫星运行在高椭圆轨道上。

球体工程中各卫星的功能也不尽相同。大部分都类似于"星链"卫星,少部分是传统的通信卫星,更少部分则是遥感卫星和对地观测卫星,还有的是个别轨道更低的能提供高带宽和低延迟的物联网服务卫星等。

形象地说,球体工程好像试图整合俄罗斯的所有民用卫星,不但要提供卫星通信服务,还想对地观测。用俄罗斯官方的话来说,他们将拥有"最现代化的太空通信和监控系统"。至于球体工程在技术上最终能否成功,那就拭目以待吧。对了,还有一个必须提及的事实,那就是在俄罗斯民用通信卫星中,超过70%的部件都得依靠进口。请问,西方国家会积极支持对手的这项球体工程吗?

球体工程主要服务于俄罗斯及周边地区,它将重点为地面通信设施稀少的北极航道沿线提供宽带互联网接入和通信服务。因此,从理论上看,球体只需288颗卫星就够了。但即使如此,球体工程的经济压力也出人意料,仅仅是建设经费的预算就超过240亿美元。就算这笔巨款能得到政府支持,但接下来的运维费也高得吓人,毕竟低轨卫星的寿命都很短,必须不断发射新星来补缺。甚至连马斯克也承认,若不计天上的卫星,仅仅是为了保障俄乌冲突期间乌方两万套"星链"地面终端的正常运行,他每月就得花费数千万美元。至于俄罗斯的球体项目今后如何运维,在经济上能否自食其力,会不会成为俄罗斯的沉重负担等所有问题,还是由今后的事实来回答吧。但愿俄罗斯能成功。

无论俄罗斯的球体能否成功,无论美国的"星链"将如何发展,无论其他国家如何建设自己的卫星网,中国的卫星网都必须早日问世。

元宇宙在梦中

之所以说元宇宙在梦中，主要有以下几层含义：

其一，元宇宙确实是所有网络人的梦想之地。想想看，无论你是谁，无论你在现实世界中的状况如何，一旦进入元宇宙，你便可瞬间变得无所不能。在元宇宙中，时光可倒流，因果可颠倒，常规可打破。

其二，元宇宙确实可像梦境一样虚幻，毕竟数字世界就是虚拟世界，眼见可能为虚，耳听也很难为实。元宇宙也可像梦醒一样真实，毕竟今后你的工作场所可能就是元宇宙，你的衣食住行可能也离不开元宇宙。通过元宇宙，你既可以从现实世界进入虚拟世界，也可反其道而行之。元宇宙可实现虚实之间的交流互动。

其三，创建元宇宙确实已成为全球许多企业和个人的梦想，现实世界中已有的东西，有人想将它迁入元宇宙；现实世界中没有的东西，也有人想在元宇宙中重新创建。元宇宙已成为商业符号，成为众多科技的集大成者，5G、AI、云计算、区块链、物联网、虚拟现实、数字货币和人机交互等先进技术都能在元宇宙中发挥不可或缺的重要作用。

元宇宙的思想源头可能来自美国数学家文奇教授。他在1981年创作的小说《真名实姓》中，虚构了一个通过脑机接口进入虚拟世界并获得真实感官体验的神奇人物。后来，另一位作家在1992年创作科幻小说《雪崩》时，更让男女主角在元宇宙中拥有自己的虚拟替身，在虚实两界成功实现分身术，并瞬间获得超人本领。其实，早在20世纪70年代的许多开放性多人沉浸式电子游戏中，玩家就已在某种程度上体验到了元宇宙的感觉。后来，许多基于虚拟现实的代入感更强的网游，就更逼近现在的游戏元宇宙了。

一般认为，2021年是元宇宙元年。2021年3月，某元宇宙公司抢先在纽约证券交易挂牌上市,成为全球元宇宙第一股。5月,微软公司声称将努力打造企业元宇宙。8月,国内某个家电企业率先发布制造业元宇宙平台,国内某网络公司斥巨资收购一家虚拟现实创业公司,美国某芯片公司宣布推出首个元宇宙模拟和协作平台。10月,社交媒体巨头公司"脸书"宣布更名为"元",声称公司未来将以元宇宙业务优先。11月,巴巴多斯共和国设立元宇宙大使馆,以方便游客远程办理入境手续。12月,百度发布国产元宇宙产品。此外,同样是在2021年,有人开始构建社交元宇宙应用程序,全球首款数字皮影藏品也登录元宇宙,"元宇宙"一词更入选"2021年十大网络用语"和"2021年十大流行语"。

进入2022年后,元宇宙的热度依然未减。这年1月,日本索尼推出新一代虚拟现实头盔,美国高通宣布与微软合力打造元宇宙生态系统。2月,香港海洋公园开启元宇宙游乐项目。4月,首家元宇宙实体店向顾客提供多种虚拟现实设备,重庆元宇宙先导试验区正式揭牌。5月,韩国首都向公众开放其元宇宙市政厅。6月,北京某文化节在元宇宙空间隆重开幕,深圳举办元宇宙数字孪生舱体验活动,上海举办元宇宙化妆体验活动,江西推出家居元宇宙平台,全球多家元宇宙巨头公司开始合作推进元宇宙产业标准。随后,厦门等多地政府高调介入元宇宙产业。

目前,元宇宙尚处于萌芽阶段,没必要刻意追求其精准定义,而且在将来,它也不可能有完整、统一的定义。不过,通过如下一些具体的元宇宙案例,你也许能对元宇宙有一个比较直观的理解。

最为形象的元宇宙当数旅游元宇宙。它将真实世界的旅游资源,以虚拟现实或增强现实的方式重新展现在数字世界中,使得游客只需通过网络就能在任何时间或地点,身临其境地游览相关景点。若技术足够先进,当你进入元宇宙后,不但能看见三维景点,听到莺歌燕舞,甚至还能触摸珍贵景物、闻到花草芬芳等。总之,你的视觉、听觉、触觉、嗅觉和意识等所有感官都不会闲着,都能充分享受大自然的美景,其效果可能好过真实旅游。这是因为元宇宙可以为你量身定制专属于你的虚拟"真实"景点,即在真实景区中确有过这样的景物,但因季节或精力等方面的原因,你不一定都能找到或游玩到。旅游元宇宙还可根据你的主动选择或进入景区后的表现(如在哪类景点处停留的时间更长或触摸哪类景物的频率更高等)猜测你的兴趣点,然后将它们自动推送给你尽情欣赏。

最能发挥其不可替代作用的元宇宙,当数某些破坏性或危险性实验的元宇宙。比如,将解剖对象以完整的数字方式重新呈现在元宇宙中,学员们便可反复练习相关技巧,既不用担心破坏标本,也有利于及时总结经验教训,还可以进行异地远程交流,相互学习。又比如,将飞机驾驶等危险操作的实情实景完整地迁入元宇宙中,教练就不必担心因误操作而造成机毁人亡的悲剧,甚至还可让学员更真切地体会相关后果的严重性,从而提高警惕,把握好关键技巧。

最吸引人的元宇宙当数基于角色扮演的多人沉浸式虚拟现实类网络游戏,或自编自演的音乐会等。无论是从游戏的刺激性,还是内容的丰富性,或是玩家的方便性和感觉的真实性等方面来看,元宇宙游戏的魅力都远超以往的任何游戏。比如,玩家可以异地切磋技艺,甚至可以临时商定或修改相关规则,增强参与感,满足好奇心,其效果可能好于面对面游戏。反正,只要有足够的想象力,大家就能共同创建出更多更吸引人的游戏元宇宙或元宇宙社交体系。

最有助于提高生产力的元宇宙可能是各种工业元宇宙。在这样的元宇宙中,设计人员可以充分发挥想象力,以最快速度研制出相关样品,并在元宇宙中对它们进行破坏性试验,直到满意为止;工人则可以在任何时间和地点上班,保质保量地完成任务,甚至将工作做成游戏;消费者则可以直接深度介入设计和生产,得到满意的个性化商品。

通过上述案例,元宇宙的基本核心就已清晰了。或者说,元宇宙既与现实世界平行,又反作用于现实世界,还是多种技术的综合。具体说来,元宇宙只不过是运用各种数字技术构建的可与现实世界交互的虚拟世界而已。它既可以是现实世界的某种映射,也可以超越现实世界,只要具备合适的社会属性就行。至于创建元宇宙时到底需要什么技术,这其实并不重要,毕竟元宇宙的发展也是循序渐进的,元宇宙也可以看作当前许多网络系统在感官体验和实操方面的升级。

元宇宙既是最真实的虚拟社会,也是最虚拟的真实社会。在构建元宇宙时,至少要认真考虑如下几个方面:一是技术方面,所有能在现实世界中发挥作用的数字技术,几乎都能在元宇宙中派上用场。二是接口方面,元宇宙既要拥有相对的独立性,又要能让用户很流畅地在现实和虚拟之间来回切换,因此诸如虚拟现实、增强现实和脑机接口等都是重要选项。三是内容方面,元宇宙需要以数字孪生为突破口,逐渐将现实内容迁移到元宇宙中,让更多人在元宇宙中享受自己的工作和生活,以充分发挥规模效益。四是经济方面,既然元宇宙是一个产业,就必须发挥它的经济效益,促使它走上良性发展的道路,而不是一阵风过后就偃旗息鼓。五是法律方面,元宇宙肯定不是法外之地,所有活动都得遵守现实世界中的既有法规,甚至在必要时还得补充专用的新法规等。

脑机接口创奇迹

上一节多次提到,脑机接口是元宇宙的重要接口。那么,什么是脑机接口呢?顾名思义,它就是脑系统(准确地说是以脑为主的神经系统)与机系统(准确地说是人造的体外系统)之间的接口(准确地说是电子信息接口)。

既然是接口,它的主要任务就有两个:一是输出,即把脑系统的电信号提取出来,并以此作为控制信号或脑电信息,让机系统去做脑系统想让它做的事情(意念控制)或了解脑系统的想法(猜心术或意念通信)。二是输入,即把机系统的指令以电信号的形式送入神经系统,让脑系统去做机系统想让它做的事情,或将既有知识与技能"下载"给脑系统,让它"不学而会"。总之,脑机接口的核心思想就是将大脑等神经系统看成电脑那样的信息系统,神经系统的各部分既接收和传递信息,又接受电信号的控制,所以脑系统才能与机系统彼此连接。

　　脑机接口绝非新鲜事物,其历史之悠久可能出乎许多人的意料。早在1783年,当伽伐尼用不同金属触碰死青蛙大腿的两端并引起肌肉收缩时,他其实就在无意间完成了一次脑机接口实验。该实验不但表明生物机体是"发电机",还表明哪怕是十分微弱的电流,也可引发神经的剧烈运动。

　　1818年11月,英国解剖学医生尤尔在格拉斯哥大学操场上公开表演了一个恐怖的实验,展示了电流刺激如何让神经系统产生预期动作。原来,经过法院特批后,尤尔对一具死刑犯的尸体进行了通电实验,成功地让该尸体产生了诸如呼吸、抬手、蹬腿、睁眼等动作,还表现出愤怒、恐惧、绝望、痛苦、惊惧和微笑等表情。尤尔当然不是在虐待尸体或哗众取宠,而是在尝试能否把将死之人救活。实际上,正是通过这次实验,尤尔后来发明了心脏起搏电击法,并沿用至今。

　　从脑机接口角度看,尤尔首次以事实证明,只要对局部神经系统输入合适的电信号,人体就会乖乖地执行相关命令。那么,理论上,只要能通过外力改变相关的电信号,就可改变运动神经的相关动作,这便是脑机接口可以治疗帕金森病等疾病的理论基础。若再加以推广,那么任何人都可以很快成为全球第二的钢琴家,这只需将排名第一的钢琴家弹钢琴时的手臂运动神经电信号,原封不动地输入自己手臂上相应的运动神经就行了,此时,学员的双手就会不由自主地弹出优美的曲调。同时,学员双手的感觉信息又会反馈给大脑,让大脑逐渐学会如何向手臂发布正确命令。这就相当于钢琴家以最精确的重复方式,"手把手"教学员弹钢琴。

　　1902年11月,德国耶拿的一家精神病院里,一位特别胆大的医生伯格收治了一位病人,他被击中头部,其颅骨留下一个弹孔。伤者中弹处的皮肤虽然痊愈了,却能被观察到在不断跳动。伯格通过记录头皮跳动的波形,发现该波形会随着患者的思想而很有规律地变化。哪怕患者只是在听、看、嗅、触或做其他很微小的动作,甚至患者轻微的情绪波动,都会影响波形。

冥思苦想二十余年后,伯格医生于1924年在他儿子的头上成功进行了一次脑电波检测实验。他将自制电流计的正负两极分别接在儿子的额头和后脑勺的头皮上,结果真的记录到了振荡频率大约为10赫兹的神奇电波,如今这种电波被称为"伯格波"。他观察到,伯格波会随着受试者心理和生理情况的变化而变化,甚至哪怕只是眨眼之类的小动作都会让伯格波发生变化,而正常人与精神病患者的伯格波也不相同。

后来,科学家们进一步发现,从头皮上不同部位都可以检测到不同频率的电磁波,于是便将这些频率不同的电磁波的汇集统称为"脑电波"。

随着研究的深入,人们发现脑电波具有众多奇妙功能。比如,脑电波能预测某人的学习潜力,特别是对外语的学习潜力。原来,如果受试者大脑右侧颞叶和顶叶区域的β波很强,那很可能预示其有较强的外语学习能力。另外也有数据显示,经过外语训练的成年人,其β波确实会明显增强。

脑电波还能用来"猜心"。比如,当你给一个小孩讲数学题时,怎么知道他是否在用心听呢?当小孩听懂了讲解时,脑电波就会明显活跃;如果他对讲解感兴趣,其脑电波会更加活跃;而当他只是在应付,其脑电波就会明显减弱。甚至,心理学家利用脑电波还能知道受试者到底是在想桌子还是椅子,或者是在想1到7中的哪个数字。这是因为受试者在冥想不同事物时,他的脑电波是不同的,只要能得到受试者之前相应的脑电波,便可通过简单对比而准确地猜出受试者的选择。人们在研究中也发现,对某些特殊场景中的句子,许多人会激发出几乎相同的脑电波;反之,通过检测这种脑电波是否存在,就能推断出受试者是否正在冥想某个句子。有人就通过这种方法,对多达240个预定的句子完成了准确度很高的"猜心术"。

脑电波还可用于简单的意念控制。比如,人们发现,每个人在冥想单音节字时,所激发的脑电波几乎各不相同,而且这种脑电波比较稳定。于是,对玩具车进行意念控制就比较容易实现：当你冥想"前""后""左""右"四个字时，脑电波是各不相同的，而且每个字所对应的脑电波还比较稳定，那么只需要利用这四个稳定的脑电波信号，就能实现让玩具车分别向前、后、左、右行驶。另外，若某种操作的命令个数只是有限的N个，那么，只需要经过简单训练和简单的指令信号对应，任何人都可以轻松完成意念控制任务。

反之，适当干扰脑电波也可以影响受试者。比如，受试者面对"苹果"两字时，既可能想到的是香甜可口的水果，也可能想到的是苹果牌电子产品。如果适时利用一种名叫"经颅磁刺激"的技术来刺激受试者的美味反应区，那么，就可让受试者更倾向于将"苹果"理解为美食，哪怕受试者本来想的是其他东西。

如今，科学家们已经发明了多种获取脑电波的设备，其中已经投入应用的主要是针对健康人群的精准性稍差的非植入式设备，比如大家经常在电视中见到的电极帽，或更加昂贵的磁共振成像仪等。

近年来，科学家和工程师们在开发用于特殊病人的植入式设备上花费了大量精力。这类设备被称为脑机芯片或脑机接口，它能获得更加精准的脑电波信息，也能将外界电信号更加精准地输入大脑。实际上，早在1857年，植入式设备就被用于获取兔子和猴子的脑电波，但因为安全性、伦理性等方面的考虑，一直没有在人类的临床上取得突破。但是随着人工智能相关技术和工程技术、材料技术的飞速发展，不少科学家又开始了这类尝试。例如，马斯克即将推出的脑机接口就是植入设备的典型代表。

如今，学术界比较一致地根据控制信息的精准程度，将脑机接口分为宏观型、中观型和微观型三大类。前面介绍的脑机接口都属于宏观型，它们的优缺点是：原理简单，一说就懂；实现不难，而且即将或正在许多领域中广泛使用；精度不够，既不能实现复杂而精准的意念控制，更不是今后意念通信的备选方案。

微观型脑机接口是与宏观型脑机接口相对的另一个极端，它们将是未来研究的难点和重点，一旦实现，将极大地改变人类的现状。但也必须承认，或许在可见的将来，这都还只能是梦想。

中观型脑机接口介于宏观型和微观型之间。与宏观型相比，中观型脑机接口将宏观的体外脑电波替代成了颅腔内的"大脑地图"，即大脑中与物理位置相关的一些电信号。

总之，脑机接口已展现出无限可能性，它将是今后国际竞争的焦点。

量子通信新机遇

自从2022年的诺贝尔物理奖颁给量子纠缠的验证者后，社会上对量子力学的关注度就突然飙升了。此节借机简要介绍今后量子通信可能会面临的新机遇。从目前的情况看，新型的量子通信可能有三类。

第一类，其实应叫量子密码，因为发信者并不能直接将既定消息传给收信者，而是收发双方约定一个只有他俩知悉的随机密钥，然后再以该密钥来进行常规的加密通信，从而间接达到保密通信的目的。既然量子密码的信息传输最终还是要基于传统的通信网络，所以它只是提供了一种新型保密通信手段。

量子密码的原理可描述为：事先构建一对具有纠缠态的粒子，将两个粒子分别放在通信双方，将具有未知量子态的粒子与发送方的粒子进行联合测量（一种操作），则接收方的粒子瞬间发生坍塌（变化），坍塌（变化）为某种状态，这个状态与发送方的粒子坍塌（变化）后的状态是对称的。然后，收发双方借助现有的通信系统，按照一定的协议（如下面即将介绍的BB84协议）就能得到只有他们才知道的一组随机密钥。最后，利用该密钥，双方便可进行常规的保密通信。

BB84协议的工作过程是这样的：假设甲和乙想安全地交换信息。甲先发给乙一个键来初始化信息，该键可能就是加密数据的模式，它是一个随机的比特序列，用某种类型模式发送，可以认为两个不同的初始值表示一个特定的二进制位(0或1)。为形象计,可将这个键值看成某个方向上传输的光子流,每个光子微粒表示单个比特(0或1)。除了直线运动外,光子也以某种方式进行振动。这些振动,本可沿任意轴在360度空间中进行,但为了简单计,可把这些振动分为4组特定的状态,即上、下、左、右、左上、右下和右上、左下。振动角度就是沿光子的两极过滤器,它允许处于某种振动状态的原子毫无改变地通过,令其他的原子改变振动状态后通过。甲有一个偏光器,允许处于这四种状态的光子通过;实际上,他可选择沿直线(上、下,左、右)或对角线(左上、右下,右上、左下)进行过滤。

甲在直线和对角线之间转换其振动模式,以此来过滤随意传输的单个光子。此时,将采用两种振动模式中的某一种来表示一个比特1或0。

当乙收到光子时,乙必须用直线或对角线的偏光镜来测量每个光子比特。他可能选择正确的偏光角度,也可能出错,因为甲在选择偏光器时,是非常随意的。那么,当乙选错了偏光器后,光子会如何反应呢?原来,根据海森堡不确定性原理,人们无法测量单个光子的行为,否则将改变它的属性。然而,我们可以估计一组光子的行为。当乙用直线测光器测量左上、右下与右上、左下(对角)光子时,这些光子在通过偏光器时状态就会改变:一半转变为上下振动方式,另一半转变为左右振动方式,但无法确定某个单光子会转变为哪种状态。

甲接下来告诉乙,自己到底用的是哪个偏光器发送了光子位。比如,甲可能说某号光子发送时采用直线模式,但不细说是用上、下或左、右。乙这时就可确定他是否正确选用了偏光器来接受每一个光子。然后甲和乙就抛弃那些用错误偏光器测量的所有光子,于是,他们所拥有的就是原来传输长度一半的比特序列,它可被用作今后双方加密通信时的共同密钥;而所用的对称密码算法,则可以是当时安全的任何算法。

假设有一个监听者丙,他试图窃听信息,他也有一个与乙相同的偏光器,需要选择对光子进行直线或对角线的过滤。然而,他面临着与乙同样的问题,有一半的可能性他会选择错误的偏光器。乙的优势在于,他可以向甲确认所用偏光器的类型;而丙却没办法,因此,丙将有一半的可能性选错偏光器,从而错误地解释光子信息,错误地形成最后的键,致使获得的信息无用。

量子密码还有一个特有的安全关卡,那就是它天生的入侵检测能力,即甲和乙能知道是否有丙在窃听他们。因为,丙若在光子线路上窃听的话,他将很容易被发现,其原理是:假设甲采用右上、左下的方式传输某编号的光子给乙时,若丙用了直线偏光器,那么,丙就仅能准确测定上下或左右型的光子。如果乙也用了直线偏光器,那么将无所谓,因为乙将会从最后的键值中抛弃这个光子。但是,如果乙用了对角型偏光器,这时问题就产生了,他可能做出正确的测量,但根据海森堡不确定性原理,也可能做出错误的测量。丙用错误的偏光器改变了光子的状态,即使乙用正确的偏光器也可能出错。

那么,甲和乙将如何发现窃听行为呢？方法很简单:假设甲和乙的最后键值包含1万位二进制数字,甲和乙只需从这些数字当中随机选出一个子集,比如300位,然后对双方的数字序号和数字状态进行公开比较,若全部匹配,就可以认为没有被监听。换句话说,若丙在窃听,那他不被发现的概率将非常小,或几乎肯定会被发现。当甲和乙发现被窃听后,他们将不再使用这个键值。

必须指出的是,量子密码的这种天然入侵检测功能,从安全角度来看,其实是一柄双刃剑,也是量子密码的一个先天不足。因为丙虽不能成功窃听,但他可以轻易破坏甲和乙之间的通信,让他们也不能彼此交流信息。实际上,丙只需不间断地全程窃听就行了。

第二类量子通信暂且叫量子隐形传态,当然它还不一定能行得通。前述第一类量子通信其实不能独立传输信息,但是此处的第二类量子隐形传态若能成功,它将可以独立传输信息。比如,把已经处于纠缠态的M个粒子,分配给世界各地的M个用户,当某用户想传输信息时,他只需要按事先约定的时隙间隔,照搬约200年前的莫尔斯电码编码规则,只不过将当年的电路"通"与"断"分别替换为现在量子态的"测量"(变化)与"不测量"(不变)就行了。于是就可将这M个用户连接成一个实时的真实全联通网络,使他们能像在同一办公室面对面进行"头脑风暴"一样。当然,为了提高这种量子网络的编码效率,还可以完全照搬当前通信领域的所有现成编码规则,只是将比特信息"0"和"1"分别替换为量子态的"测量"和"不测量"就行了。注意,如果不存在外部干扰,此处量子网络的全网同步问题非常简单,只需约定一个同步码就行了。当然,这第二类量子通信的最终实现还面临着许多技术挑战。

第三类量子通信暂且叫它量子压缩。提高通信能力的另一种办法是编制尽可能高效的码书,但量子计算机又开辟了另一种可能的信息编码渠道。实际上,量子计算机确实能经过多项式级别的运算动作,完成诸如大数分解这样的、在普通计算机上需要指数级别运算的动作。而计算与通信在本质上是相通的,即通信就是计算,计算也是通信。换句话说,整个通信网络完全可看成一个大型的计算机,而任何计算机的内部其实也是各种元器件组成的小型通信网络。因此,只要充分利用好量子的叠加特性,就不排除这样一种可能性:用多项式级别的"量子比特"去承载指数级别的"电子比特"。如此一来,即使是利用现行的普通网络,只要有特殊的收发设备(比如量子计算机),就能呈指数级地提高现行网络的通信能力。必须注意,这种高密度打包传输信息的做法,在每个人身上,每时每刻都在发生,它就是细胞分裂或生物遗传时的DNA信息传输。比针尖还细小的一条DNA,就浓缩了海量的生物生长和遗传信息。

实用通信新畅想

各位读者朋友,当你读到这里时,本书马上就要结束了,因此,下面我们畅想一下通信的美好未来,猜猜今后将有什么更加奇妙的通信新手段吧。

首先,回忆一下通信系统的三要素:收信方、发信方和通信载体。换句话说,所有通信系统都具有这三要素;反过来,任何具有这三要素的东西都可看成通信系统。因此,今后通信系统的发展肯定也得紧密围绕这三要素来展开。

比如,从收信方和发信方的角度来说,无非就是人与人之间的通信、人与机器之间的通信、机器与机器之间的通信。这里的机器,既包括计算机等硬件机器,也包括元宇宙中的虚拟对象等软机器,而且今后机器之间的通信会更加普遍,软机器之间的通信(或交互)又将成为主流。若再细分的话,收发双方还可以包括单体与单体的通信、单体与群体的通信、群体与群体的通信等。随着今后太空和深海事业的发展,收发双方既可能在地面,也可能在深海,更可能在太空甚至是其他遥远的星球上。

而无论是人或机器,真正的最终收信方和发信方都是人,准确地说是人的大脑或人的神经系统。因此,人与外部(机器或其他人)的接口,即脑机接口也值得认真梳理。目前已有的人机接口信息,至少包括声、光、电、文字、图像、多媒体、各种力和各种感觉等;今后的备选至少还可包括各种脑电波、脑电图、生物神经信号,甚至所谓的"意念通信"和"意念控制"等,即依靠大脑思维产生的生物脉冲来实现相应通信系统中信息的输入或输出。

从通信载体角度来说,无非就是不可重叠的物质类载体、能量类载体、电子类载体等,或可重叠的波类载体、波粒二象性类、量子类载体等。其中,物质类的载体前景已大不如前了,毕竟在电子通信之前的几万年都是物质类载体的天下。电子类载体,包括电流、光电和电磁波,它们既是当前的主流载体,也可能是不远的将来的主流载体,特别是电磁波的高频部分还有待进一步开发,毕竟低频部分的潜力已不大,这也是为什么6G等移动通信将采用太赫兹电磁波的原因。在可重叠的其他新载体中,最有希望的便是量子纠缠之类的新成果。实际上,信息存储也可看成过去到未来的通信,而量子力学已在高密度存储器中得到充分应用,因此,也可以说量子理论已开始在通信系统中发挥作用了。此外,像引力波之类的各种波,以及其他一些具有波粒二象性的东西,也都值得充分重视。

概括说来,若从载体角度看,波类载体的可重叠性也许是一个值得充分挖掘的信息传输载体金矿,对物理学,特别是高能物理学的许多成果也许都值得进行一次地毯式的考察,看看哪些能成为可能的通信载体备选对象。

其次,过去的通信、计算机、信息处理、互联网、人工智能等信息领域,基本上处于独立发展阶段,而且都各自取得了许多重大成果。无论从可行性还是从必要性角度来看,现在都到了该想办法将这些分散的成果融合起来的时候了。幸好,元宇宙在整合上述各领域成果方面已经开辟了一条大有希望的通道。实际上,抛开后台的各种理论和技术不谈,仅在融合通信方面,元宇宙就有许多想象空间,而且难度也不大,至少没有理论障碍,只需解决相关的工艺和技术难题就行了。当然,我们不能"为了元宇宙而元宇宙",在考虑未来实用通信时,必须结合市场的真实需求,哪怕是潜在的需求。在这方面,各位读者也许能展开更加丰富的想象,在各种成果融合方面,至少可以实现全语种通信、全感觉(全感官)通信和全智能通信等。

全语种通信,意指各语种的收发双方都能轻松交流,这里的语种不但包括狭义的语言和文字等,也包括诸如肢体语言、表情语言、艺术语言和尽可能多的"符号系统",还包括各种行为和特征解读等。比如,若能将实时外语口译系统融入通信过程,那么任何两个人,无论他们是否会讲彼此的母语,都可以轻松交流信息;若能将手语和口语的实时翻译系统融入通信,那普通人就能与聋哑人通电话了;若能将正常文字迅速转译成可触摸的盲文,则盲人也能看普通图书了;若能将声音实时转化为文字后,就能与听障人士对话了,当然,现在文字转变为声音已很普遍了,不过还不够方便;若能实现包括语言、文字、音乐、艺术等各种"符号系统"之间的实时转变,那么,不同生理缺陷、不同交流场景、不同知识背景等各方面的人士都可以相互轻松交流了;若能将动物行为分析系统实时融入视频通信系统,没准人们就能与动物对话了,毕竟动物专家确实已经能与猫、狗等展开通畅的交流;若能将植物信息传感器与相关知识库相结合,没准任何人都能听懂植物说话了。总之,借助各种各样的实时"翻译"系统,人与人之间、人与物之间的交流将更加通畅。而且,到目前为止,其中的局部技术和产品都已实现,剩下的只是进行必要的融合。

全感觉通信,即让各种感官都参与通信过程的信息交流中来,既包括接收信息,也包括发送信息。这其实也是当前全媒体显示的某种升级,将各种感官也融入"显示"过程中。当前通信所涉及的感觉,主要是视觉和听觉及盲人所用到的极少量触觉。其实,还可以将人类的所有感觉器官的潜力都发挥出来,使得通信双方能在视觉、听觉、嗅觉、味觉、皮肤觉(触觉、温觉、冷觉、痛觉)、运动觉、平衡觉等方面都有所感受,让通信双方真正身临其境。比如,观看美食节目时能闻到香味,看到火山爆发时能感到炽热,谈到吃黄连时舌头会有苦味,听见下雨时会发冷或有雨点打在身上的感觉,谈到受伤时会有痛觉。总而言之,尽量使现在的虚拟现实技术在普通的通信过程中表现出来。当然通信双方可自由选择到底需要哪些感觉,毕竟某些感觉在某些场景下会让人感到不适。与全感觉通信密切相关,但侧重点不同的是另一种"全感官通信",即哪怕通信双方有某些感官缺陷,他们也能照样正常交流信息。

全智能通信,即把人工智能系统与人密切结合,让相关收信人或发信人成为"超人"。比如,戴上特殊眼镜后,你就成为"活字典"、老中医、文物鉴定专家或围棋高手等。只需要换各种不同的人工智能系统的相关频道,你就可成为各方面的权威了。

总之,大家可以充分发挥自己的想象力,大胆猜想,也许真能帮助通信专家拓展思路呢!实际上,一旦微观型脑机接口取得实质性突破后,无论是全语种通信、全感觉(全感官)通信,还是全接口通信等,都将成为现实。只可惜现在微观型脑机接口的未来还很遥远,其理论难点主要是搞清大脑神经系统的信息编码规则,其技术难点主要是大脑神经元的批量精准刺激。

曾经许多人误以为通信就是送信,只需学会骑自行车就行了;后来又有人误以为通信就是打电话或上网,只需具有普通网民技能就行了;再后来又有人误以为只有工信部所管辖的信息系统才叫通信。其实通信的内涵和外延并不受制于任何行政体系,通信的唯一判定指标就是它的三要素,因此电信和交通都可纳入通信领域。希望大家在读过本书后,能真正全面深入地了解中国通信,更希望大家都加入到通信这个朝阳事业中来,充分展示你的出色才华。

谢谢大家!希望本书能对你有所帮助。